资助项目：北京信息科技大学学科发展建设项目：工商管理一级学科（bxxk20210012）

涉农企业并购与改制
案例研究

侯军岐　王卫中　宋罗娜　等　著

中国农业出版社
北　京

前　　言

　　企业并购与企业改制是企业管理的两大重要主题。与依靠企业内部资本积累发展相比较，企业并购具有更强的推动力。企业并购的基本逻辑就是通过并购寻求协同效应，通俗地讲，协同就是"搭便车"。企业并购是一个系统工程，涉及并购前如目标企业等"标的物"的发现、选择和评估，也涉及对"标的物"的实际并购及其并购后的业务整合、市场整合、组织整合、资源整合、财务整合及其风险评估等。企业改制亦称"企业改组"，指企业尤其国有企业依照《公司法》及其他法律法规等，从传统的组织制度改组为符合现代企业制度要求的公司制的过程，其目的是为了建立现代企业制度，实现企业运行机制的转换，促进资源的有效配置、技术进步和经济效益的提高，实现改制后企业保值、增值。

　　将企业并购与企业改制两大主题放在一起去研究，起因于我们2019年和2020年承担的"中泰集团番茄制品产业并购整合战略"和"新疆呼图壁种牛场改制方案设计"两个项目。在项目完成过程中，原北京德农种业董事长、德隆农业公司、屯河农业公司总经理王卫中先生，新疆中泰化学总经理、原中建集团西部建设新疆公司董事长刘洪先生，新疆艳阳天番茄公司董事长李世欣先生，参与项目总体设计、方案内容讨论；李彦、徐怡帆、马玉璞、黄珊珊、郑会艳、郑盼盼等分别完成部分内容。上述"番茄制品产业并购整合战略"和"种牛场改制方案设计"后续在相关企业得到推进，并取得实际效果。

　　本书整体框架由侯军岐提出，其基本素材来自于上述"中泰集团番茄制品产业并购整合战略"和"新疆呼图壁种牛场改制方案设计"两个项目报告。为了更有效理解两个案例理论逻辑，在编著本书时，我们增加了企业并购整合与改制基本理论部分，试图从理论上阐述企业并购整合的基本逻辑及其要点和国有企业改制的基本逻辑及其要点，以期对我们理解后续两个案例有所帮助。张宇航完成企业并购整合的基本逻辑及其要点初稿，王思阳完成国有企业改制的基本逻辑及其要点初稿，杨艳丹完成两个案例的评述初稿，侯军岐、宋罗娜对全书文稿进行总纂、定稿。

在研究和编著过程中，我们参阅了大量的相关文献，吸收、借鉴了很多研究成果，尽管我们力图标明所有被引用者的出处，但可能还有所遗漏，在此，对在本书中引用到他们思想、观点的专家、学者表示深深的谢意！对于那些没有注明的学者、专家，深表歉意，一并衷心表示感谢！

新疆中泰集团、新疆呼图壁种牛场提供了前期研究经费，并对项目调研提供帮助，也一并表示感谢！

企业并购与改制是一个实践性极强的复杂系统工程，涉及多个领域，加上作者知识、水平所限，因此，书中一定有很多不足、缺点甚至错误，敬请各位读者批评指正。

著　者

2022 年 10 月

目　　录

第一篇

企业并购整合与改制基本理论

>>> 第一章 企业并购整合的基本逻辑及其要点

第一节 企业并购的基本逻辑

一、企业并购整合

（一）并购

"并购"是 Merger & Acquisition（兼并和收购）的缩写，通常被称为"M&A"。《大不列颠百科全书》对并购这一商业活动的解释是：两家或多家独立的企业、公司合并组成一家企业，通常指一家或多家公司被占主导地位的公司吸收。并购完成后，占主导地位的公司将获取被并购公司的控制权。因此，从结果来看，并购是获取公司控制权的投资行为，由于并购后整合是并购创造价值的关键环节之一，因此从过程的观点看，不能简单地将并购视为交易。从企业财务管理视角来看，并购是对公司控制权的交易。而公司战略理论和企业理论均认为公司是资源的集合体，因此，公司控制权实质上是关于公司资源的控制权，而这里所说的资源可以是构成一项业务的全部资源，也可以是公司整体的全部资源，但通常不是指公司中的一种单项资源，如公司的某项技术专利或某个写字楼等。由于并购交易的标的有时指向公司全部资源的控制权，有时指向部分资源的控制权，因此，并购也可以定义为"对公司资源控制权的交易"，不仅更加明确地揭示了并购的本质，也更好地融合了公司财务、公司战略和公司理论对公司以及并购的认识。

除从上述经典理论的视角下理解并购的含义外，并购的概念还可以从狭义和广义角度进行理解。狭义的并购概念是合并和收购，是指公司控制权扩张的行为。从中国的并购实践来看，实务界一般多采用狭义的并购概念。例如我国证监会设有"上市公司并购重组审核委员会"，银监会发布的《商业银行并购贷款风险指引》，均使用了狭义的并购概念。在有些情形下，并购的狭义性还体现在仅指并购交易，而未涵盖并购后整合。广义的并购概念不仅包括控制权扩张的合并和收购，还包括并购后的整合，即包括控制权收缩型的重组和不涉及控制权转移的联盟。广义的并购是指企业控制权的重新安排，包括一个企业内部控制权的重新配置，如分立；或一个企业获得另一个企业的全部或部分控制权，如合并或收购；或一个企业分离出部分或全部的控制权，如剥离、股权转让等。企业是由业务构成的，而业务是由所有权型资产、使用权型资产、企业能力、企业文化等资源构成的可以相对独立地创造价值的资源集合体。因此，广义的并购既包括作为实现企业控制权的获取或放弃，也包括作为企业构成单元的业务的控制权的获取或放弃。

（二）企业整合

企业整合（Industry Reorganization），是指产业内的优势企业在判断产业环境未来变化趋势的基础上，综合权衡和合理配置资源，控制企业关键价值点，有效组织产业内的生产要素，以获得长期竞争优势的行为。企业进行整合的基本出发点是合理配置产业内的生产要素，吸取其他企业的长处，弥补自身之"短板"。优势企业的整合就是优势企业的产业结构优化过程和组织要素的有机结合过程。企业整合通过有目的的扩张，或兼并、重组和联合本产业或者相关产业的竞争对手或关联企业，配合价格和非价格竞争手段，积极扩大本企业的市场份额或拉伸本企业的价值链，改变产业组织结构，强化市场力量，获得超额利润。

（三）企业并购与整合

企业并购可以理解为是企业整合的一种工具和方式。建立在战略性并购基础上的企业整合是一个价值发现的过程，并购可以加强企业在细分市场中的竞争地位并为企业创造价值。如果并购双方以各自核心竞争力为基础，实现了资源的优化配置，就可以达到企业整合的目的。因为根据企业整合的衡量标准，企业管理层的并购决策，不仅要满足股东的最大利益，而且必须兼顾其他利益相关者的利益，如员工、顾客、供应商、经销商等。否则，其他的利益相关者就不可能在未来并购后的企业中加强合作，充分释放各自创造价值的潜力，从而最终损害股东的利益。

强调资本运营过程中的并购整合策略，不是仅仅关注并购行为本身。

虽然并购是资本运营的一个重要手段，但并购成功的关键还是在于企业整合。许多并购行为的失败，究其原因，通常并不出在并购本身涉及的技术问题上，如资产估价和交易等；而往往出在并购后的企业整合方面，如企业战略、企业制度、管理机制、人力资源及文化等方面的整合过程中出现了问题，以致并购后的企业迟迟不能形成有效的产业竞争力。

美国经济学家贝恩把"市场结构——市场行为——市场绩效"作为产业组织的分析范式。借鉴贝恩的思想，将"市场关系——产业行为——产业绩效"作为企业整合的分析范式，那么企业整合，本质上可以理解为是以产业为架构、以企业为主体的市场整合行为。从微观层面来看，企业整合是企业个体的战略选择，为企业提供了一条可选的成长路径；从宏观层面来看，企业整合是一种产业结构优化和资源重新配置的现象或过程。在产业发展过程中，企业产品的市场关系可以通过供求和交换的方式，反映和实现企业间分工、专业化与协作的关系。

产业间的分工和协作，基本表现在三个层次。首先，产业间的分工和协作，体现在市场主体层面，具体表现为企业间的分工和协作；其次，体现在产业间，表现为由一组企业组成的产业之间的分工与协作；最后，则是在地域间，这是一种层次更高的空间层面、区域层面的产业分工与协作。在信息化、网络化和经济一体化发展的大背景下，随着社会分工和专业化程度的不断扩大与加深，企业的市场交换行为也日益频繁与密切，而广泛的、长期持续的深层次的市场交换必定会形成统一和稳定的内在联系，这种密切的内在联系，最终将促进企业整合行为的产生。

二、并购的基本逻辑

(一) 企业并购的动机

企业实施并购主要基于以下动机：

1. 较快扩大产品空间，获得竞争优势

基于竞争优势理论，企业的并购行为可从以下三方面进行理解：第一，并购的动机源于竞争的压力，并购方在竞争中通过消除或控制对方来提高自身的竞争实力。第二，企业竞争优势的存在是企业并购产生的基础，企业通过并购从外部获得竞争优势。第三，并购动机的实现过程是竞争优势的双向选择过程，并产生新的竞争优势。并购方在选择目标企业时锚定自己所需的目标企业的特定优势。如果目标企业与主并购企业产品相同，通过收购可以在更大规模上进行生产，较快实现跨地域规模经营，减少竞争对手，增加区域市场份额。如果目标企业与主并购企业产品相似且有其他类别的产品，通过收购与兼并，可以较快增加产品种类，扩大产品线。如果目标企业与主并购企业产品不同，通过收购可以较快进行多元化经营，减少单一产品的经营风险。

2. 较快获得被并购企业现有的销售渠道，迅速打入当地市场，获取规模经济

古典经济学和产业组织理论分别从不同的角度对企业追求规模经济给予解释。古典经济学主要从成本的角度论证企业经济规模的确定，取决于多大的规模能使包括各工厂成本在内的企业总成本最小。产业组织理论主要从市场结构效应的理论方面论证行业规模经济，同一行业内的众多生产者应考虑竞争费用和效用的比较。通过跨地域并购的方式，收购方可以很方便地获得当地企业（被收购方）的市场地位、现成的销售渠道、客户资源以及与供应商多年建立起来的信用，使跨地域企业迅速打入当地市场，并在当地市场上占有一席之地。企业并购可以获得企业所需要的产权及资产，实现一体化经营，获得规模效益。

3. 降低投资风险和交易成本，提高投资回报

在适当的交易条件下，企业的组织成本有可能低于在市场上进行同样交易的成本，市场被企业替代。当然，随着企业规模扩大，组织费用也将增加，因此，考虑并购规模的边界条件是企业边际组织费用的增加额等于企业边际交易费用的减少额。在资产专用性情况下，需要某种中间产品投入的企业倾向于对生产中间产品的企业实施并购，使作为市场交易对象的企业可以转入企业内部。在决策与职能分离的情况下，多部门组织会管理许多不相关的经济活动，并且管理这些不相关经济活动的总成本应低于通过市场交易的成本。因此，可以把多部门的组织看作一个内部化的资本市场，在管理协调取代市场协调后，资本市场得以内在化，通过统一的战略决策，使得不同来源的资本能够集中起来投向高盈利部门，从而大大提高资源利用效率。通过并购可以节约建厂时间，迅速获得现成的管理人员、技术人员和生产设备，降低项目投资的前期风险，从而抓住市场机会，迅速获得收益，提高投资回报。

4. 获取价值低估好处

从企业估值的视角看，当企业并购行为发生，主要是因为目标企业的价值被低估。价值低估的主要原因有三个方面：①目标企业的经营管理能力未发挥应有潜力；②并购方有外部市场所没有的有关目标企业真实价值的内部信息，认为并购会得到收益；③由于通货膨胀等原因造成目标企业资产的市场价值与重置成本之间存在差异，如果当时目标企业的股票市场价格低于该企业全部重置成本，则该企业被并购的可能性较大。价值低估理论预言，在技术变化快、市场销售条件及经济不稳定的情况下，企业的并购活动将趋于频繁。

5. 享受税收优惠或避税政策

跨区域或多元化并购常常可以获取税收等优惠政策和价格转移好处。由于股息收入、利息收入、营业收益与资本收益间的税率差别较大，在并购中采取恰当的财务处理方法可以达到合理避税的效果。例如，在税法中规定了亏损递延的条款，拥有较大盈利的企业往往会考虑把那些拥有相当数量累积亏损的企业作为并购对象，纳税收益将作为企业的现金流入，可以增加企业价值。企业现金流量盈余的使用方式有：增发股利、证券投资、回购股票、收购其他企业。在换股收购中，收购企业既未收到现金也未收到资本收益，因而这一过程是免税的。企业通过资产流动和转移使资产所有者实现追加投资和资产多样化的目的，并购方通过发行可转换债券，换取目标企业的股票，这些债券在一段时间后再转换成股票。这样发行债券的利息可先从收入中扣除，再以扣除后的盈余计算所得税。此外，企业可以保留这些债券的资本收益直至其转换为股票为止，资本收益的延期偿付可使企业少付资本收益税。

6. 方便筹资

并购一家有大量资金盈余但股票市价偏低的企业，可以同时获得其资金以弥补并购方自身资金不足。筹资是成长迅速的企业共同面临的难题，面对资金缺口，设法与一个资金充足的企业联合是一种行之有效的解决办法。由于资产的重置成本通常高于其市场价值，因此在并购中，企业通常更热衷于并购其他企业而不是重置资产。在有效市场条件下，以企业盈利能力为基础的市场价值更能反映企业的经济价值，而非其账面价值，被并购方企业资产的卖出价值往往出价较低。并购后，企业管理效率的提高，职能部门改组降低有关费用等，这些都是并购筹资的有利条件。

（二）企业并购实质

企业并购实质是在企业控制权运动过程中，各个权利主体依据企业产权做出的制度安排而进行的一种权利让渡行为。企业并购活动是在一定的财产权利制度和企业制度条件下进行的。在并购过程中，某一或某一部分权利主体通过出让所拥有的对企业的控制权而获得相应的收益，另一个部分权利主体则通过付出一定代价获取这部分控制权。企业并购的过程实质上也是企业权利主体不断变换的过程。企业并购是对实际控制程度或实际控制权结构的配置，其中收购和合并意味着实际控制权的增强，而合并还对应着实际控制权结构的调整。收购实质上是获取公司的控制权，而并购是合二为一集中公司的控制权。反之，剥离、股权转让和分立则意味着减弱对公司的实际控制权，股权转让和分立是对实际控制权结构的调整。

企业并购的概念极为广泛，在本书中采用狭义的企业并购概念。企业并购概念体系如图 1-1 所示。近年来，受规模经济、交易成本、价值低估以及代理等理论影响，企业并购理论和实践发展迅速，已成为经济发展、企业管理中最活跃的领域之一。

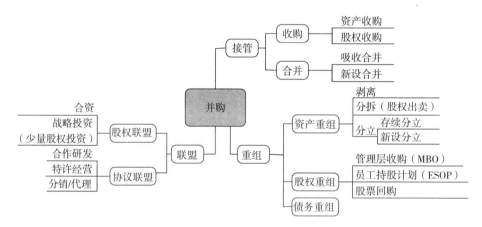

图 1-1　企业并购概念体系

第二节　企业并购整合的主要内容

一、战略整合

（一）战略及其构成要素

企业战略（Enterprise Strategy）的制定是企业在复杂多变的经营环境中，以未来长远发展为主导，将其主要目标、方针、策略和行动措施构成一个协调的整体结构和总体行动方案。企业战略通常与为达到局部目的所制定的"战术"配合使用，以战略规划的形式体现。企业战略通常具有全局性、长远性、竞争性、指导性、风险性等特征。

　　关于战略的构成要素，日本战略学者伊丹敬之认为，战略的构成要素有三种：产品和市场机制、业务活动领域和经营资源机制。美国哈佛大学商学院著名战略专家大卫．J．科利斯等认为，公司战略是由资源、业务与结构、体制与过程、公司愿景、目标与目的五项基本要素组成的协调一致的系统。我国学者项国鹏认为，企业战略要素有环境、资源、组织、愿景、手段与方法，这五种要素构成企业战略的实体性内容。综合上述观点，本书认为企业战略要素可以分为定位要素和执行要素两类，包括方向、环境、资源、组织和运营能力等五项内容，要素构成，如图 1-2 所示。

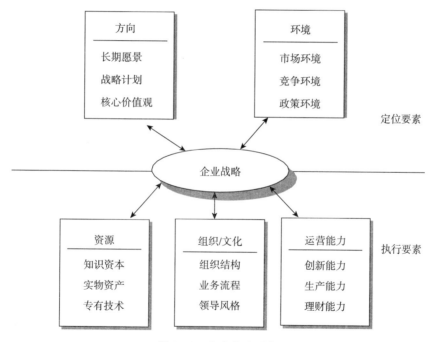

图 1-2　企业战略要素

（二）战略整合及其效应实现

　　战略整合是指并购企业在综合分析目标企业的各项条件后，将目标企业纳入其自身发展战略中，使目标企业的总体运行服从并购企业的总体战略目标与相关安排，从而获得在战略上的协同效应。它包括战略决策组织的一体化以及各个子系统战略目标、手段和步骤的一体化。战略性协同效应的核心是通过整合实现双方企业互补性能力的结合，创造出另外一种增强的能力，从而使企业实现长期增长和利润不断提高的目的。在企业并购重组中，收购计划如果建立在已制定好的基本战略基础上，通常会比因机会诱人等因素而一时冲动产生的收购念头更容易获得成功。战略整合不是简单地把各种资源、能力捆绑在一起，而是致力于追求各种资源和能力之间的协同效应。具体来说，并购中战略整合效应主要体现在以下几方面。

1. 战略整合是并购后其他要素整合的先导

战略是企业经营行为的先导。人们普遍认为，如果企业能拥有与市场和环境相适应的战略，或者能在战略的较量中战胜竞争对手，就可以获得较好的经营业绩。由于市场和环境的不断变化，企业的战略也需要随之进行调整，以适应市场和环境的需要。换言之，企业需要根据市场和环境变化进行战略调整，才有可能创造和保持持久的竞争优势。美国科尔尼（Kearney）公司通过调查 1998 年和 1999 年全球 115 个并购交易，发现成功并购整合的公司在并购整合过程中有三个领域的活动是至关重要的，被称为并购成功的"金三角"，如图 1 - 3 所示。在并购成功的"金三角"中，"提供定位"就是战略整合，它决定了并购企业的发展方向和未来的业务组合。

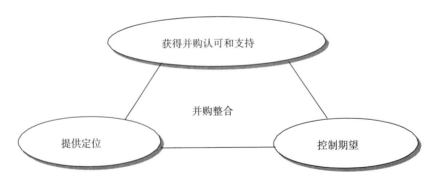

图 1 - 3　并购成功的"金三角"

2. 战略整合是企业适应环境变化的实现途径

当并购完成后，并购者将被迫进入战略和组织变革的过程。并购方通过吸收或购买其他企业，得到一个与原来各自独立的两个企业性质不同的新的经营组织，这个新的企业必将需要确立和拥有一套适应新条件、新环境、与原有各自战略不同的新的战略方案和战略定位。即使是并购企业与目标企业在规模、结构、产品和分销组合上都非常相近，并购也会带来新企业在某些特质上的不同。原因在于，并购后的新企业在市场竞争中所扮演的角色、所拥有的公众形象、所处的竞争地位等都发生了一定程度的变化，市场和公众对新企业的评价、看法以及预期也会有所改变。因此，企业并购后不仅需要进行组织整合，还应考虑新企业的定位和发展，重新审视和评价并购双方企业原有的战略，以及新企业所面临的不同环境，来确定新企业的战略目标和战略方案，以及并购双方在执行新战略中的定位和角色安排。

3. 战略整合是企业获得战略协同效应的保证

企业并购的目的是通过运营目标企业谋求新企业的发展，实现企业的战略目标。因此，当并购企业通过一系列程序取得了目标企业的控制权，也只是完成了并购目标的一半。如果被并购企业的战略能够与并购企业的战略相互匹配、相互适应、相互融合，那么两者之间就能充分发挥出战略的协同效应。约瑟夫·克拉林格认为，协同作用（指可和谐共存的或可互补的企业特性）可能有时（但不总是）通过兼并与收购得到，但协同作用的真正潜在价值有时可能被判断错。为了获得战略协同就必须在并购后对目标企业的战略进行整合，使目标企业的发展符合整合后的新企业的发展战略，通过并购双方的互相配合，使目标企业能够发挥出比并购前更大的经济效益，使整合后的新企业中各个业务单元之间形成一个相互关联、相互配合的战略运作体系。

二、业务整合

业务整合又称业务重组，是指企业发展过程中对已有的业务进行调整和重新组合的过程。通常，业务整合伴随资产重组、债务重组、股权重组、人员重组和管理重组等相关过程。企业发起业务整合活动是市场经济条件下的一种正常的企业行为。从理论上说，企业经营存在着一个最优规模问题。当企业规模太大，导致效率不高、效益不佳，这种情况下企业就应当剥离出部分亏损或成本与效益不匹配的业务；当企业规模太小、业务较单一，导致风险较大，此时就应当通过收购、兼并等方式适时进入新的业务领域，开展多样化经营，以降低整体风险。

（一）业务整合的目的

一般而言，业务整合要实现以下目的：

（1）突出公司的主营业务。通过业务整合，企业可以重塑业务，突出品牌优势，明确企业重点发展的方向，强化企业主体，剥离非优势主体，使企业充分发挥已有主营业务的优势，保持持续发展的动力。

（2）改善企业财务结构，提高融资能力。在业务整合完成后，企业的盈利水平、负债水平、净资产收益率、资产规模、股权结构等指标将有所改善，因此一方面可以通过寻找投资或银行贷款，另一方面还可以通过资本市场解决企业发展所需资金不足的问题。

（3）解决集团型企业资源分散的问题，形成优势合力。集团型企业资源分散通常表现在：①销售分散：同类产品在集团内部的几个企业中分别生产，企业为争抢客户资源相互之间压价竞争、赊销，使得产品利润趋薄，财务成本过高，竞争实力下降。②采购分散：原材料未能形成集中采购优势，在与供应商进行谈判时，没有价格优势；而且结算交易不能统一调配，资金使用效率降低。③生产分散：各企业的生产计划不能根据市场波动而及时进行综合调配，既加大了生产成本，又会造成资源浪费。④科研技术分散：各企业有自己的研发部门和技术力量，对于相似产品的研发技术相互封锁，难以技术共享。⑤投资与规划分散：各企业只考虑自身发展的需要编制投资计划及发展规划，容易产生新的内部竞争。⑥对外合作分散：在对外合作谈判过程中，为争取有利态势，会有多个主体与同一个合作方进行洽谈，多个主体之间互相拆台现象时有发生。以上问题，通过业务整合的方式，可以帮助企业在激烈的市场竞争中占据有利形势，打败竞争对手，增强企业的核心竞争力，实现战略协同。

（二）业务整合分类

企业业务整合按整合对象可以分为内部整合和外部整合。

1. 内部整合

内部整合是指企业（或资产所有者）将其内部产业和业务根据优化组合的原则，进行重新调整和配置。

2. 外部整合

外部整合是指企业对外围企业的业务，产业上下游的关联业务、优势资源之间进行的调整合并过程，以达到增强企业竞争实力，加强对产业控制的目的。外部整合必然涉及资产重组，还有可能会涉及债务重组、管理重组、人员重组和文化重组等方面。

企业业务的外部整合通常是由以下原因引起的：企业负债率高，社会负担重，盈利水平低，达不到股票发行与上市的标准；通过业务整合实现优势业务集中，劣势业务退出，从而符合进入资本市场的条件，实现转换企业经营机制和产权多元化机制。通过业务整合实现企业经营规模和经济效益的增长，增强对所在行业的控制力。

（三）业务整合原则

1. 规模效益原则

在产业结构上考虑能取得较大销售收入的产业，以做大做强为主要战略调整目标，实现规模效益。

2. 盈利能力原则

为了重组后的企业具有较好盈利能力，需要对现有业务进行梳理，根据最近的财务数据，可利用波士顿矩阵模型中的市场竞争力和获利能力两个指标，整理出明星业务（Stars）、现金牛业务（Cash Cows）、问题业务（Question Marks）和瘦狗业务（Dogs）。根据业务重组的目的，针对不同类别的业务选择不同的处理方案。通常，为了追求业务整合后能够获得较好的经济效益，对明星业务、现金牛业务加以重组，对问题业务和瘦狗业务则采取保留或放弃的处理方案。

3. 可操作性原则

参与重组的企业规模大小不一，盈利能力不同，股权结构复杂程度也不同。因此，为保证方案的可操作性，重组一般是按先易后难，注重可操作性的原则设计。

4. 可持续发展原则

对参与重组的业务，要注重其可持续发展能力，对已进入后成熟期或衰退期的业务要慎重整合。

三、组织整合

（一）组织的内涵

组织是人们为了实现某一特定的目的而形成的系统集合，组织通常由一群人以特定的目的组成，有一个系统化的结构。它包括对组织机构中的全体人员指定职位，明确责任，交流信息，协调工作等。

组织的要素有四个方面：①共同的目标。组织作为一个整体，首先要有共同的目标，有了共同的目标，才能统一指挥、统一意志、统一行动。

这种共同的目标应该既为宏观所要求，又能被各个成员所接受。②人员与责任。为了实现共同目标，就必须建立组织机构，并对组织机构的全体人员指定职位，明确职责。③协调关系。把组织成员中愿意合作，为共同目标做出贡献的意愿进行统一。否则，共同目标再好也无法实现。④交流信息。将组织的共同目标和各成员协作的意愿联系起来，它是进行协作关系的必要途径。

（二）并购中组织整合动因

组织整合就是根据战略目标的需要，通过重新设计新企业的组织结构，改变原有的经营管理模式，在有效的分工基础上取得各职位、部门和层次的协调运转。从本质上了解组织整合的动因，有助于提高人们实施组织整合的自觉性，提高组织整合措施的针对性。下面，从理论和实践结合角度归纳分析，组织整合的动因应来自以下几个方面。

1. 战略变化需要组织整合

企业在发展过程中需要不断地对其战略形式和内容进行调整，而战略需要由相应的组织结构来保证实施。新的战略一旦形成，就需要对组织结构进行整合，以适应新战略实施的需要。哈佛大学的钱德勒教授在研究了杜邦、西尔斯、通用汽车和标准石油之后提出了"战略决定结构，结构紧随战略"的著名论断。根据钱德勒的研究，企业战略对企业组织结构设计起着决定性的作用，这种影响如表1-1所示。

表 1-1　经营战略所要求的组织结构

经营战略	组织结构
专业化	职能制
主副业多元化	附有单独核算单位的职能制
限制性相关多元化（纵向一体化）	混合结构
非限制性相关多元化（共享价值链某一环节）	事业部制
无关多元化	母子公司制

并购企业战略整合对组织结构的影响一般体现在两个层面上：①不同的战略要求开展不同的业务和管理部门的设计；②战略重点的改变会引起组织业务活动重心的转移和核心职能的改变，从而使各部门、各职务在组织中的相对位置发生了变化，相应地要求对各管理职务以及部门之间的关

系做出调整。

2. 环境变化需要组织整合

并购是企业外部扩张的一种重要方式，而并购的发生在市场中的直接影响就是市场竞争环境。不同的并购类型会产生不同的效果。企业横向并购所产生的两个明显的效果是实现规模经济和提高行业集中程度，进而扩大了市场势力。通过并购，企业将行业内生产能力进行集中，实现了规模经济的要求，可以有效降低企业生产成本，提高市场竞争能力。纵向并购中，企业将关键性的投入产出关系纳入到企业控制范围，通过对原料和销售渠道的控制，有力地控制竞争对手的活动，由此提高了企业对市场的控制力。企业通过混合并购进入了与原有产品相关或不相关的经营领域，也会对这些领域形成强大的竞争威胁。

环境之所以会对组织结构产生重大影响，是因为任何组织都是个开放的系统，是整个社会大系统的一个组成部分，它与外部的其他社会经济子系统存在着各种各样的联系，因此，外部环境的发展和变化必然会对组织结构的设计和变革产生重要影响，并购企业的组织结构也只有适应了外部环境变化的要求，才能在新的竞争环境中得以生存和发展。

3. 企业规模和成长阶段变化需要组织整合

一般来讲，一个企业总会经历由产生、发展、壮大到衰退和终结的生命周期过程。在整个发展过程中，企业规模由小变大，或由大变小，这都对企业组织提出了动态变迁的要求。在企业不同的规模和成长阶段，必须有不同的组织结构与之相适应。

美国著名组织学家、哈佛商学院教授格雷纳（L. E. Greiner，1985）研究了组织成长中的演变与变革问题，提出了组织发展的基本模型。格雷纳认为，构建组织发展模型，应至少考虑五个方面的因素，即组织年龄、组织规模、组织演变的阶段、组织变革的阶段以及产业的成长率，这五个因素交互作用，便产生了组织发展模型。如图1-4所示。

从组织发展模型中可以看出，组织是通过一些发展阶段而不断向前发展的。"演变"是企业组织"缓慢"的变化，而"变革"则是企业组织发生了"快速"的重大变化。每个演变时期创造了自己的变革，而管理部门为每一个变革时期提出的解决办法，将决定企业进入下一个演变阶段。这里的演变与变革过程既是企业组织成长的过程，也是企业组织整合和创新的过程。

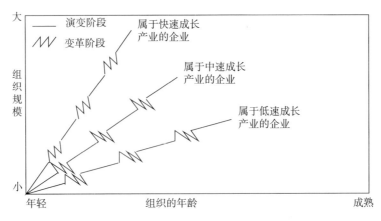

图 1-4 组织发展模型

资料来源：罗永泰等著：《企业有效重组与管理创新》，华文出版社，2003 年版，第 282 页。

四、财务整合

(一) 财务整合的基本内容

不同企业的并购、不同类型的并购，财务整合的方式可能有所不同，但从一般性上来说，财务整合必须以企业价值最大化为中心。据此，财务整合的基本内容主要包括以下几方面：

1. 财务管理目标的整合

财务管理目标直接影响企业财务体系的构建，决定各种财务方案的选择和决策。企业财务管理的目标是企业发展的蓝图，通过财务目标的整合，使并购后的企业在统一的财务目标指引下进行生产经营，它所体现的重要性表现在这样几方面：①有助于财务运营的一体化；②有助于科学地进行财务决策；③有助于财务行为的高效和规范化；④有助于财会人员建立科学的理财观念。

2. 财务制度和会计核算体系整合

财务制度整合是保证并购企业有效、有序运行的关键，它主要包括融资制度、投资制度、固定资产管理、流动资产管理、工资管理、利润管理和财务风险管理等内容的整合。会计核算体系整合是统一财务制度体系的具体保证，也是并购方及时、准确、全面地获取被并购方企业财务信息的有效手段，更是统一企业绩效评价口径的基础。

3. 绩效评价体系的整合

绩效评价体系的整合是并购后企业对财务运营指标体系的重新优化和组合，它是由一组考评指标构成的。一般包括：①收益能力指标；②市价比率指标；③资产管理指标；④经营安全性指标；⑤发展能力指标；⑥成长能力指标；⑦生产能力指标。这些指标考评体系是提高并购企业经营绩效和运营能力的重要手段。

4. 现金流转内部控制的整合

现金流转的速度和质量直接关系到企业资金运用及效益水平。现金流转内部控制的整合，是要求并购交易完成后，并购方应明确规定被并购方在何时汇报现金流转情况。所涉及的内容包括：现金收支日报、现金收支月报、公司预算执行情况的分析报告等。

(二) 资产整合的基本内容

1. 固定资产整合

固定资产的主要内容是劳动手段，包括机器设备、厂房建筑物、运输工具和办公设备等。评价固定资产应考虑的因素包括：资产现行价值、使用寿命、经济寿命、技术性能、生产效率以及在技术进步条件下被淘汰的可能性。整合固定资产整合，一般可采用以下程序：

（1）资产鉴别。资产鉴别可以从以下三方面进行：一是高效资产与低效资产。从对企业绩效贡献的角度出发，企业资产分为高效资产和低效资产。二是匹配资产与不匹配资产。一方面资产与企业发展战略相匹配；另一方面资产与生产工艺相匹配。三是潜力资产与无潜力资产。资产的潜力是指资产已经存在，但尚未被发掘利用或现实条件下不能够被利用的价值。

（2）资产吸纳。资产吸纳是并购方以自己的资产为主体，吸纳目标企业的资产进而形成新的融合性资产。吸纳目标企业的固定资产至少要考虑几个因素：一是生产经营体系的完整性；二是企业发展战略因素；三是效益因素。

（3）资产剥离。并购交易完成后，通过资产鉴别可能会发现目标企业原有的一部分资产可能成为新企业发展的负担，因此，应对这部分资产进行剥离。需要剥离的资产应包括：长期未产生效益的资产、与总体发展战略不相适应的资产、与生产工艺不匹配的资产、难以被并购企业吸收的资产以及影响企业有效运营的资产。

2. 流动资产整合

流动资产包括现金、有价证券、应收账款、存货等。流动资产整合的目的是：控制和提高流动资产的质量、改善流动资产的结构、加快流动资产的周转速度。

（1）控制和提高流动资产质量。并购交易完成后会使企业流动资产总量加大，可能会导致总资产收益率下降，对此企业应分析现实生产经营规模的状况、与固定资产总量相匹配的流动资产存量应是多少，进而消除多余或不适用的流动资产，合理选择资产组合策略。

（2）改善流动资产结构。并购企业应通过对被并购企业资产负债表的分析，发现资产结构中存在的问题，采取相应的整合措施，使流动资产结构得以优化。

（3）加快流动资产周转速度。并购后企业要通过流动资产整合，使整合后的流动资产的周转和循环速度快于并购前双方的流动资产周转速度。这就要求企业要分析流动资产的现实状况，并采取相应的措施：分析现有流动资产的存在状态；分析在整合期内各种形态资产的流转量的大小；分析流动资产循环和周转的渠道是否通畅。

3. 无形资产整合

无形资产是不具有实物形态而能为企业较长期地提供某种特殊权利或有助于企业取得较高收益的资产。企业无形资产涵盖的内容非常广泛，具体而言，可把企业无形资产分为四大类：文化类资产、管理类资产、市场类资产和技术类资产。以技术类资产为例，并购中涉及的技术类无形资产主要包括专利权、专有技术、商标权、专营权、土地使用权和商誉等。这些无形资产具有非实体性、单一性、不确定性、高效性和独创性等特点。对于目标企业无形资产的整合，要检查和评估这些无形资产的现实价值，紧密联系并购方的生产经营活动及其适用程度，决定其保留和转让。下面，对技术类无形资产进行逐一介绍。

（1）专利权整合。首先要确定它的价值、先进程度、未来前景、剩余时间，然后根据企业的经营方向和战略目标决定其保留还是转让。

（2）特许经营权整合。也叫专营权，通常有两种形式：一是由政府机构授权，二是企业自己创造的专营权。这里要讨论整合的特许经营权主要是第二种情况，专营权是企业重要的无形资产，企业可以借此获得超额利润。企业控制权的变动，必须经过原授权人的同意才可继续拥有此项权利，在授权人同意的基础上，企业可考虑其是否与企业经营方向相适应来进行决策。

（3）商标权整合。并购方在对目标企业整体资产购进后，商标权即归并购后企业所拥有。并购方企业可以根据商标在消费者心目中的形象、地位、市场评估价值以及该商标产品的市场占有率等因素决定取舍。

（4）专有技术整合。它是企业没有申请专利的先进或特有的工艺技术、设计方案和主要技术参数等。因其具有巨大的价值，大多数并购方企业对这些具有无形资产性质的专有技术予以保留或发展，并根据需要决定是否将其作为保密资料。如果有些技术与企业的总体发展战略无关，可到技术市场进行转让，有些已经过时的可予以淘汰。

（5）土地使用权整合。许多企业并购行为的发生，都是并购方看中了目标企业的土地使用权。并购后对目标企业的土地使用权，应在充分考虑企业的发展战略对土地需要量、土地所处位置和土地增值潜力等因素的前提下，来决定土地的保留、租借或转让。

（6）商誉整合。企业并购中形成的是外购商誉，是指当并购发生时，并购方企业所支付的并购成本大于目标企业可辨认有形资产的公允价值的差额所导致的，它是通过资产整合形成的。并购后商誉应予以摊销。

（三）债务整合的基本内容

企业债务形成的原因不同，债务的性质不同，因此企业债务整合的途径和方式也会不同。经过整合，有些债务可以减少或消除，有些债务则可以延长还款期或转为股权。下面，对债务整合的几种常见形式进行介绍。

1. 低价收购债权

在并购中，被并购方处于被动地位，所以当并购方提出有关债务打折的要求后，往往能够为其所接受。从表现形式上看，这是一种债务收购，但运作的结果是一种低成本的企业并购，也是一种以减少债务为目的的债务整合。

2. 依法消除债务

我国民法对债权与债务的有效期是有明确规定的。现实经济活动中，相当一批企业债权人由于放松追讨债务，而使债权因超过诉讼有效期不再为法律所保护，但这些债务在企业的资产负债表中仍要如实记载。并购方完全可以依据相关法律，对此类债务不予承认。

3. 延长债务偿还期

一般来说，债权人与债务人之间形成的债务关系有一定的时限，债务人应在约定期限内清偿债务。但现实中，有些债权人为了减少利益损失，会主动提出延长债务还款期限。比如，当一个企业经营困难，无力偿债的情况下，可能会申请破产。

4. 债权转股权

这是降低企业负债的一种有效方式，也是资产重新配置的一种方式和信用关系的转化。从字面意义上说，债转股是指债权方将自己的债权转为对债务企业的股权。并购发生后，如果由并购企业承担被并购企业的全部债务，会造成并购企业未来偿债压力过大。在这种情况下可以将一些债务转为股权，将债权人转化为企业的股东。

五、文化整合

（一）企业文化的内涵

企业文化指企业的全体员工在长期的创业和发展过程中，培育形成并共同遵守的最高目标、价值标准、基本信念和行为规范。它是企业在经营管理过程中创造的具有本企业特色的精神财富的总和，对企业成员有感召力和凝聚力，能把众多人的兴趣、目的、需要以及由此产生的行为统一起来，是企业长期文化建设的体现。企业文化是企业领导倡导、培植并身体力行的结果，通过各种方式灌输到全体员工的日常行为中去，日积月累逐步形成的。企业文化一旦形成，就会反过来对企业经营管理发挥巨大的影响和制约作用，即使领导人更换，也会代代相传。企业文化是社会文化与企业长期形成的传统文化观念的产物，包含企业哲学、企业精神、企业价值观念、企业道德、企业目标、企业形象、企业风尚、企业民主等内容。它以全体员工为工作对象，通过宣传、教育、培训和文化娱乐、交心联谊等方式，以最大限度地统一员工意志，规范员工行为，凝聚员工力量，为企业总目标服务。

《日本企业管理艺术》一书的作者站在企业整体的高度，运用系统的观点和方法，对组织的各要素及其相互关系作了简明而有效的剖析，提出了著名的"7S"企业结构：结构（Structure）、战略（Strategy）、体制（System）、人员（Staff）、管理作风（Style）、技巧（Skills）和共同价值观（Shared Values）（即公司文化）。作者将这七个要素划分为两大类，一类是"硬性"要素，包括战略、结构和体制；一类是"软性"要素，包括人员、技能、作风和共同价值观（图1-5）。

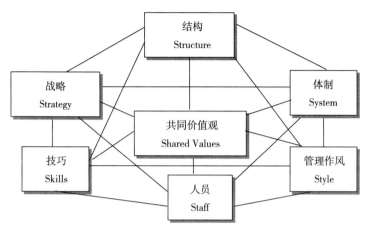

图 1-5　企业管理的"7S"

从 7 个要素在企业管理系统中的地位和作用出发，将共同价值观放在其他 6 个要素的中心位置，对其他要素起着"胶液"和"指南针"的作用。它充分体现了企业文化在整个管理中的核心作用。

（二）文化整合的内涵

文化整合，就是将不同特质的文化，经过相互接触、交流进而相互合并、分拆、增强、减弱等方式，形成一种全新的文化。文化整合也可以理解为两个企业并购后，解决由于直接接触而产生矛盾的过程。文化整合包含以下几层含义：

1. 企业文化可以对某一种内生或外来特质的文化进行吸收、同化

当不同特质的企业文化共处于某一时空环境中，经过充满冲突与选择的传播过程，必然发生内容和形式上的变化，以原有的企业文化特质为基础，吸收异质文化，组成新的体系。

2. 企业文化可以辐射和传播

一种优势企业文化会以各种方式和渠道向其他企业或其他文化共同体进行传播和扩散。

3. 企业文化冲突是企业文化整合的直接动因

当来自不同企业的文化在某一企业中集聚，出现激烈的文化冲突时，要使不同企业的文化相互协调，在统一的价值观和理念的作用下运行，可以通过融合、变革来重建和统一企业文化。

4. 企业文化整合既包括企业内部各个层次的、各个局部范围内的整合，也包括企业整体范围内的一体化

企业文化作为一个整体所具有的特质可以使它与其他企业或组织的文化相区别，即使在一个企业的内部也存在着相互区别的多种部门文化。要使这些部门文化服从和服务于企业文化的总目标，就需要进行企业内部的文化整合。

（三）文化整合与并购绩效

企业文化整合对企业并购的成功有着重要的意义。

1. 直接影响企业并购的成败

当企业并购交易后，并不意味着合并后的新企业就能有效运作和顺利发展了。并购成功的重要标志是企业并购后能焕发出新的生机和活力，能在激烈的市场竞争中拥有了更强的竞争力。但要达到这个目的，仅仅依靠"硬件"的组合是远远不够的，文化整合的成功与否往往直接影响着并购的成功，或者说并购各方所具备的物质优势能在多大程度上发挥出来，取决于并购的各方利益的协同和文化的整合。

2. 直接影响企业的发展

企业文化作为企业全体员工的群体意识和价值取向，在很大程度上引导着企业的发展走势。不断创新、寻求企业发展，这是每个企业都追求的目标。但在不同的企业文化背景下，不同的企业会有不同的发展理念、会有不同的发展趋向，自然也会有不同的发展模式，这一切最终都会影响企业未来发展的成败。企业并购整合，在整合物质要素过程中，也在整合文化要素，整合企业发展的理念。文化整合的目的是形成文化力，文化力主要就是理念的贯穿和新理念的推进，企业文化力就是推动企业前进的原动力，是企业的核心竞争力之一。

3. 其他整合依赖文化整合

Ghoshal 和 Hapeslagh（1990）通过案例研究发现，如果在两个组织之间以及被并购企业内部创造一种积极气氛，就能够淡化企业文化差异的消极影响，促进能力的单向或双向转移。这里所说的创造一种积极气氛，就包含着较好地处理文化差异。由此可见，文化整合是运营整合的基础，文化整合做得好有助于运营整合的顺利实现。反之，如果文化整合做得不好，人与人、组织与组织之间的冲突会严重阻碍运营整合。Birkinshaw 和 Bresman 花费五年时间跟踪调查了瑞典三家公司的跨国并购活动，其探究结果也证明了上述观念的正确性。综合上述观点，文化整合与其他要素整合的关系，如图1-6所示。

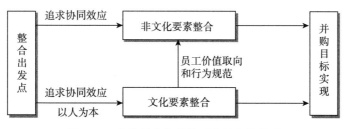

图1-6 文化整合与其他要素整合的关系

第三节 企业并购整合基本流程与主要方式

一、企业并购基本流程

企业并购具体可以分为十步，即制订并购规划、筛选目标、尽职调查、制订并购方案、价值评估、融资规划、交易谈判、审批与交割、并购后整合以及并购后审计，它们之间的关系如图1-7所示。

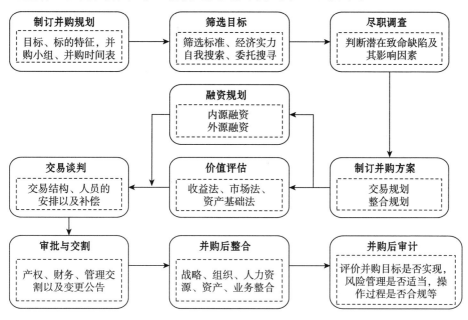

图1-7 企业并购基本流程图

资料来源：张金鑫：《企业并购》，机械工业出版社，2016年8月版。

（一）制订并购规划

1. 企业战略评价

分析企业总体战略和业务战略要求，分析并购作为发展战略的原因，评价并购战略的合理性及其并购能力。

2. 进入市场机会评价

应评估拟进入市场的投资机会。在评估投资机会时，企业应对自身即将通过并购进入的业务或地域做如下了解：①了解行业结构以及价值创造点；②评估当前市场规模和成长潜力；③了解国内外主要竞争对手；④关注该行业的科技动态；⑤识别进入壁垒，对海外并购尤其重要。

3. 设定并购目标

设定并购目标应以创造企业价值为准则，可以从财务目标、战略目标等方面来考虑。确定目标方的筛选标准，可能涉及目标方的规模、价格区间、盈利能力、地理位置等。组建并购小组，明确并购小组分工和责任，明确并购决策机制，筹划可能获得的外部支持以及需要聘请的顾问。

（二）筛选并购目标

并购目标筛选并没有固定的模式和要求，一般是根据并购规划以战略和价值为导向的筛选标准去选择。同时，还需要考虑收购目标是否和本企业的经济实力相匹配，对于所收购的业务是否具有管理能力，被收购的目标企业在收购后的整合潜力有多大。

相对于收购上市公司，非上市公司目标搜索更为困难。在进行搜索目标方时，企业可以由专门的小组进行搜集，公开的互联网、报纸、杂志等都是信息的重要来源。公司的客户、供应商、竞争者、消费者、员工也可能提供信息，专业的中介机构也同样是好的建议者。企业需要通过多轮筛选，甚至还可以与潜在的目标企业进行直接或间接接触，但是在接触时需要签订保密协议。

（三）尽职调查

尽职调查又称为审慎性调查，是由中介机构在企业的配合下，对企业的历史数据和文档、管理人员的背景、市场风险、管理风险、技术风险和资金风险做全面深入的审核，也就是对企业的经营、财务、合规性等状况做出详细的调查。人们常说的"买的没有卖的精"，就是对信息不对称现象的真实写照。因此，做好尽职调查至关重要。

尽职调查目的是帮助企业判断并购企业潜在的致命缺陷，以及它们对收购和预期投资收益的可能影响。致命缺陷主要包括目标方由于并购所造成的核心人员流失、主要客户流失、即将来临的财务危机、汇率的波动等重大缺陷，如果不解决或者不恰当地修正就会对企业造成相当程度的损害。通过尽职调查还可以确认企业是否具有产品改进或提升的潜能等。

（四）制订企业并购方案

并购方案是企业实际并购的"路线图"，并购方案的设计通常是围绕降低并购成本、提高并购效率和控制并购风险展开的，力求维持和增强并购方的资产流动性、盈利性和增值能力。并购方案一般分为两部分：交易规划和整合规划。①交易规划包括并购标的设定、交易方式的选择、收购主体的确定、价格区间的估算、并购融资和支付筹划、信息披露方案、债务处置方案等。②整合规划主要包括对目标方在交易达成后的战略、组织、财务、人事、业务、管理、文化等方面调整的通盘计划。并购方案被确认可行后，收购方应与目标方签署框架协议，就买卖双方关切的利益形成原则性约定。并购意向书不包括有关并购的所有相关事项，但是包括了关键事项的基本草案。

（五）并购价值评估

与一般资产评估不同的是，并购价值评估在于除了对目标方独立价值的评估外，还涉及对并购双方协同效应的价值评估。对目标方独立价值的评估方法主要有收益法、市场法和资产基础法等。通常在一宗并购交易中应使用不少于两种方法相互校验。协同效应评估的主要方法有整体扣减法和分部加总法。

（六）并购融资规划

对并购目标方估值后，就需要一定的融资准备。企业的融资分为外源融资和内源融资。外源融资主要是股权融资、债券融资以及夹层融资，例如银行贷款、发行股票、发行债券、可转换债券等；内源融资主要是自身的留存收益、供应商的信用政策、金融资产。由于企业并购所需要的资金较大，因此多会选择外源融资。在进行融资时，需要考虑企业自身所处的行业、利率的变化状况以及企业自身的经营规模和经营状况。除此之外，企业也可以向专业机构咨询，为企业自身制订一个合适的融资计划。海外并购融资，汇率是需要重点考虑的因素。

（七）并购交易谈判

在估值、融资之后进行的交易谈判，包括交易结构、管理人员的安排、一般员工的安置和补偿、对其他利益相关者的补偿。交易结构主要包括并购的形式，如收购股权、资产、整个公司、并购交易价格、支付方式与期限、交接时间与方式。交易结构设计是并购的精华所在，并购的创新也体现在交易结构的设计上。并购交易结构的影响因素主要有税法、反垄断法、公司法、会计法以及股东利益。并购交易谈判需要并购双方进行一定的反复协商。海外企业并购需要熟悉国际法、并购标的所在国法律的人士参与。

（八）并购审批与交割

1. 并购审批

一个好的审批策略能够促进交易的高效完成。这个过程需要专家帮助企业了解相关监管规定，以使企业主动协调、快速完成审批过程。有关审批包括如下两个方面：

（1）股东。如果收购方是上市公司，那么在重大交易发生前须经股东大会同意，尤其是经多数股东表决同意。

（2）政府。在国内，政府审批要求上市公司的收购往往要经证监会审核。涉及国有股权或资产转让时，须经国有资产监督管理委员会审核。涉及境外企业的收购要获得商务部和外汇管理局的审批。特殊经营业务的企业须经特殊监管部门审批，如银行业、保险业和通信业。可能形成行业垄断的企业并购须通过反垄断局的审批。

2. 并购交割

在审批以及签约之后，并购双方进行产权交割、财务交割、管理权交割以及变更登记和发布并购公告。并购交割主要包括：

（1）产权交割。并购双方的资产移交，要在国有资产管理局、银行等有关部门的监督下，按照协议办理移交手续，经过验收、造册，双方签字后会计据此入账。目标方未了的债券、债务，按协议进行清理，并据此调整账户，办理更换合同债务等手续。

（2）财务交割。财务交割工作主要在于并购后双方财务会计报表应当依据并购后产生的不同的法律后果做出相应的调整。

（3）管理权交割。这是每个并购必须交割的事宜，完全取决于并购双方签订并购协议时就管理权的约定。

（4）变更登记和发布并购公告。只有在政府有关部门进行了这些登记，并购才正式生效。并购导致一方主体资格变动，续存公司应当进行变更登记，新设公司应进行注册登记，被解散的公司应进行注销登记。

（九）并购后审计

企业并购后的审计应该围绕企业内部新旧业务串联运行的组织情况、与原有客户关系的处理情况、企业内部组织结构的设置情况、各职能部门和分支机构职权的限定情况、各部门人员的分配情况及各部门间关系的协调情况等方面进行。

（十）并购后整合

并购交易的完成并不是并购的终点，要想达到并购目标，实现企业价值增值，必须经历艰苦的整合阶段。并购整合一般有七个方面：战略整合、组织整合、业务整合、资产整合、财务整合、人事整合以及文化整合等。并购整合阶段就是要让协同效应发挥出来，包括生产协同、经营协同、财务协同、业务协同、技术协同及管理协同等各个方面。

二、企业整合基本流程

企业并购动机有多种，对大多数企业来讲，获取长期利益是企业并购的主要动机。企业要获取长期利益，培育核心能力最为关键。因此，就应以企业核心能力转移、核心能力识别、核心能力拓展、核心能力强化为主线，构建企业并购整合流程，主要包括企业核心能力识别、整合战略与整合规划、建立整合框架、开展整合和整合绩效评价这五个阶段。

（一）企业核心能力识别

通过分析企业核心能力与并购整合的关系，大多数企业并购后整合核心能力主要体现在组织整合、无形资产整合和业务整合上，如图1-8所示。通过三个方面整合实现并购后企业的协同效应，提高企业的核心竞争力。

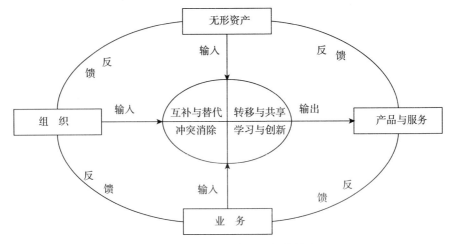

图 1-8　企业并购后整合核心能力转移机理

（二）整合战略与整合规划

成立并购后整合的组织，从宏观角度出发，依据企业并购目标，制定整合战略，进而从人员配置、时间、组织、活动等方面制订完善的整合规划。

（三）建立整合框架

这一阶段为企业并购后整合的基础阶段，主要依据整合战略及规划，成立各种整合工作小组，运用专业化的项目管理方法，对各小组制订详细的整合计划并开展相应工作。

（四）开展整合阶段

这一阶段为企业并购后整合的核心阶段，根据并购双方企业核心能力的不同、并购后整合模式的不同，开展主体整合、组织整合、无形资产整合和业务整合，最终实现综合协调效应。

（五）并购后整合绩效评价

这一阶段是检验并购过程有效性的重要手段，通过构建绩效评价指标体系和绩效评价模型，可以对并购后整合的效果进行评价，发现问题并及时进行完善。

综上，基于企业核心能力的企业并购后整合流程的关键是：①对企业核心能力进行识别，对比分析并购双方企业的核心能力；②确认适合的并购后整合模式；③具体设计并购后整合的协调体系及整合机制；④对并购后整合的绩效进行评价。企业并购后整合需要运用系统工程的方法来开展整个整合工作，需要从并购双方企业的现状出发，制定并购后整合的具体战略和规划，成立并购后整合负责机构和各业务整合小组，并通过提供并购后整合资源、相关领导介入等来完成企业并购后整合的各项具体工作。

三、并购整合主要方式

（一）按并购企业与目标企业的产业关系分类

1. 横向并购

横向并购，也叫水平并购（Horizontal Merger）即竞争对手间的合并。它表现为资本在同一生产部门或销售领域的集中，资本存量由于企业利润率差异而被集中到资本边际效率更高的企业，这是替代企业在同一产业内部的竞争引起的资本存量在不同企业间的重新组合，是扩大并购企业份额，提高行业集中度的基本方式。由于并购对象是生产同类产品的企业，所以可以实现企业实力增强的愿望，使产业结构更趋合理，在更大范围内实现专业化分工协作，采用先进技术设备和工艺；可以使企业统一技术标准，加强技术管理和进行技术改造；可以使企业增加品种，提高质量和扩大批量，降低单位产品成本，实现规模经济效益，从而增强产品的市场竞争能力。这种并购特别适合企业偏小，产品生产能力分散的行业。从我国来看，那些市场集中度低，存在过度竞争的产业适宜采用这种方式。

2. 纵向并购

纵向并购，也叫垂直并购（Vertical Merger）即供应商或客户的并购。也可以说是在原料生产、供应和加工及销售上有密切关联关系、买卖关系，分处于生产和流通过程不同阶段的企业之间的并购。从并购方向来看，纵向并购又有前向并购和后向并购之分。前向并购是指并购生产流程前一阶段的企业，如纺织厂并购服装厂；后向并购是指并购生产流程后一阶段的企业，如钢铁厂并购矿山。并购的目的为了提高经济协作效应，控制该行业生产经销的全过程，从而获得经营一体化效益。这种并购，一方面通过连续化生产大大提高生产效率，节约通用设备、仓储、资源、能源和运输费用；另一方面将市场内部化，将原来的市场买卖关系转化为企业内部供求调拨关系，可以节省交易费用。它表明资本的跨部门集中，资本存量受部门利润率差异的吸引和排斥，流向资本边际效益更高的产业部门，这是互补企业在不同产业之间的竞争所引起的资本存量的重新组合，是产业结构适应需求结构的基本形式。

3. 混合并购

混合并购（Conglomerate Merger），即并购双方或多方是属于没有关联产业的企业间并购，并购的宗旨在于改善和优化自身的产业结构，积极参与和尽力控制企业可占领的市场。它不是以加强企业在原有行业的地位为目的，而是以扩大企业可涉足的行业领域为目的。混合并购中又分为三种形式：①产品扩张型并购。即一定企业以原有产品和市场为基础，通过并购其他企业进入相关产业的经营领域，达到扩大经营范围，增强企业实力的目的。②市场扩张型并购。即一个企业为扩大其竞争地盘而对它尚未渗透的地区生产同类产品的企业进行并购，它是扩大市场规模，提高市场占有率的主要手段。③纯粹混合并购。即生产经营活动彼此之间毫无联系的产品或服务的企业间的并购。由于不同行业、不同产品的生命周期不同，企业利用多元化经营，实现跨行业的多种产品组合，能降低经营风险，使企业获得稳定的经营利润。混合并购的效益主要来自两个方面：一是企业资源的充分利用；二是经营风险的分散化。在混合并购中主要利用了经营管理以及由经营管理形成的无形资产。当一个企业跨入新的经营领域时，其自身的优势就是先进的经营管理经验，也只有通过充分利用本企业的剩余管理资源，才能使并购后企业所支配的资源得到更充分的利用。

（二）按实现产权转换和出资方式分类

1. 现金购买资产式并购

并购方使用现金购买目标企业全部或绝大部分资产，以实现对目标企业的控制。这种方式是被并购企业按购买法或权益合并法计算资产价值，并入收购方企业，原有法人地位及纳税户头消失。对于产权关系、债权债务清楚的企业，这种并购方式能做到等价交换，交割清楚，不留后遗症或各种纠纷。但由于目前我国许多企业财务报表的真实性受到质疑，目标企业的财务状况特别是债权债务关系难以准确获悉，使得在相当大程度上影响了并购方以现金购买目标企业的积极性。

2. 现金购买股票式并购

并购方使用现金购买目标企业一部分股票，以实现控制后者资产和经营权的目标。出资购买股票可以通过一级市场或二级市场进行。通过二级市场出资购买目标企业股票是一种简便易行的并购方式，但要受到证券法规要求信息披露原则的制约。如购进目标企业股份达到一定比例，或达到该比例后持股情况又发生了变化，都必须履行相应的报告及公告义务，在持有目标企业股份达到相当比例时便要向目标企业股东发出公开收购要约。而这些要求容易被一些人利用，故意哄抬股价，使得并购成本加大。并购方如果通过发行债券的方式筹集资金进行并购，也容易背上巨额债务负担。

3. 股票交换股票式并购

并购方直接向目标企业股东发行自己的股票，以交换目标企业的大部分股票。交换的股票数量应至少达到并购方能控制目标企业的足够表决权数。这种方式通常是并购双方的企业高层管理者就并购达成协议，然后对换股的价格讨价还价，最后达成协议，拍板成交。这种方式无需支付现金，不影响并购方的现金状况；同时目标企业的股东不会丧失其股份，只是股权从目标企业转到并购企业从而丧失了对企业的控制权。这里关键在于达到一定的控股比例，按照美国《标准公司法》规定，当一个企业持有另一个企业的股份并达到足以控制另一个企业的比例时，法律可规定将两者视为一体。

4. 股票交换资产式并购

并购方向目标企业发行自己的股票以交换目标企业的大部分资产。在一般情况下，并购方同意承担目标企业的债务责任，但并购双方也可以通过协商做出特殊约定，如并购方有选择地承担目标企业的部分债务责任。

（三）按并购企业对目标企业的态度分类

1. 善意并购

善意并购，也叫友好并购。即并购企业事先与目标企业进行协商，征得其同意并通过谈判达成一致意见而进行的并购，西方形象地称之为"白马骑士"（White Knight）。这种方式要求目标企业同意收购企业提出的收购条件并承诺给予协助，由此并购双方高层管理者通过协商来决定并购的具体事宜，如并购方式（是以现金、股票、债券，还是以混合方式来进行收购)、收购价位、人员安排以及资产处置等。如果目标企业对收购条件不甚满意，双方还可对此进一步协商，最终达成双方都能接受的收购协议，并经双方董事会批准、股东会以特别决议的形式通过。由于并购双方都有合并的意愿，互相熟悉情况，因而这种并购有利于降低并购行动的风险和成本，成功率较高。

2. 敌意并购

敌意并购，也叫强迫接管并购。即收购企业在目标企业高层管理者对其收购意图毫不知晓或持有反对态度的情况下，对目标企业强行进行收购的行为。以这种方式进行的并购，并购方往往采取突然的收购手段，提出极为苛刻的条件使目标企业难以接受，西方形象地称之为"黑马骑士"（Black Knight）。这种并购方式使并购企业完全处于主动地位，不用被动权衡各方利益关系，并购行动迅速、时间短，可有效地控制并购成本。但敌意并购通常难以从目标企业获取内部实际生产经营和财务状况的重要资料，给企业正确估价造成困难。同时，对目标企业来说，被并购意味着原企业法人地位的消失，员工面临新的就业抉择，管理人员也会发生更换，更何况并购方提出的并购条件相当苛刻。所以一般情况下，目标企业在得知收购企业的收购意图后很可能采取一些反收购措施，使得并购的风险加大。

（四）按并购资金分类

1. 杠杆收购（Leveraged Buy-out）

并购方利用目标企业资产的未来经营收入，来支付并购价款或作为这种支付的担保。并购方不一定拥有收购所需的巨额资金，只需准备少量现金，用来支付收购过程中所必需的律师、会计和审计等费用，再加上用目标企业的资产和营运所得作为融资担保所贷得的金额，即可并购各种规模的企业。这种并购方式在操作原理上类似于杠杆，所以称作杠杆收购。其特征是：①并购方用来收购的自有资金与收购总费用相比很小，通常的比例为 10%～15%；②绝大部分收购资金通过贷款获得，贷款方可能是金融机构、信托基金，还可以是有钱的个体，甚至可能是目标企业的股东（并购交易中的卖方同意买方分期给付并购资金）；③偿付贷款的款项来自目标企业生产经营所得的资金，也就是目标企业自身支付它的售价；④并购企业只投入有限的资金，则不再进一步承担投资义务，而贷款人只能向目标企业求偿，而无法向真正的借贷方——并购方求偿。

2. 非杠杆收购

即并购企业不用目标企业自有资金以及营运所得来支付或担保支付并购价款的并购方式，在并购发展的早期阶段大都采用此类形式。但这种形式并不是说并购方不用负债即可负担并购价款，在实际运作中，几乎所有的收购都需要利用借贷来完成，它与前者的区别只是借贷数额的多少而已。

第四节　涉农企业并购整合挑战、现状与风险防范

一、涉农企业并购整合新背景与新挑战

（一）新背景

"双循环"新发展格局是以经济高质量发展为根本出发点的，通过产业结构升级、发挥消费基础性作用和扩大对外开放，更加主动地用好国际国内两个市场、两种资源，参与国内国际科技、产业链合作，实现全球价值链、经贸体系和治理格局的重塑优化，推动完善更加公平合理的国际经济治理体系。具体到农业，构建"双循环"新发展格局对于推进我国农业发展来说，一方面能够通过农业结构升级和进一步对外开放，延伸农业链、提升价值链、打造供应链，积极参与全球农业分工，统筹利用国内、国际农产品资源，加快农业高质量发展；另一方面，通过发挥消费基础性作用，以食品消费升级引领农业供给创新、以农业供给提升创造食品消费新增长点，实现更高水平的农产品供需平衡。

因此，"双循环"新发展格局通过产业结构升级、消费基础作用发挥和对外开放三条路径为我国农业发展提供了新的"四大机遇"。一是新一代技术革命和数字化带来的农业结构升级机遇；二是消费能力提升和消费需求多元化带来的农业消费提质机遇；三是"一带一路"倡议深化和全球价值链提升带来的农业对外开放机遇；四是内循环重塑外循环发展动力和外循环冲击内循环发展环境带来的农业内外循环互动机遇。详见图 1-9。

1. 农业结构升级机遇

新一代技术革命带来的农业技术革新机遇。新一代技术革命在农业中的应用，有利于实现农业的迭代升级，打破农业产业链内部各环节之间以及农业产业与精深加工、文旅康养产业等第二、三产业之间的技术壁垒，

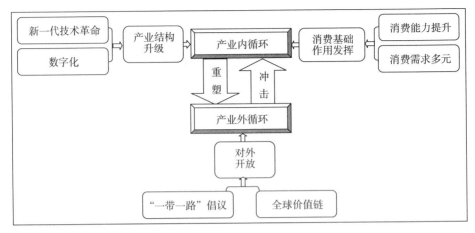

图 1-9　新发展格局下我国涉农企业面临机遇的分析框架

改变农业的生产经营特征以及价值创造过程，逐步消除农业内部各环节以及涉粮产业间的边界。

数字化带来的农业形态革新机遇。互联网、物联网等数字化技术在农业中的应用，使具有连续价值增值功能的上下游各项经营环节协调优化，推动农业由价值链低端向中高端升级，提升整个产业的价值链。

2. 农业结构升级机遇

消费多元化带来农业消费机遇。农业顺应消费升级趋势，以"线上"赋能"线下"的方式，从单纯地提供初级产品向精深加工方向、文旅康养方向转变，创造适宜的消费场景和消费习惯，不断挖掘新的消费行为和需求。在这一过程中，不仅为农业结构转型升级提供了外部动力，也为实现农产品消费升级与农业升级联动发展提供了广阔场景。

消费能力提升带来农业消费机遇。随着乡村振兴战略和新型城镇化战略的全面落实，农业推动经营重心和运营渠道下沉，不断释放三四线城市和农村地区的涉粮消费活力，充分发挥消费的基础性作用。

3. 农业对外开放机遇

"一带一路"倡议的深入实施为中国农业"走出去"迎来了新的战略机遇。一方面，有利于涉农企业在"一带一路"沿线国家进行海外农田投资、开展纵向并购、建设海外粮油加工厂、参与国际农产品流通，整合海外农产品资源，进而提升对国际农产品贸易全产业链的控制能力；另一方面，通过加强与"一带一路"沿线国家以及联合国粮农组织等国际组织的农产品科技合作交流，有利于形成更加公平有序的全球农产品贸易、提升中国的国际形象和影响力。

4. 农业内外循环互动机遇

农业内循环重塑农业外循环的发展动力。随着中国跨越中等收入门槛、老龄化程度不断加深、新型城镇化加速推进，各类新增和升级需求所带来的庞大农产品消费需求潜力，有助于引导农业生产新的优质供给和实现国外优质资源"引进来"。我国农业借全球价值链体系重构机遇，为中国涉农企业迎来新一轮"走出去"红利。

农业外循环冲击农业内循环的发展环境。一方面，受疫情和贸易保护主义抬头影响，要求我国农业更加注重借助 5G、物联网、大数据等数字化手段，引导各类涉农企业加入国内农产品供应链、提升国内农产品创新链、补强国内农业链，为涉农企业发展创造国内市场空间。另一方面，RCEP 和中欧 BIT 等区域合作协议的签订和"一带一路"倡议等国际合作机制的构建，也为中国农业对外合作提供了新的契机。

（二）新挑战

1. 农产品可持续生产能力有待提升

农产品生产过程中环境污染、生态退化、化肥农药过度施用等问题依旧显著。一是水资源总量匮乏。局部地区地表水、地下水过度开发，黄河流域开发利用程度已经达到 76%，淮河流域达到了 53%，海河流域更是超过了 100%。二是耕地后备资源不足。虽然地籍调查显示截至 2016 年全国后备耕地资源有 8 029 万亩*，但大多数位于丘陵地区，平原地区基本上没有后备资源。三是农业面源污染加剧。化肥农药过量使用，畜禽粪污和农作物秸秆资源化利用率低，局部地区土壤酸化和重金属污染问题显现，农膜残留问题突出。

2. 农产品可持续生产能力有待提升

农产品生产能力有待提升主要体现在以下四个方面：一是储备粮品种结构不合理。调研数据显示，部分省份小麦、早稻和晚稻品种比例合计达到 98.8%，均为口粮品种，远高于国家提出口粮比例不低于 70% 的要求，同时，储备口粮中优质品种不足，储备品种与人民群众口粮需求衔接不紧密，影响了储备粮服务宏观调控、稳定农产品市场供需的功能。二是社会储粮较少。国有粮食部门的收购量依然占据主导地位，社会多元主体无法

＊　亩为非法定计量单位，1 亩≈667 平方米，下同。

参与早稻收购。三是粮库仓储基础设施较弱。四是粮库仓储保防人员素质不高。

3. 农产品运输资源利用率相对较低

农产品运输资源利用率低的原因主要来自以下两个方面：一是农产品"四散"设施不配套。农产品流通四散化，即散装、散卸、散运、散存是农产品流通现代化的大势所趋。二是农产品物流资源利用率不高。农产品物流整体集约化、规模化程度偏低，物流需求零散，缺乏系统化运输组织机制和平台对零散物流进行整合，多式联运、设施无缝化衔接差，无法实现农产品物流整体协同效应，加大了物流运行成本。同时，没有适当的组织机构运筹农产品流通工作，缺少对农产品流通的整体布局，不能发挥农业的规模效益。

4. 农产品加工企业盈利能力不强

虽然此次疫情期间农产品加工企业在农产品稳价保供方面做出了重要贡献，但总体来看，农产品加工企业市场竞争力仍然较弱。从产值贡献来看，部分省份农产品主要工业产值贡献者为大米加工（占比 49%）和饲料生产（占比 34%），食品及副食酿造和农产品深加工产值占比分别只有 3% 和 1%。从产品品牌来看，部分省份农产品龙头企业由于其生产经营规模较小，产品品种过于分散和细小，使得其所形成的农产品品牌大多是地区性的区域名牌，在品牌建设上没有形成合力，缺少具有全国影响力的品牌。

5. 现代化农产品销售方式创新有限

在传统农业与互联网融合进程中，由于缺乏战略层面的顶层设计，当前农业销售配送中，主要依赖于传统农产品销售方式，电商销售所占比重较小，未形成应有的销售规模。一是部分涉农企业缺乏现代化经营理念。其在农产品推广和营销渠道建设方面缺乏影响力，无法适应当前互联网下的现代化农产品销售配送的要求。二是网络化的农产品电商物流配送体系尚未建立完善。三是农产品电商物流配送体系的信息化水平较低。

二、涉农企业并购整合现状

(一) 并购范围：海外并购交易数量少

在农业"走出去"战略以及"一带一路"倡议推动下，我国涉农企业对外投资总量不断增长，国内涉农企业在海外农业领域日趋活跃，海外并购的交易数量和规模都有较大幅度的上升。但相较于清洁技术、制造业和信息传输、金融等海外投资热门行业，涉农企业跨国并购交易宗数少，交易金额小，总体处于弱势地位。2019 年我国海外并购覆盖了 12 个行业，其中制造业、金融业等前五大热门行业所占比例高达 56%，而农业、食品业海外并购交易宗数仅占 6%。2019 年海外并购的热门行业如金融、制造业和信息传输、清洁技术、能源及矿产等行业，涉及的交易金额合计占比约达 55%，而农业以及食品行业交易金额所占比例仅为 2.31%，占比较低。

（二）并购主体：以国有企业为主导

近些年来，国有涉农企业在我国涉农企业并购中占据主导地位，而民营涉农企业并购案例较少。国有企业中国化工在 2017 年以 430 亿美元收购瑞士先正达 94.7% 股份、双汇国际于 2013 年以 71 亿美元收购美国肉业巨头 Smithfield 公司、中粮集团 2014 年耗资约 28 亿美元收购尼德拉 51% 股权和来宝农业 51% 股权，这几项涉农企业并购占据了涉农企业并购金额的主要部分。

（三）并购模式：大多为强强并购

我国涉农企业并购主要采取优势企业并购优势企业强强型并购的模式。我国涉农企业拥有的资源所占比例很小，如果这些企业的资源得到优化配置，则我国农业产业组织的配置状况就会从根本上得到矫正。以横向并购为主、纵向并购为辅的优势企业间的强强并购，由于企业之间的资源具有相近性、相关性、互补性、融合性，并购不仅可以实现某些方面特定资源的相互取长补短，而且还可能通过产品、技术、产销等方面的相互衔接，实现资源的优势互补。例如，2018 年 10 月，江山股份第一大股东中化国际（控股）股份有限公司与民营农化企业四川省乐山市福华作物保护科技投资有限公司签署了股份转让协议，这也是为数不多的民企接手央企股权的案例。

三、涉农企业并购整合风险防范

（一）涉农企业并购常见风险

1. 战略风险

战略风险是指涉农企业在并购整合前未能根据自身的资本结构、业务发展需求、资源及财务情况等方面进行综合分析，盲目选择不合适的目标企业完成收购所产生的风险，属于一种战略性错误行为，会增加并购失败风险。涉农企业必须综合考量自身的总体发展战略和各方面因素来选择目标企业，如具有企业所需的核心技术产品、与业务发展匹配的资源以及市场竞争渠道的企业，审慎作出战略决策。

2. 外部环境风险

（1）自然环境风险。涉农企业产品受自然环境的影响较大，其对地理区域、气候条件等自然条件的要求较高，这些条件将直接或间接影响企业的生产效率和产品质量。同时，由于涉农企业的自然特性，相比其他行业，自然灾害如旱灾、洪涝、冻害、农林病虫害等对企业的影响更大。一旦出现重大自然灾害，企业将面临巨大的亏损。自然环境风险要素加大了涉农企业在进行并购决策时的风险。

（2）制度环境风险。农业关乎国计民生，对我国社会经济的稳定发展作出了巨大的贡献，这也使涉农企业必须更加关注国家宏观政策制度的调整变动。国家政策制度通常较为稳定，但一经调整，涉农企业的生产经营活动可能就要随之改变。这可能会导致涉农企业的并购战略发生变化，并产生一定的并购风险。

（3）政治风险。中美贸易战以及新冠肺炎疫情的发生加速了逆全球化的进程，国际政治格局已发生深刻变化。在政治风险逐步上升的时期，涉农企业的正常生产经营受到了一定影响，也对涉农企业的并购造成了一定的阻碍。在此情况下，涉农企业想要通过海外并购和跨国经营提升自身的国际竞争力，也存在很多困难。受地缘政治和政局稳定等因素的影响，西方国家会设置特定市场准入壁垒或政策限制，阻碍我国农业企业通过海外并购形式走出国门。

3. 交易风险

（1）定价风险。涉农企业在选取合适的目标企业后，在持续经营的前提下正确预计该企业的实际价值是两方企业最重视的问题之一，这是决定并购交易价格的重要参考指标。由于预计方法选择不恰当而导致目标企业的估价并不十分确切，这会引发并购企业的定价风险，并购企业所用来预计目标企业价值的信息质量直接决定了其风险的大小。如光明集团于2011年与美国维生素零售连锁店 GNC 交易破裂，并购终止谈判的原因是双方在价格和其他条款上意见不一致。此外，能否就价格达成共识还取决于很多因素，如谈判方式、融资方式等。

（2）融资风险。涉农企业在并购过程中，不恰当的融资策略极易导致并购企业的融资风险。涉农企业并购活动依靠巨额资金才能完成，但是涉农企业几乎无法用自有资金来实现并购活动的全过程，主要采取融资的方式来进行并购。企业可以自由选取不同的融资方式，采取不同融资方式并购的情况下，融资结构风险将是企业面临的主要风险。

4. 整合风险

交易成功只是涉农企业并购的第一步，走多远、走多久、能实现多大的成功都具有很大的不确定性。并购后困难重重，只有资源的有效整合才能实现并购的"1+1>2"，如果整合失败，反而会拖累企业发展。并购企业的最终目标是取得协同效应，而往往并购双方会因文化、法律、管理理念等差异，导致文化冲突以及内部矛盾。涉农企业并购在完成股票交割后，往往在进行企业文化、技术、品牌、业务、人力等资源整合时遇到困难，导致总体资源整合效果不好，资源要素配置不当。

（1）战略整合风险。战略整合是实施其他整合工作的基础。战略整合风险是指并购方在战略整合过程中由于保障战略整合成功的必要条件不能满足，而导致对企业战略的损害。战略整合中会由于达不到企业战略的既定目标，或整合过程中出现并购方与目标企业的战略冲突，而导致企业整体经营受损、企业战略的发展条件产生变化。新公司的战略决策是企业未来发展的方向，其他分部战略和非经营战略都要以企业总的经营战略决策为基础进行制定，稍有不慎，就会引导企业走入歧途，带来毁灭性打击。

（2）业务整合风险。业务是支撑涉农企业可持续发展的核心和关键。整合阶段若没有制定明确的业务整合策略或方案，或是业务整合方案无法准确匹配企业并购目标、发展战略等，不仅从根本上影响并购整合效果，甚至会严重制约企业未来持续发展。

（3）组织结构整合风险。企业并购整合是否成功，组织结构的配合至关重要。企业通过规定各岗位职责来确定分工，从而使各项任务或计划得以顺利实施。组织结构不同，会使得企业的业务流程、管理制度、企业员工的发展方式、资源的配置水平不同，最终使整个企业的发展方式都会受到影响。如果组织结构和企业战略相匹配，资源的利用效率相应就高，企业的盈利和发展水平也会处于良好状态。

（4）财务整合风险。并购企业与目标企业财务基础有差异，双方的财务管理体系融合有一定难度，短期内难以完成财务管理统一化，可能会影响管理整合进度。涉农企业在并购前，通常已经为目标企业制定了快速发展的战略规划，而目标企业既有的财务管理能力往往难以为快速发展的业务提供高质量的服务支持。当目标企业下属子企业较多，财务管理能力不足的缺陷将进一步暴露，存在无法对子企业有效监管的风险。

（5）企业文化整合风险。企业文化是企业在长期发展演变过程中企业全体员工逐渐形成的共同文化价值观，它包括最高目标、经营哲学、历史传统、礼仪习俗、行为规范、管理制度以及由此表现出来的企业风范和企业精神等。两个不同企业文化的龙头企业并购在一起时，由于价值观、偏好等不同，不可避免地会发生冲突，造成企业内耗和管理效率低下。因此，并购企业必须注意企业文化的整合，消除以前的文化差异，在企业的各个层次上建立彼此信任的关系，塑造共同的价值观。

（二）涉农企业并购风险产生的原因

涉农企业与非涉农企业在进行并购时遇到的风险大部分成因是一致的，包括制度环境和企业自身因素。但也有其特殊性，即由产品特性和行业特性导致的风险。产品特性是指农作物生产经营易受自然环境影响，具有明显的生产区域性、特定生长周期以及流通过程中易变质的特性。行业特性是指涉农企业在国民经济中的地位和涉农产业化水平。

1. 环境因素

（1）政治法律因素。政策因素是指由于并购重组的情况与国家政策冲突而产生的风险。通常政府出面对并购重组的活动进行有效的干预，能够减少不必要的冲突，促进资源有效配置。

（2）宏观经济环境和市场因素。宏观经济环境因素具体表现为经济危机、通货膨胀等可能的不利经济形势给涉农企业并购带来的财务整合风险。市场因素给涉农企业海外并购整合带来的风险主要是市场竞争、市场不景气、产品生命周期等，体现为业务整合风险。

2. 产品与行业特性

（1）农作物对自然环境的依赖性。首先农业的发展对自然环境的依赖性较高，对气候、土壤的要求较高，适宜的气候环境是农作物生长的基本条件，光照、温度、水分等气候资源的补给对农作物的生长是适当的，那么气候条件对农业生产就是有利的，否则就成了威胁农作物生长的因素。倘若并购涉及的两个企业位于两个国家，两个国家生产的农作物和两个市场需求的农产品都不一样，地域的复杂性增加了并购过程中原料采购和产品销售处理上的复杂性，也造成了企业并购的风险。

（2）农作物的生物性。农作物是具有生命的物体，而工业加工对象并不具有生命，这是农产品生产与工业产品生产最大的区别。正是农作物的生物性使得其具有易变质性和周期性。生长出来的农作物的保质期限较短，且农作物产量较大，形状不规则，储存难度大，具有复杂性，对运输的要求也高，并购后，两个企业会有很多业务上的往来，而农产品的运输仓储方面特有的要求增加了两个企业进行业务往来的难度，增加了涉农企业并购的风险。

（3）农业在国民经济中的地位。农业是人类的食物之源、生存之本，是人类赖以生存和发展的基础。这些特质决定了农业在国民经济中必然处于独一无二的重要地位，也将格外被重视，相应的农业行业受到来自于国家、社会更多的监管，相关的政策和法律约束更多，法律方面的风险增加了其并购过程中的风险。

（4）农业产业化水平。农业产业化是指农产品以商品的身份进入市场，实现市场化，使得农产品的生产、加工、销售在一个体系中进行。农业的产业化呈现出农产品市场化，生产基地区域化，生产、加工、销售、服务专业化、一体化，农业企业规模化，生产工具机械化等特点。对比这些特点，不难看出我国农业产业化水平低。我国农业大部分以家庭为单位分散经营、以人力为主要生产力、农业技术力量薄弱、生产方式粗放、农产品加工简单、附加值低。农业产业化水平低使得我国农业发展整体水平低下，农业企业整体竞争力也低，企业应对风险的能力不足，增强了我国农业企业并购中的风险。

3. 企业自身因素

（1）企业对并购风险重视程度不够。并购是一项复杂的经济活动，企业在进行并购时一定要选择最适合自己的企业，这就要求在并购前要充分收集相关企业资料，并对收集的资料进行充分、深入的分析和专门的研究调查，包括研究目标企业的资本结构、市场份额、管理模式、企业规模以及盈利能力等财务方面的信息，最后根据自身并购的目的选择目标企业，这样可以大大避免并购时的风险，使得并购绩效达到最大。

（2）企业应对并购中风险的能力不够。即使并购企业在并购前对并购过程中可能出现的风险给予了足够的重视，并且按时做了充足的准备工作，对可能出现的风险进行了较为全面的预测，也进行了相应的防范措施以及应对之策，但是可能存在下面两种情况使得海外并购交易的绩效依然受到风险的威胁。第一，即使企业做了自认为充足的风险防范准备，也提出了应对之策，但由于企业能力有限，防范措施和应对之策不足以解决将出现的风险，使得并购的绩效受到风险的威胁。第二，由于风险本身具有意外性，即使做了充分的准备工作，也不是所有的风险都能够被预测到的，在并购过程中一个意外带来预测之外的风险，也会威胁到并购的绩效。

（三）涉农企业并购常见风险的应对措施

并购虽然是企业发展壮大的捷径，但是企业要想成功地进行一项并购，必须充分识别并购过程中可能出现的风险，并对识别出的风险制定恰当的防范措施，涉农企业在进行并购时，要格外关注各种风险对企业造成的潜在影响。以下是对我国涉农企业并购风险控制提出的几点建议：

1. 制定科学的并购战略

并购是涉农企业长期发展的重要战略，因此制定科学的并购战略对并购的影响是非常重要的。涉农企业需要对自身有着合理的评估，要能够选择合适的企业进行并购，制定合理的并购战略，达到平衡的目的。企业收购对象的选择应当保证资源优势的互相补充和规模效益的溢出，选择跟企业发展战略一致，可以发挥协同效应的目标企业，也是对风险进行控制的核心措施。很多并购失败就是因为规划不合理或者对自身的认识不够。当前一些涉农企业并购失败就是由于缺乏并购经验导致的，但是可以针对自身的状况制定一个合理的规划，给企业并购带来相应的保障。

2. 关注宏观经济形势，掌握政策面的最新动向

对宏观经济的了解主要包括经济景气度、经济周期、法律法规三个方面。经济景气度的研究包括宏观经济的研究和行业波动的分析。经济周期的研究是宏观经济研究的主要内容，经济周期处于不同的阶段，企业并购的成本和成功率也不一样。通常在一个经济周期的启动初期和调整末期，企业并购的成功率相对大些，成本也相对较低。研究政府的法律法规，及时掌握新的政策，对企业并购也相当重要，企业并购必然要受到法律法规的限制，只有研究有关法律并依法办事才能减少诉讼方面的麻烦，提高并购的成功率。

3. 成立风险管理机构

企业要成立风险管理机构，使其具有权威性和独立性，承担起风险管理的责任。对企业并购重组过程中的决策、财务审计、政策风险等问题进行科学有效的评估，并采取措施进行风险防范，减少并购中潜在风险的出现。尤其是要保证财务审计的独立性，建立起相互制约的审计体系，对审计流程和计划进行审批，做好业务、财务、人力资源等交接过程中的风险预警，避免风险问题的出现。

4. 优化并购支付方式

已经在业界形成良好口碑和影响力的涉农企业，往往都拥有较强的经营能力和发展潜力，其发展前景也更容易得到业界的肯定。对于这类涉农企业来说，在并购支付方式上可以考虑选择股票支付作为优先支付方式，其次是现金与股票混合支付方式，最后是现金支付。由此切实降低涉农企业的现金负担，确保后续高现金需求项目的正常运行以及企业的持续平稳运转。同时，适当控制股票增发数量，避免被并购企业的股东取得过多控制权，保障主并企业控股和股东利益。

5. 正确评估目标企业的价值

在并购的过程中，信息必须透明和真实，涉农企业可以对自己准确评估之后，对目标企业进行分析调查和评估，以对该企业有一个全面的认识，了解该企业的文化，企业财务人员要针对评估的状况做出准确的判断，降低因信息不对称造成的风险，并且工作人员还需要尽可能地搜集外界资料，与自身获得的资料互相整合印证，最后给出最为准确的判断，得出目标企业的真实价值。

6. 建立统一的财务管理体系，及时处理不良资产

要在双方企业建立统一的财务管理体系，并且对不良资产进行及时的处理。在并购重组过程中，许多企业存在资产结构不科学，不良资产比重较高的问题，使得企业经营陷入困境。所以，重组并购完成后，要对被并购方企业的不良资产进行及时的处理，对企业的资产架构进行全面优化，利用破产清算、诉讼赔偿等手段，规避低收益风险，保证企业资源的合理配置。

7. 制定有效的文化整合方案

一方面，并购公司要尊重目标企业的业务行为，在充分了解双方公司存在文化差异的基础上，尊重、重视对方的业务行为和价值观，避免文化融合过程中出现员工积极性不高、基层人员消极怠工、忠诚度和归属感降低等现象，以提高企业整体的工作效率为目标；另一方面，制定相应的文化过渡政策。为了在短时间内处理好并购公司与目标公司在管理模式和业

务行为等方面的差异，建议并购公司与目标公司抽调关键人员组成协调小组，该小组主要负责双方企业的管理功能设置和文化氛围差异，推行并购公司更具备优势的经营理念和管理模式，经过下发文件、组织宣传、专题培训等多种方式，实现并购双方企业文化的整合与统一。

>>> 第二章 国有企业改制的基本逻辑及其要点

第一节 国有企业改制概述

一、国有企业改制界定

企业改制亦称"企业改组"。在中国，指国有企业、集体企业和乡镇企业依照中国《公司法》及其他法律法规的规定，从传统的组织制度改组为符合现代企业制度要求的公司制的过程。其目的是为了建立现代企业制度，实现企业运行机制的转换，促进资源的有效配置，提高技术水平和经济效益。通过改制，有些企业改组为独资的有限责任公司，有些企业改组为有多个投资者的有限责任公司，有些企业改组为股份有限公司，有些集体企业、乡镇企业还可能改组为股份合作制企业。

国有企业改制这个概念在我国的历史要追溯到1978年党在十一届三中全会，会上首次提出了改革开放的政策；而在20世纪80年代中后期对国有企业进行股份合作制改革的试点，才正式拉开了国有企业改制的序幕。在过去三十多年国有企业改革的进程中，学术界以国有企业改革和改制为主题，开展了一系列深入的研究工作，形成了国有企业改革的理论体系。党的十四大提出，国有企业改革的最终目标是建立现代企业制度，这对我国国有企业的改革具有一个跨时代的深远意义。此后，学术界开始将研究重心转向于有关建立现代企业制度问题的方向，并得出了可喜的研究成果。党的十六大进一步明确了国有企业改革的方向，即：真正实现股权多样化，同时要建立以产权制度为核心、现代企业法人制度为特征的现代公司治理结构。至此，学术界对国有企业改革和改制的研究已取得了阶段性的成果，从原来探讨性的宏观研究转到了具体且深入的微观研究。

二、混合所有制改革界定

混合所有制是指允许更多国有经济和其他所有制经济发展成为混合所有制经济。国有资本投资项目允许非国有资本参股。允许混合所有制经济实行企业员工持股，形成资本所有者和劳动者利益共同体。

混合所有制是国有企业改革的基本方向，国有企业的混合所有制改革绝不仅仅是产权的简单混合，更主要的是治理机制的规范。其中，产权制度改革是基础，只有建立了与现代企业制度相适应的产权制度，才能够完善企业的治理结构。如图 1-10 所示。

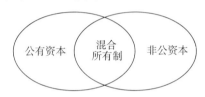

图 1-10　混合所有制的本质

党中央、国务院对发展混合所有制经济、推进混合所有制改革十分重视。混合所有制经济概念第一次正式使用是在 1997 年 9 月召开的党的十五大报告中，这次大会通过的报告指出，"要全面认识公有制经济的含义，公有制经济不仅包括国有经济和集体经济，还包括混合所有制经济中的国有成分和集体成分。"党的十八届三中全会强调"积极发展混合所有制经济"，2016 年的中央经济工作会议强调"混合所有制改革是国有企业改革重要突破口"，党的十九大在论述深化国有企业改革时突出强调了"发展混合所有制经济"。由此可见，党中央、国务院对发展混合所有制经济的重视程度。

三、国有企业改制与混合所有制改革

（一）二者同属于国有企业改革范畴

国有企业改革是一项复杂的系统工程，理论和学术研究对象的国有企业改革指的是国有企业的制度变革，通常称之为国有企业体制改革和机制转换。中共中央国务院下发的《关于深化国有企业改革的指导意见》明确提出，"按照'四个全面'战略布局的要求，以经济建设为中心，坚持问题导向，继续推进国有企业改革，切实破除体制机制障碍，坚定不移做强做优做大国有企业。"这里，国有企业改革的内涵是十分明确的。现实中的国有企业改革与理论和学术研究的国有企业改革有所不同，是将国有企业改革需要解决的主要问题和涉及的主要内容都纳入国有企业改革的范畴。

国有企业改革包括国有资产管理体制改革、国有企业自身改革、国有经济布局和结构调整、混合所有制改革、加强和改进党对国有企业的领导等，现在通常讲的国有企业改革采用的是广义国有企业改革，也称国资国企改革。中共中央国务院下发的《关于深化国有企业改革的指导意见》共8章30条，采用的就是广义的国有企业改革概念。如图1-11所示，由此可见，以完善现代企业制度为目标的国有企业改制与以发展混合所有制经济为目标的混合所有制改革，同属于我国国有企业改革的战略规划当中。

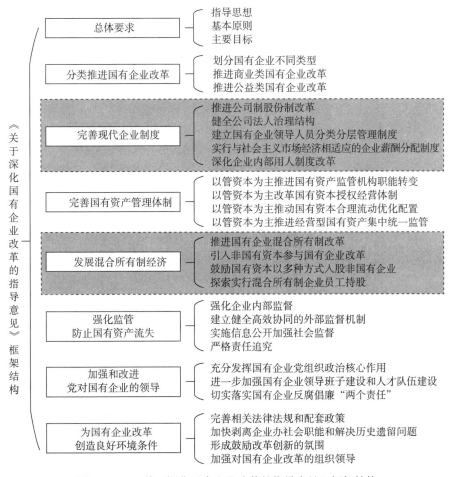

图1-11　《关于深化国有企业改革的指导意见》框架结构

(二）混合所有制改革是国企全面改制的进一步探索

国有企业混合所有制改革是在国有企业全面改制基础上的进一步探索。混合所有制改革更具有全面性、系统性，它既是重大产权制度改革，对国有企业改革具有基础性和关键性作用，同时，它又是不同所有制资本的产权多元化改革，比股份制改革更具制度性和根本性突破作用。因此，混合所有制改革能够承担国有企业改革突破口的重大使命。如图 1-12 所示。

图 1-12　党的十六届三中全会以来国有企业改革的持续推进

第二节　国有企业改制的基本逻辑

国有企业改制是一个老话题，也是一个常说常新的话题。从改革开放以来，特别是党的十四大以来，涌现出了许多关于改制的理论。国有企业改制的基本逻辑主要是围绕"2W1H"问题展开，第一，Why，为什么要进行改制？即改制的原因；第二，What，改制改什么？即改制的主要内容，第三，How，怎样进行改制？即改制历程及主要做法。基于如上三个问题，对我国国有企业改革改制的逻辑进行详尽的阐述。

一、国有企业改制原因

(一）国有企业的历史作用

新中国成立 70 年以来的经济发展依赖于国有企业。国有企业促进了国有经济的不断发展，保证了国有资产的持续积累，实现了国有资本的价值增值，奠定了社会主义经济的公有制基础。虽然国有企业在一定程度上存在着效率低下、管理僵化及创新能力不足等诸多问题，但无论是在计划经济时代，还是在发展社会主义市场经济的改革开放时代，国有企业都对经济增长发挥了支撑作用，其对社会政治经济的影响力不断提升。

纵观我国社会主义建设、改革和发展历程，国有企业为推动我国经济社会发展、科技进步、国防建设、民生改善做出了重要历史性贡献，保障了国家战略的有效实施。新中国成立后，国有企业为我国构建独立完整的工业体系和国民经济体系做出了历史性贡献。改革开放以来，国有企业改革作为经济体制改革的中心环节，始终发挥着牵引性作用。特别是党的十八大以来，国有企业在新时代改革创新、开拓进取、攻坚克难，在做强做优做大的道路上迈出坚实步伐，取得了明显成效。中央企业实力明显增强，2018 年资产总额与五年前相比增长 74%，累计实现利润比上一个五年增长 27%，进入世界 500 强的 82 家国有企业中，有48 家中央企业。布局结构明显优化，国有资本向关系国家安全、国民经济命脉和国计民生的重要行业和关键领域集中，向前瞻性战略性新兴产业和优势企业集中。瘦身健体成效明显，重组整合步伐加快，完成 18组 34 家中央企业重组，"处僵治困"（处置"僵尸企业"和治理困难企业）、压减层级稳妥推进。社会贡献明显加大，中央企业上缴税费比上一个五年增长 41%，2017 年创造的增加值约占全国 GDP 的 8%，上缴税费和收益约占全国财政收入的 1/8；承担完成的一大批国家重大专项成果已成为国家名片，充分彰显了国家力量，体现了大国重器的责任担当；带头抗击重大自然灾害、推进脱贫攻坚、参与民生工程建设。国有企业发展是党和国家事业取得历史性成就、发生历史性变革的生动体现。

（二）改制前国有企业存在的主要问题

随着经济管理体制从计划经济向市场经济转变，国家取消了原计划经济条件下，对国有企业的各种倾斜政策，如亏损补贴、补充国家流动资金等，非国有经济发展很快，国有企业在原有经营机制下多年积累的深层次矛盾，逐渐显现出来，并成为国有企业经营中难以逾越的困难，这种变化使我们不得不研究国家经济管理体制和行政管理体制改革后国有企业的发展思路。新形势下的国有企业改革成为国家经济领域的重要工作。

1. 政企不分是国有企业走向市场的一大障碍

第一，政府直接干预国有企业的生产经营，既阻碍了国有企业成为独立法人实体，也使政府陷入了对国有企业要承担无限责任的境地。第二，政企职能错位，造成国有企业的低效率。第三，政企不分使企业国有资产的管理、运营和监督责任不清，造成国有资产流失，第四，政企不分阻碍了政府行使社会经济管理职能，难于创造公平竞争的市场环境。

2. 政府难以直接代理经营众多的国有企业

由于国有企业数量众多，政府难以代理经营管理，只好将该职能交给国有企业行政主管部门具体履行。而这些部门习惯于按照行政化的行为规则行事，难以形成符合市场经济规律要求的激励约束机制。而行政主管部门与企业家责任和要求是不同的，行政主管部门无须为自己的选择承担重大责任，而如果企业家错误决策将导致企业亏损或倒闭，就必须承担风险和重大责任。

3. 公有制与社会劳动者所有相分离、排斥，国有资产所有者处于"虚置"状态

虽然国有企业或占绝对优势的国有股，名义上为国家或全民所有，但实际上作为真正产权主体的社会劳动者谁都没占有。产权关系的虚化造成了实际上的分离、转移、排斥。即使是国有企业的职工，也把国有资产看成是异己的，将自己的劳动视为雇佣，社会劳动者对国有资产经营好坏、流失与否、效益分配等情况缺少关注和参与。致使在社会主义市场经济条件下的生产力与传统公有制的垄断性、封闭性、压抑性形成了严重的对立与冲突。

4. 国有企业经营管理不善，社会负担沉重等原因，导致资产负债率继续攀升

在过去的一段时间内，国有企业一直处于高负债经营状态，国有企业负债率远远超过它所能承受的正常水平，据统计，截至 1994 年8 月，全国已完成资产清查报表会审的 12.4 万户（占全国总数的60%）工商国有企业中的资产负债表显示，账面资产总额为 41 370 亿元（其中尚有未处理的损失 1 138 亿元，将其扣除后实有资产总额36 932 亿元），负债总额为 31 047 亿元，负债达 75.10%，若以实际资产总额计，则负债率高达 84%，其负债率之高是 1979 年我国工商国有企业负债率 29.5% 的 2.5～2.85 倍。资产负债率连年攀升、居高不下，还贷困难，国有企业为了维持经营不得不继续负债，陷入了恶性循环之中。

二、国有企业改制的主要内容及政策依据

（一）国有企业改制的主要内容

1. 土地处置

涉及土地部分的改制主要内容是对以划拨方式取得的土地使用权的界定、处置和评估。应综合考虑的几个因素有支付改制成本后净资产规模、改制后企业的股本规模、土地处置的成本、改制时土地政策优惠的程度、土地资源的质量和对企业发展的重要性。

2. 资产处置

（1）明晰产权。办理国有资产产权登记证。对于产权性质不清、归属关系不明或者存在产权纠纷的处置。

（2）资产评估。选聘具备资产评估和土地估价资质的中介机构，对改制企业的资产（包括企业的专利权、非专利技术、商标权、商誉等无形资产）和土地使用权进行整体评估。

（3）资产剥离。对没有纳入改制范围、不具备经营条件的资产予以剥离，主要方式为以资产评估结果为作价基础，向其他单位和个人公开出售；向改制后的新企业或者有条件的其他单位和个人租赁；与当地政府部门充分协商，可将改制企业原承担社会职能的相关资产，无偿移交当地政府有关部门或所在社区管理、相应核减改制企业的国有资本。不能按照上述办法处置的剥离资产，可以由国有产权持有单位直接管理，也可以通过无偿资产划转或者委托管理方式，交由资产经营公司、授权经营机构或其他国有企业、单位管理。

（4）社会职能剥离。企业瘦身。社会职能剥离主要有两条途径：一是将公司的社会职能移交社会；二是将社会职能社会化，通过改革、改制和改组，由非经营或非营利变为经营性营利组织。

3. 债务处置

债务处置的原则是"债务随业务、资产走"。对于与进入股份公司范围的资产相应的负债，一并归入股份公司；对于进入股份公司范围的银行贷款，集团公司将就处置事宜征得贷款银行的同意或履行相关通知义务；对于其他债权人、保证人及业务合同第三方，将视合同的约定，就债务处

置事宜通知或者征询涉及方同意。

(1) 整体改制，由改制后的企业承继原企业的全部债权债务。

(2) 对所有应付款项、银行贷款等负债积极进行清理，有确凿依据证明不需要支付的应付款项，由国资委核实认定后按规定转入资本公积。

(3) 外部债权人，可以区分不同情况实施，如债务重整或债转股等方式。

(4) 涉及财政性借款的，要与财政部门妥善落实处置意见，积极争取予以豁免，豁免部分相应增加企业实收资本或资本公积；涉及金融机构债务的，必须与债权金融机构落实金融债务；涉及担保等或有债务责任的，企业可在征得相关金融机构同意的前提下，采取转移担保、国有资产或股权抵押、国有资产授权经营公司承诺等办法，妥善落实改制前的已有债务，以利于企业顺利改制。

(5) 内部职工债务分情况处理：原有的应付福利费、职工教育经费余额，仍作为流动负债管理；欠发工资，可以进行债转股；职工集资款，可采用债转股、资产清偿、债务转移予以妥善处理。

4. 财政税收

企业转制需要重点考虑的税收类别主要包括以下几点：

(1) 契税。非公司制国有独资企业或国有独资有限责任公司，以其部分资产与他人组建新公司，且该国有独资企业（公司）在新设公司中所占股份超过50％的，对新设公司承受该国有独资企业（公司）的土地、房屋权属，免征契税。

(2) 印花税。已贴花的部分不再贴花。

(3) 企业所得税。

(4) 流转税（增值税、营业税），基本不会产生。

5. 人员安置

人员分流安置途径如下：

(1) 分流到改制企业工作。职工与主体企业解除劳动关系后，与改制企业重新签订或者变更原劳动合同，在改制企业继续就业。这是人员分流安置的最主要的方式。

(2) 符合内退条件的，可办理内退手续。对距法定退休年龄不足五年的职工，如本人自愿申请并获企业批准后，可办理离岗休养即内部退养。

(3) 自谋职业。在改制过程中，职工如自愿申请与企业解除劳动合同，到社会上就业，应予准许。

职工安置又具体分为：在岗职工安置、离岗退养人员安置、退休人员安置、离休人员安置、参加社会保险情况和社会保险关系接续、参加医疗保险、工伤（职业病）保险职工安置等。

（二）国有企业改制的主要政策措施

1. 土地使用相关的主要政策措施

与土地使用相关的主要政策措施及其内容，如表1-2所示。

表1-2　土地使用方面的主要政策措施

相关政策	政策内容及趋势
《国务院关于进一步优化企业兼并重组市场环境的意见》（国发〔2014〕14号）	企业兼并重组中涉及因实施城市规划需要搬迁的工业项目，经审核批准，可收回原国有土地使用权，并以协议出让或租赁方式为原土地使用权人重新安排工业用地
《国有企业改革中划拨土地使用权管理暂行规定》（国家土地管理局〔1998〕第8号）	经国土资源行政主管部门批准，可根据行业和改革的需要，分别采取出让、租赁、国家作价出资（入股）、授权经营和保留划拨用地等方式进行土地资产处置
《关于加强土地资产管理促进国有企业改革和发展的若干意见》（国土资发〔1999〕433号）	（1）高新技术开发领域：国有企业可继续以划拨方式使用土地。 （2）自然垄断的行业：根据企业改革和发展的需要，主要采用授权经营和国家作价出资（入股）方式配置土地。 （3）一般竞争性行业，坚持以出让、租赁等方式配置土地。 （4）承担国家计划内重点技术改造项目的国有企业：原划拨土地可继续以划拨方式使用，也可以作价出资（入股）方式向企业注入土地资产。 （5）国有企业改革时，依法保障企业的土地权益和保护土地的资产效益。 （6）国有企业破产时，其原使用的划拨土地出让金优先用于职工安置
《国有企业改革中划拨土地使用权管理暂行规定》（国家土地管理局令〔1998〕第8号）	国有企业改革涉及的土地使用权，符合条件的经批准可以采取保留划拨方式处置
《国务院办公厅关于在全国范围内开展厂办大集体改革工作的指导意见》（国办发〔2011〕18号）	对厂办大集体使用的行政划拨土地给予政策支持

2. 资产处置的主要政策措施

与资产处置相关的主要政策措施及其内容，如表1-3所示。

表1-3　资产处置的主要政策措施

相关政策	政策内容及趋势
《国有企业清产核资办法》（国资委令〔2003〕第1号）	符合下列情形之一的，可以申请清产核资： （1）企业分立、合并、重组、改制、撤销等经济行为涉及资产或产权结构重大变动情况的。 （2）企业会计政策发生重大更改，涉及资产核算方法发生重要变化的。 （3）法律法规规定企业特定经济行为必须开展资产核资工作的
《企业国有资产评估管理暂行办法》（国资委令〔2005〕第12号）	企业有下列行为之一的，可以不对相关国有资产进行评估： （1）经各级人民政府或其国有资产监督管理机构批准，对企业整体或者部分资产实施无偿划转。 （2）国有独资企业与其下属独资企业（事业单位）之间或其下属独资企业（事业单位）之间的合并、资产（产权）置换和无偿划转
《关于促进企业国有产权流转有关事项的通知》（国资发产权〔2014〕95号）	国有全资企业发生原股东增资、减资，经全体股东同意，可依据评估报告或最近一期审计报告确认的净资产值为基准确定股权比例

3. 财政税收的主要政策措施

与财政税收相关的主要政策措施及其内容，如表1-4所示。

表1-4　财政税收的主要政策措施

相关政策	政策内容及趋势
《国务院关于促进企业兼并重组的意见》（国发〔2010〕27号）	**设立财政专项资金支持中央企业兼并重组** 在中央国有资本经营预算中设立专项资金，通过技改贴息、职工安置补助等方式，支持中央企业兼并重组
《国务院关于进一步优化企业兼并重组市场环境的意见》（国发〔2014〕14号）	**进一步发挥国有资本经营预算资金的作用** 根据企业兼并重组的方向、重点和目标，合理安排国有资本经营预算资金，引导国有企业实施兼并重组、做优做强，研究完善相关管理制度，提高资金使用效率

（续）

相关政策	政策内容及趋势
《关于企业重组业务企业所得税处理若干问题的通知》（财税〔2009〕59号）	**符合条件的企业债务重组或非货币性资产投资业务可递延纳税** 企业债务重组确认的应纳税所得占该企业当年应纳税所得额50%以上的，可以在5个纳税年度的期间内，均匀计入各年度的应纳税所得额
《关于非货币性资产投资企业所得税政策问题的通知》（财税〔2014〕116号）	居民企业以非货币性资产对外投资确认的非货币性资产转让所得，可在不超过5年期限内，分期均匀计入相应年度的应纳税所得额，按规定计算缴纳企业所得税
《关于中国（上海）自由贸易试验区内企业以非货币性资产对外投资等资产重组行为有关企业所得税政策问题的通知》（财税〔2013〕91号）	注册在试验区内的企业，因非货币性资产对外投资等资产重组行为产生资产评估增值，据此确认的非货币性资产转让所得，可在不超过5年的期限内，分期均匀计入相应年度的应纳税所得额，按规定计算缴纳企业所得税
《关于企业重组业务企业所得税处理若干问题的通知》（财税〔2009〕59号）和《关于促进企业重组有关企业所得税处理问题的通知》（财税〔2014〕109号）	符合条件的股权收购、资产收购、按账面净值划转股权或资产等企业重组业务，可以适用递延纳税的特殊性税务处理政策 允许符合条件的企业继续享受合并（分立）前该企业剩余期限的税收优惠
《关于纳税人资产重组有关增值税问题的公告》（国家税务总局公告〔2011〕第13号）	在资产重组过程中，企业将全部或部分实物资产以及与其相关联的债权、负债和劳动力一并转让时，涉及的货物转让，不征收增值税，涉及的不动产、土地使用权转让，不征收营业税
《关于土地增值税一些具体问题规定的通知》（财税字〔1995〕48号）	企业兼并重组中，被兼并企业将房地产转到兼并企业中的，暂免征收土地增值税
《关于企业改制过程中有关印花税政策的通知》（财税〔2003〕183号）	在企业改制过程中，因改制、合并或分立而成立的新企业新启用的资金账簿记载的已交税资金、符合条件的应税合同和企业因改制签订的产权转移书据免交印花税
《关于企业事业单位改制重组契税政策的通知》（财税〔2012〕4号）	企业进行公司制改造、公司股权（股份）转让、公司合并、公司分立、整体出售、企业破产、债权转股权、资产划转等，对改制重组后的公司承受原企业土地、房屋权属的，减征或免征契税
《国务院办公厅关于在全国范围内开展厂办大集体改革工作的指导意见》（国办发〔2011〕18号）	对厂办大集体改制过程中发生的有关税费给予减免

4. 劳动用工的主要政策措施

与劳动用工相关的主要政策措施及其内容，如表1-5所示。

表 1-5　劳动用工的主要政策措施

相关政策	政策内容及趋势
《国务院关于完善企业职工基本养老保险制度的决定》（国发〔2005〕38 号）	完善社会统筹与个人账户相结合的基本制度，建立多层次养老保险体系
《关于妥善解决关闭破产国有企业退休人员等医疗保障有关问题的通知》（人社部发〔2009〕52 号）	着力解决关闭破产国有企业退休人员基本医疗保障
《关于进一步规范国有企业改制工作实施意见的通知》（国办发〔2005〕60 号）	国有企业实施改制前，原企业应当与投资者就职工安置费用、劳动关系接续等问题明确相关责任，并制订职工安置方案。职工安置方案必须经职工代表大会或职工大会审议通过，企业方可实施改制
《国务院办公厅关于在全国范围内开展厂办大集体改革工作的指导意见》（国办发〔2011〕18 号）	对厂办大集体职工的社会保障给予政策支持
《国务院关于做好促进就业工作的通知》（国发〔2008〕5 号）	对招用就业困难人员、新录用人员、稳定就业岗位的企业给予相应补贴
《关于企业重组有关职工安置费用财务管理问题的通知》（财企〔2009〕117 号）	企业重组过程中，符合条件的职工安置费用可预提

三、国有企业改制历程及主要做法

国有企业是国有经济的载体，国有资产管理是国有经济的抓手，只有协调推进国有企业改革与国有资产管理体制改革，才能搞好国有经济并不断提高国有企业效率。国有企业从放权让利到承包制改革与股份制改革，再到全面改制，直至当下积极推进的混合所有制改革、剥离其国有资本运营职能，改革不断深化；国有资产管理体制改革从实行政资分离，再到推进资企分离，直至当下加快国有资本投资公司与国有资本运营公司的建立，改革不断创新。正是 1978—2018 年国有企业改革与国有资产管理体制改革的协调推进，一步步推动着管理国有企业向管理国有资本的转变。具体做法如图1-13所示。

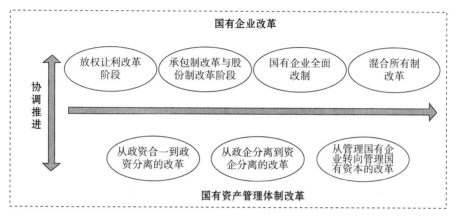

图1-13　改革开放以来国有企业改革的持续推进

（一）国有企业改革的持续推进

国有企业改革从放权让利开始，发展到承包制改革与股份制改革，再到全面改制，又到当下积极推进的混合所有制改革及剥离其国有资本运营职能，国有企业改革不断深入。

1. 放权让利改革阶段

传统体制的典型特征是集中的计划过多，对企业生产经营统得过死。针对这些弊端，政府确定了以扩大企业自主权为突破口的方针，国务院于1978年制定并发布了《关于扩大国营工业企业经营管理自主权的若干规定》，就企业可拥有部分计划、销售、资金运用、职工福利基金和奖励基金使用等权利做了说明。这一政策的出台，意在改革政府和企业的关系，使企业从行政机构的附属物向具有一定自主权和利益的相对独立的经济实体转变。

"放权让利"的作用在于：第一，企业在转为相对独立的商品生产者的方向上前进了一步，激发了企业发展生产的内在动力。第二，企业通过留成基金的运用，具有进行自主扩大再生产、重新投资的初步能力。由于"放权让利"后，政府允许企业把60％的折旧基金、大修理基金和大部分企业自有基金用于购置新的生产设备、更新技术和产品创新，使企业具备了进行自我发展的经济实力。第三，为宏观经济管理体制的配套改革创造了某些微观基础。由于宏观体制的配套改革是一个相当复杂的系统工程，从微观构造的逐步合理化推进，会给这些改革提供若干有价值的经验和教训。

但是放权让利式的改革仍然是在传统的行政集权体制的框架内进行的，虽然在改革中市场经济的因素逐步增大，但传统体制并没有从根本上受到触动。在这种行政权力强制机制占主体地位而又渗透市场机制的情况下，行政权力机制受到市场机制的冲击而效力大大减弱，市场运行机制在发挥作用时，也在很大程度上为行政机制所限制而扭曲。这种状况使放权让利的负面效应越来越大。具体表现为两个方面的失衡：

（1）宏观调控与微观调节的失衡。通过简政放权，企业在财务、劳务、人事、物资、计划、销售、定价等方面的自主权都扩大了。结果，微观机制在一定程度上搞活了，但宏观调控机能在一定程度上丧失了应有的效能。例如，某些放权让利后的企业并没有将留利资金应用于发展生产和技术进步，而是首先设法保证职工的收入增长，结果，被挖空的是企业，受损失的是国家。

（2）改善外部环境与加强内部管理失衡。片面地强调放权让利，容易使得某些企业不是"眼睛向内"，靠挖掘企业内部潜力来提高效益，而是要求上面更多的让利。甚至在国家财政形势较为严峻的情况下，仍有不少企业把摆脱困境的希望寄托在上级更多的优惠政策上，这当然不是改革的初衷。

2. 探索"两权分离"与实施承包制的改革阶段

根据马克思主义理论和社会主义的实践，所有权同经营权是可以适当分开的。在资本主义社会，企业的所有权和经营管理权一般也是分开的。资本家通常把企业的经营管理权委托给自己的代理人——经理掌握。在社会主义社会，全民所有制的企业的所有权同经营权也可以分离。全民所有制企业不可能由全体人民经营，一般也不适宜由国家直接经营。而长期以来，我国的全民所有制企业正是由国家直接经营的，生产靠国家计划安排，物资靠国家调拨，产品靠国家包销，盈利上缴国家，亏损财政补贴。这样一种管理体制，加上企业内部分配上的平均主义，造成企业吃国家"大锅饭"，职工吃企业"大锅饭"，企业当然缺乏生机和活力。

承包制曾在中国农村改革中取得巨大成功。党的十二届三中全会《关于经济体制改革的决定》的颁布，使承包制迅速在城市推广开来。实行承包经营，企业的所有权是全民的，由政府作为代表；经营权是企业的，由厂长作为代表，企业有了使用、支配生产资料的权力，就成了自主经营、自负盈亏的相对独立的商品生产者和经营者，照章纳税，按承包合同完成上缴利润任务，国家不再加以干预。这样，既不会改变企业的全民所有制性质，又会使企业更加生气蓬勃，使公有制的优越性得到充分发挥。

当然，承包经营责任制这一形式本身也蕴含着一系列难以克服的功能性缺陷。第一，承包制是以收入刺激为核心，厘清国家与企业在一定期限内的收益分配关系，没有触及产权制度，企业一旦亏损或破产，最终责任还是由国家承担。第二，承包合同是主管局与企业"一对一"谈判的结果，基数和比例的确定是"一户一率"，没有规范的统一尺度。不规范的"一对一"讨价还价，使国家与企业间的利益关系若暗若明，利益约束机制难以健全，从而使企业间的公平竞争受到来自行政和不规范市场的双重限制而难以展开。第三，市场供求变化，价格波动及生产要素的不断流动，是市场机制的内在逻辑，一纸合同很难囊括，适应性差。第四，承包制由于绕开了产权界定这一实质性问题，在确定承包企业由投资所形成的资产增量的归属时陷入了两难的困境。第五，承包制不利于产业结构的调整，因为承包企业无权处置国有资产，无论市场发生什么变化，企业都不能转让和重组在寿命期内的固定资产。所以承包企业更多地偏好进入价高利大收益快的短线产品行业，这样就会进一步加剧产业结构的失衡。实践证明，承包制内在的一系列缺陷，很难通过承包制本身获得解决，因为承包制的症结不在于操作，而在于它绕过了企业产权界定这一核心环节。

3. 转换企业经营机制与建立现代企业制度的改革阶段

在确定建立现代企业制度之前，国有企业的改革主要围绕转换企业经营机制展开了探索。1992年7月23日，国务院发布了《全民所有制工业企业转换经营机制条例》，规定了企业14条权利，并指出转换企业经营机制的目标是，使企业适应市场的要求，成为依法自主经营、自负盈亏、自我发展、自我约束的商品生产和经营单位，成为独立享有民事权利和承担民事义务的企业法人。

在探索转换企业经营机制的过程中，重点进行了企业内部三项制度的改革。一是建立新的人事制度，干部实行聘任，打破干部与工人的界限，解决"干部能上能下"的问题。二是建立新的劳动制度，职工要进行劳动优化组合，破除了固定工制度，实行全员劳动合同制，解决"职工能进不能出"的问题。三是建立新的分配制度，要在明确岗位与工资挂钩的基础上，依靠群众搞好岗位综合评价，使分配向技术岗位和"脏、累、苦"的工作岗位倾斜，企业收益尽可能地向发展生产即技术进步、技术改造等方面倾斜，打破平均主义，拉大分配差距，解决"收入能多不能少"的问题。解决这几个难题，都与职工切身利益有关，必然会出现一些阻力。尽管有阻力，许多企业在企业内部三项制度改革中还是取得了成绩。与此同时，人们在积极探索公司制，特别是党的十四届三中全会明确提出建立现代企业制度后，围绕着建立现代企业制度，理论界展开了前所未有的大讨论。

1993年党的十四届三中全会通过的《中共中央关于建立社会主义市场经济体制若干问题的决定》中，明确提出：深化国有企业改革，必须解决深层次的问题，着力进行制度创新，建立现代企业制度。这既是非常英明的战略决策，也是改革进程的一种必然选择。由此国有企业改革进入了一个崭新的阶段。

4. 国有企业混合所有制改革及其做强做优做大

混合所有制改革过程中，绝大多数国有企业可以引入非公资本，非公资本可以对国有企业参股控股。混合所有制改革加快了国有资本与非公资本的混合融合，推进并提高了国有资产资本化率，实现了国有资本流动性加快及合理布局，实现国有企业经营领域向非公资本领域的更多更大放开，通过发展混合所有制企业解决国企"大而不强""大而不优"的问题。

（二）国有资产管理体制改革不断深入

从政资合一到政资分离改革，再到政企分离改革与资企分离改革，搭建国有资本运营平台，逐步实现从"管企业"到"管资本"的转变，极大地增强了国有经济的控制力、影响力和带动力。

1. 从政资合一到政资分离的改革

国有企业全面建立以后，政府实行国有资产所有权、国有企业行政管理权、国有企业经营决策权的高度集中，一直没有设立专门的国有资产管理机构从事国有资产管理。1978年改革开放以后，政府设立了多个职能部门并依赖这些职能部门对国有企业进行管理，从而实现对国有资产的管理。在某种意义上，政府国有企业行政管理权与国有资产管理权是合一的。政资合一及管理国有企业的政府职能部门交叉重合，大大降低了国有资产的管理效率。为了实现国有资产管理的专业化及国有资产保值增值，开始逐步推进政资分离改革。1988年，中央本级的国家国有资产管理局设立，但由于和其他部门的职能边界难以划分，最终被撤并。可以说，国家国有资产管理局的设立，实现了国有资产所有者职能与政府社会经济管理职能的分离，这是推进国有资产管理体制政资分离改革过程中的重要内容。

2. 从政企分离到资企分离的改革

2002 年，党的十六大明确了由中央与地方政府分别代表国家履行企业国有资产出资人职责，设立国有资产监督管理机构，实行管人、管事、管资产的结合。新的国有资产管理监督机构的设立，推进了政企分离改革。2003 年以后，中央本级的国资委和地方国有资产监督管理机构陆续成立。但从新的国有资产监督机构的实际运行看，国资行政管理与国资出资人代表的双重身份合一，便于国资管理机构以行政权力介入国有企业经营管理。此外，国资管理机构用行政力量引导及要求国有企业做大规模，国有企业把越来越多的精力转到以跨产业、跨区域甚至跨国界并购为内容的资本运营上，依赖资本运营扩大其自身的资产规模，导致国有企业产业经营与国有资本运营的职能混杂。因此，为了继续深化国有资产管理体制改革，2015 年中共中央、国务院发布的《关于深化国有企业改革的指导意见》要求推进资企分离改革，实行国有企业经营与国有资本运营的分离，通过资企分离改革把国有资产管理转向资本管理。

3. 从管理国有企业转向管理国有资本的改革

管人管事管资产的结合虽然在一段时间内促进了国有资产快速增值，但也导致国资管理机构在管人管事的事务中投入过多精力，反而在资产管理、市场竞争、提升效率、资源配置方面没有充分发挥作用。而按照市场在资源配置中起决定性作用的要求，国资管理机构要从管人管事管资产中摆脱出来，不再直接管理国有企业，实现国有资产管理从管理国有企业转向管理国有资本。

第三节　国有企业改制的基本流程与主要方式

一、国有企业改制基本流程

（一）《操作指引》所规定的基本流程

《中央企业混合所有制改革操作指引》（国资产权〔2019〕653 号）指出中央企业所属各级子企业实施混合所有制改革，一般应履行以下基本操作流程：可行性研究、制定混合所有制改革方案、履行决策审批程序、开展审计评估、引进非公有资本投资者、推进企业运营机制改革。以新设企业、对外投资并购、投资入股等方式实施混合所有制改革,履行中央企业投资管理有关程序。与此同时,我国国有企业改制的基本流程(图 1-14)可以此为参考,其内容如下:

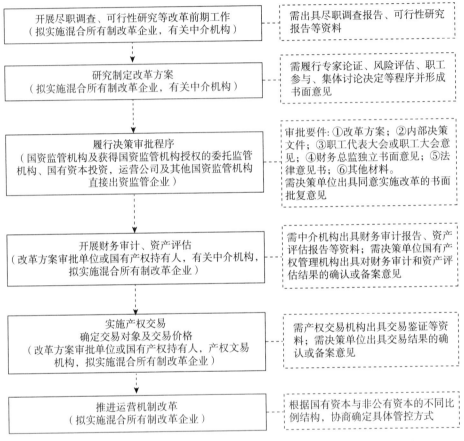

图 1-14 《中央企业混合所有制改革操作指引》中指出的国有企业混改基本流程

1. 可行性研究阶段

在该阶段企业应按照有关文件规定,对实施混合所有制改革的社会稳定风险做出评估。拟实施混合所有制改革的企业(以下简称拟混改企业)要按照"完善治理、强化激励、突出主业、提高效率"的总体要求,坚持"因地施策、因业施策、因企施策,宜独则独、宜控则控、宜参则参,不搞拉郎配、不搞全覆盖、不设时间表"的原则,依据相关政策规定对混合所有制改革的必要性和可行性进行充分研究,一企一策,成熟一个推进一个。

积极稳妥推进主业处于充分竞争行业和领域的商业类国有企业混合所

有制改革，国有资本宜控则控、宜参则参；探索主业处于重要行业和关键领域的商业类国有企业混合所有制改革，保持国有资本控股地位，支持非公有资本参股；根据不同业务特点，有序推进具备条件的公益类国有企业混合所有制改革；充分发挥国有资本投资、运营公司市场化运作专业平台作用，积极推进所属企业混合所有制改革。

2. 制定混合所有制改革方案

拟混改企业应制定混合所有制改革方案，方案一般包括以下内容：企业基本情况，混合所有制改革必要性和可行性分析，改革基本原则和思路，改革后企业股权结构设置，转变运营机制的主要举措，引进非公有资本的条件要求、方式、定价办法，员工激励计划，债权债务处置方案，职工安置方案，历史遗留问题解决方案，改革风险评估与防范措施，违反相关规定的追责措施，改革组织保障和进度安排等。

制定方案过程中，要科学设计混合所有制企业股权结构，充分向非公有资本释放股权，尽可能使非公有资本能够派出董事或监事；注重保障企业职工对混合所有制改革的知情权和参与权，涉及职工切身利益的要做好评估工作，职工安置方案应经职工大会或者职工代表大会审议通过；科学设计改革路径，用好用足国家相关税收优惠政策，降低改革成本。必要时可聘请外部专家、中介机构等参与。

3. 履行决策审批程序

混合所有制改革方案制定后，中央企业应按照"三重一大"决策机制，履行企业内部决策程序。拟混改企业属于主业处于关系国家安全、国民经济命脉的重要行业和关键领域、主要承担重大专项任务子企业的，其混合所有制改革方案由中央企业审核后报国资委批准，其中需报国务院批准的，由国资委按照有关法律、行政法规和国务院文件规定履行相应程序；拟混改企业属于其他功能定位子企业的，其混合所有制改革方案由中央企业批准。

4. 开展审计评估

企业实施混合所有制改革，应合理确定纳入改革的资产范围，需要对资产、业务进行调整的，可按照相关规定选择无偿划转、产权转让、产权置换等方式。企业混合所有制改革前如确有必要开展清产核资工作的，按照规定履行有关程序。拟混改企业的资产范围确定后，由企业或产权持有单位选聘具备相应资质的中介机构开展财务审计、资产评估工作，履行资产评估项目备案程序，以备案的资产评估结果作为资产交易定价的参考依据。

5. 引进非公有制资本投资者

拟混改企业引进非公有资本投资者，主要通过产权市场、股票市场等市场化平台，以公开、公平、公正的方式进行。通过产权市场引进非公有资本投资者，主要方式包括增资扩股和转让部分国有股权。通过股票市场引进非公有资本投资者，主要方式包括首发上市（IPO）和上市公司股份转让、发行证券、资产重组等。中央企业通过市场平台引进非公有资本投资者过程中，要注重保障各类社会资本平等参与权利，对拟参与方的条件要求不得有明确指向性或违反公平竞争原则的内容。

6. 推进运营机制改革

混合所有制企业要完善现代企业制度，健全法人治理结构，充分发挥公司章程在公司治理中的基础性作用，各方股东共同制定章程，规范企业股东（大）会、董事会、监事会、经理层和党组织的权责关系，落实董事会职权，深化三项制度改革；用足用好用活各种正向激励工具，构建多元化、系统化的激励约束体系，充分调动企业职工积极性。转变混合所有制企业管控模式，探索根据国有资本与非公有资本的不同比例结构协商确定具体管控方式，国有出资方强化以出资额和出资比例为限、以派出股权董事为依托的管控方式，明确监管边界，股东不干预企业日常经营。

在上述流程中，前五个流程侧重于"混"，最后一个流程侧重于"改"。《操作指引》将混合所有制改革分为"混资本"和"改机制"两大部分内容。其中，国有资本的改革目标是实现"混资本"，需要积极引进各类资本，股权不再由原国企股东单独持有，推动集体资本、国有资本和非公有资本的交叉持股。国有企业治理机制的目标是实现"改机制"，国有企业在完成混改工作后，应当调整和改进公司治理机制，不断健全企业市场化经营机制。要切忌"为混而混"、"只混不改"、重"混"不重"改"三种混合所有制改革失衡现象，要做到真混真改，通过产权上的"混"，实现机制上的"改"。

（二）国有企业混改流程细化

项目是为创造独特的产品、服务或成果而进行的一次性、临时性工作。而国有企业混合所有制改革是一项系统工程，它具有项目所拥有的复杂性、独特性、目标预设性、过程不确定性等特点。这就使得大多数混改企业在进行混合所有制改革时难以做到面面俱到，不能够站在全局的角度去把握整个混改过程，然而产品或服务的唯一性、时限性、过程不确定性、工作跨部门也是项目管理的主要特征。因此，国有企业混改工作可以看作成一个项目，通过项目管理的方式，去分析其基本流程。

根据项目生命周期理论的观点，一个完整的项目涵盖了多个阶段，并且呈现出相应的生命周期。一般情况下，项目的阶段按照次序表现为概念阶段、定义阶段、执行阶段和结束阶段。因此，结合混合所有制改革工作的特点，混改工作依照次序划分为项目立项阶段、项目方案设计及审议阶段、项目执行阶段以及项目收尾阶段。每个阶段中也包含着诸多过程。例如，项目立项阶段即对应混改可行性研究过程；项目方案设计及审议阶段包含方案设计过程和方案审计过程；项目执行阶段包含清产核资及资产评估过程、职工安置过程、确定及引进战略投资者过程、完善法人治理结构过程；项目收尾阶段包含办理变更登记程序过程、取得营业执照。此外，各个阶段也有相对应的里程碑事件，即经评审通过的混改可行性分析书、经批准的混改方案集、已核准及备案的资产评估报告、已签订的增资协议、已审议通过的公司章程、已办理的营业执照。

基于此构建了混改项目流程模型，该模型不仅明确地界定了混改工作的工作范围，而且详细展示了各阶段各过程的工作清单以及里程碑事件，具体如图 1-15 所示。该模型将混改工作划分为四个阶段、九个子过程。

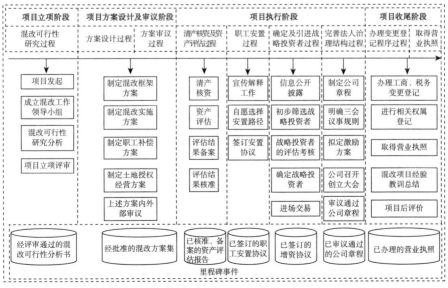

图 1-15　《中央企业混合所有制改革操作指引》中指出的国有企业混改基本流程

二、国有企业改制主要方式

《中共中央 国务院关于深化国有企业改革的指导意见》(中发〔2015〕22号)(以下简称《指导意见》)及相关中央政策文件已经明确了国企混改的方向和操作指引,国家政策鼓励各地方根据实际情况探索适合的改革路径,也鼓励"一企一策"。因此为了明确国企混改的操作路径,提高非国有资本参与改革的投资决策和混改推进效率。本节在前文回顾国企改革历程基础上,在这里简要阐述国有企业改制的两种主要实现路径及方式:资产重组和员工持股。

(一)资产重组

企业资产重组,是对企业原有的资产、负债及组织结构进行重新划分,通过收购、置换、剥离、分立等方式,对企业的资产、负债、组织、人员等进行重新组合和配置。资产重组有狭义和广义之分,也有内部重组和外部重组之分。狭义的资产重组,仅指对企业自身的资产和负债进行重新划分和配置。广义的资产重组,不仅是对企业自身资产和负责重新划分组合,还要对企业业务架构进行调整,对企业的管理体制、组织结构、人员等进行重新组合和设置。

内部重组是指企业将其内部资产按优化组合的原则,进行重新调整和配置,以期通过充分发挥现有资产的效益,产生最大的经济利益。在这一重组过程中,仅是企业内部管理机制和资产配置发生变化,是属于企业内部的经营和管理行为,而企业及其资产的所有权不发生转移。

外部重组,是企业和企业之间通过资产的收购、兼并、互换等交易形式,剥离不良资产、配置优良资产,以期通过充分发挥重组后的资产效益,从而获取最大的经济利益。这种形式的资产重组,企业买进或卖出部分资产,或者企业丧失独立主体资格,其实质是资产的所有权发生了转移。

几十年的国有企业改制,发生了各种资产重组关系,有成功的案例也有失败的案例。在国企改革进入深化阶段,面对国有企业的现状及存在的问题,《指导意见》明确了国企改制的主要方式要实行公司制股份制改革,国有资本可以绝对控股、相对控股,也可以参股,鼓励国有企业整体上市,非国有资本投资主体可以通过出资入股、收购股权、认购可转债、股权置换等多种方式参与国有企业改制重组或国有控股上市公司增资扩股以及企业经营管理。从已出台的中央文件及国企改革相关政策规定中可以看出，主业处于充分竞争行业和领域的商业类国有企业将是推行混合所有制改革的主要类别，在这里针对该类国有企业，简要阐述国有企业资产重组的几种常用方式。

1. 产权转让

国有企业产权转让是国企改革从开始到现在采用的主要方式，从中央企业到地方企业，在各地产权市场的配合下，通过公开挂牌转让的方式完成了大批的国有企业改制案例。经过不断的探索和实践，从中央到地方颁布出台了一系列的法律法规和操作规则来规范国企产权转让行为，如《企业国有产权转让管理暂行办法》（国务院国资委、财政部令第3号）、《关于企业国有产权转让有关问题的通知》（国资发产权〔2004〕268号）、《关于进一步规范国有企业改制工作实施意见的通知》（国办发〔2005〕60号）、《企业国有产权向管理层转让暂行规定》（国资发产权〔2005〕78号）、《关于企业国有产权转让有关事项的通知》（国资发产权〔2006〕306号）、《企业国有产权交易操作规则》（国资发产权〔2009〕120号）。这一系列国有企业改革的配套文件，为国有企业产权转让建立了完备的进场交易制度，解决了国企产权该不该卖、谁来卖、在哪卖、怎么卖以及卖什么价格等问题，使得国企产权转让在操作实践中逐步规范，极大地促进了国有企业产权的流转和混合，也在一定程度上抑制了国有资产交易环节的腐败行为和国有资产流失。尤其是2008年出台了《中华人民共和国企业国有资产法》，将国有资产交易规范上升到国家立法的高度，进一步巩固了国有企业产权转让的相关制度，国有企业产权转让已经基本上实现了"阳光交易"。

2. 增资扩股

增资扩股是指企业通过向社会募集股份、发行股票、新股东投资入股或原股东增加投资等方式扩大股权，从而增加企业资本金的行为。增资扩股是近年来国有企业引进战略投资者、实现股权多元化的常用方式。企业实施增资扩股后，充实了企业发展资金，财务结构得到明显改善，公司法人治理结构符合了现代企业制度要求。各投资者从不同角度支持促进企业跨越式发展，协同效应显现，企业经营效益等各项指标连创新高。

3. MBO（管理层收购）

随着国有资产管理体制改革的进一步推进，政府意识到作为国有股股东对企业经营行为及市场灵活性的限制，开始调整国有经济的布局，并战略性地退出一些竞争性领域。管理层收购（Management Buy-out，MBO）被适时引入，成为当时激励企业管理层和提高企业经营效率与绩效的重要途径之一。但因国有资产管理体制改革尚处于探索阶段，制度环境不健全，MBO 的实施引发了一系列国有资产流失的争议。

MBO 出现于 20 世纪 60 年代的欧美国家，发展于 20 世纪八九十年代，指在成熟的市场经济中，由管理层发起，为获取公司控制权而收购上市公司的全部或大部分股份的并购方式，本质上是为了克服现代企业中由所有权与控制权分离所导致的公司管理层激励不足，机会主义行为盛行的弊端。在我国，MBO 兴起于国有企业改革不断深化时期，在"抓大放小"战略实施阶段，更是成为各级地方政府"放小"的主要形式之一。随着现代企业制度建立过程中经营者激励不足和国有企业绩效低下问题的凸显，MBO 又成为我国政府（特别是地方政府）解决公司管理层激励和国有资产"有序退出"的一种手段。

4. 股份制及整体上市

党的十六届三中全会通过的《关于完善社会主义市场经济体制若干问题的决定》提出"使股份制成为公有制的主要实现形式"。自此以后，股份制成为国有企业改革尤其是中央企业改革的主要方式，而在国企股份制改革实践中，整体上市又成为主要的取向和模式。有相当一部分中央企业在近十年间实现了主营业务资产的整体上市，国有企业通过整体上市等股份制改革实现了做大做强，这是国有企业股份制改革和发展混合所有制的重要实践。《指导意见》更加明确"加大集团层面公司制改革力度，积极引入各类投资者实现股权多元化，大力推动国有企业改制上市，创造条件实现集团公司整体上市。"这是中央首次明确表态鼓励集团公司整体上市，也进一步确定了在未来一段时期内，整体上市仍是国有企业混合所有制改革的重要实现路径。

（二）员工持股

1. 重启员工持股的操作

时隔十几年，党的十八届三中全会通过的《关于全面深化改革若干重大问题的决定》中提出"允许混合所有制经济实行企业员工持股，形成资本所有者和劳动者利益共同体"，中央鼓励员工持股成为国有企业混合所有制改革的重要实现形式。再次启动员工持股，应当在吸取过往经验教训的基础上，谨慎操作。2015 年国资委全面深化改革领导小组审议通过了

《关于实行员工持股试点的意见》，进一步明确了可以实行员工持股的企业范围、员工持股比例、操作细则，同时还提出了"存量不碰"的要求，即员工可以认购的股份必须是企业的"增量"股份。

尽管员工持股是有效的风险共担和激励机制，但是此次重启员工持股应当严格按照政策要求操作。具体建议有：一是在已经批准采用混合所有制改制的商业类国有企业中，或者是新设的混合所有制企业中，选择高新技术类企业试点开展，一企一策，重视经验总结，不宜在开始阶段全面铺开。二是强化操作流程的透明度，建议引入中介组织，严格评估股权定价，合理制定员工持股要求，效仿国有企业产权交易的方式，通过第三方平台采用公开挂牌、受让的方式。三是加强相关法律法规建设，防止利益输送等国有资产流失的现象发生。

2. 防止员工持股出现问题

《指导意见》提出探索实行员工持股，以建立企业激励约束的长效机制。员工持股问题再一次进入人们的视线。在 20 世纪 80 年代末期，在国有企业尝试股份合作制改革时，曾出现过一轮"内部职工持股"热潮，当时是效仿西方国家员工持股模式而实行的，但是却不是像西方国家那样采取"自愿"认购本企业股份，而是硬性摊派给员工，甚至"认购金"直接从工资里扣除。当时个别企业在之后成功上市，持股职工实现了股份增值，也有一部分职工因为懵懂，而过早地将手中股份以低价卖出，失去了增值机会。但是当时的大多数实行股份合作制改革的企业最终都没有实现上市，摊派到职工手中的股份因为没有正规的交易渠道而无法变现，这些股份至今没有得到有效解决。此后员工持股被管理层叫停。当年的"内部职工持股"并没有起到激励职工的作用，反倒是造成了诸多的企业股权混乱。

第四节　国有企业改制的关键环节与需要注意的问题

一、新背景、新挑战、新要求

2020 年 6 月 30 日，中央全面深化改革委员会第十四次会议审议通过了《国企改革三年行动方案（2020—2022 年）》，主要聚焦完善中国特色现代企业制度、推进国有资本布局优化和结构调整、积极稳妥推进混合所有制改革、健全市场化经营机制、形成以管资本为主的国有资产监管体制、推动国有企业公平参与市场竞争、推动一系列国企改革专项行动落实落地、推动党建工作与企业生产经营深度融合等八个方面的重点任务。随着国资国企改革的不断深化、国企改革三年行动方案的出台，一些新名词和关键词出现，体现了最新的国企改革发展情况。

（一）国有经济"五力"——国有经济发展新目标

2020 年 6 月 30 日，中央全面深化改革委员会第十四次会议审议通过的《国企改革三年行动方案（2020—2022 年）》提出，要"增强国有经济竞争力、创新力、控制力、影响力、抗风险能力"（以下简称"五力"），体现了新时代、新情境下，国有经济改革与发展的新使命和新目标。

1. 增强国有经济竞争力

提升国企的竞争力不是同行业国企之间的竞争，更不是和民营经济、民营企业去竞争，是为了参与国际竞争。通过战略性重组、混合所有制改革等途径，促进国有资本向科技、国防、安全等重要领域集中，进一步走出去参与全球经济领域竞争，参与国际市场的分工和协作。

2. 增强国有经济创新力

创新力是国有经济发展的动力。长期以来，国有企业在我国科技创新体系中发挥重要作用，是实现关键核心技术领域创新突破的主力军。国有企业增强创新力需要不断整合平台资源和技术力量，建立创新平台和技术创新团队；制定生产技术、设备重点项目计划，配套科研资金，提升技术创新成效；加大技术集成创新，形成具有自主知识产权的核心技术。

3. 增强国有经济控制力

继续深化"管资本"的国资监管体制。近年来，以"管资本"为主的国资监管体制架构已基本建立，今后应充分发挥国有资本投资公司和运营公司两类平台的功能和作用，加快推进国有资本授权经营体制改革，提高国有资本配置效率和运行质量。

4. 增强国有经济影响力

应注重提升国有企业在国际化经营中享有的品牌知名度和美誉度。通过不断增强企业全球化资源配置能力，积极参与全球产业规范和技术标准制定，更好融入全球产业体系和创新体系。完善市场化经营机制，建立知识产权保护体系，提升产品市场影响力。

5. 增强国有经济抗风险能力

增强国有经济抗风险能力是提升国有企业综合竞争力、培育世界一流企业的关键。抗风险能力既包括保障国有资本保值增值，又强调防范国有企业战略风险、经营风险和财务风险。国有企业应当加快培育快速应对内外部环境变化的动态能力，平衡好技术、管理和商业模式创新活动与健康可持续发展之间的关系。

（二）"两利四率"——国企考核的核心词

"两利四率"考核指标体系成为衡量国企高质量发展的重要指标，引导企业关注改善经营效率和发展质量，实现高质量发展。

1."两利"：即净利润、利润总额

净利润和利润总额的区别在于税率，不同企业适用不同税率。所以不管是净利润还是利润总额，"两利"就是评价企业盈利能力、管理绩效以至偿债能力的基本工具，同时也是反映企业多方面情况的综合指标。

2."四率"：即营业收入利润率、资产负债率、研发投入强度、全员劳动生产率

营业收入利润率。是衡量企业经营效率的指标，反映了在考虑营业成本的情况下，企业管理者通过经营获取利润的能力。

资产负债率。是衡量公司财务风险程度的重要指标，折射出公司当前股价的风险程度。资产负债率超出合理范围越高，财务风险就越大。

研发投入强度。是衡量一个企业在研究、创新上的重视程度和投入力度的指标，体现了国有企业强化创新驱动发展，推进科技创新工作的努力程度。

全员劳动生产率。是企业每位员工在单位时间为企业创造的营业收入，重要的变量是企业营业收入和企业员工人数，是企业生产技术水平、经营管理水平、职工技术熟练程度和劳动积极性的综合表现。

（三）"两非两资"——战略聚焦，资产整合

两非，即非主业、非优势业务。两资，即低效资产、无效资产。针对国有企业在业务组合当中出现涉及盲目多元化、过度分散，不能体现战略目标和核心竞争力的情况，国资委要求国有企业持续推动非主业、非优势"两非"和低效、无效资产"两资"的退出。"十四五"规划期间将以优化国有资本，进一步突出实业主业等重要措施，集中国有经济优势资源，提升主业竞争力。

（四）"一个抓手""四个切口""三个明显成效"——国企改革重点任务

一个抓手。就是加强党的领导和完善公司治理相统一。

四个切口。一是提高效率，增强企业活力，形成更高质量的投入产出关系。二是狠抓创新，强化创新激励，在加快实现科技自立自强方面发挥支柱带动作用。三是化解风险，突出主责主业，压减企业管理层级，压实监管和股东责任。四是规范核算，在实行公益性业务分类核算、分类考核上取得重要成果，加快建立和完善国有经济统计指标体系和评价制度。

三个明显成效。一是在形成更加成熟更加定型的中国特色现代企业制度和以管资本为主的国资监管体制上取得明显成效。二是在推动国有经济布局优化和结构调整上取得明显成效。三是在提高国有企业活力和效率上取得明显成效，不断增强国有经济竞争力、创新力、控制力、影响力和抗风险能力。

（五）"一个总目标"——发挥国有经济战略支撑作用

在"十四五"期间国有企业要实现"一个总目标"，就是做强做优做大国有资本和国有企业。努力实现中国特色现代企业制度更加成熟定型，市场化经营机制更加灵活高效，管资本为主的国有资产监管体制更加健全。做强做优做大国有资本是加强国家能力建设的基本途径。国有资本的做强，既要遵循资本属性，又要依靠市场规律。国有资本的做优，要优化国有企业治理结构，完善市场化选人用人与激励约束机制。借助资本积累，国有资本可以快速做大，混合所有制是实现做大国有资本的具体有效形式。国有资本做强做优做大不应以削弱民营经济为代价，而是在公平竞争中与民营资本做强做优做大相辅相成。

（六）"三位一体"——国资委定位

"三位一体"指国资委的三位一体职责，即根据党中央、国务院的决策部署和有关法律法规的规定，国资委履行中央企业出资人职责、全国国有资产监管职责、负责中央企业党的建设工作职责。

"三位一体"的职能定位，进一步理顺了政府与国有企业的出资关系，巩固了国有资产出资人制度，厘清了出资人代表与监管企业的职责边界，不仅有利于政企分开、政资分开，保障国有企业成为独立市场主体，还在防止国有资产流失、促进国有资产保值增值方面发挥了不可替代的作用。

"三位一体"的职能配置，实现了"三个结合"，即管资本与管党建相结合、履行出资人职责与履行国资监管职责相结合、党内监督与出资人监督相结合。进一步强化了国资委履行国资监管和国企党建的主体责任，更加注重通过法人治理结构履行出资人职责，维护企业法人财产权和经营自主权，为国有企业改革发展和党的建设提供了重要保障。

（七）科技创新"特区"——政策倾斜

说到"十四五"，有一个新名词不得不提，那就是科技创新"特区"。为推动中央企业加快科技创新工作，国资委按照"能给尽给、应给尽给"原则，从强化考核引导，加大薪酬分配支持，健全激励机制，加大资本金支持等方面，加大政策支持力度，引导企业加大研发投入，集聚创新要素、激发创新活力、加快攻关步伐。

对企业研发投入在经营业绩考核中全部视同利润加回，对于科技创新取得重大成果的企业给予更高的加分奖励。正在继续深化的"科改示范行动"，将更多国有资本经营预算用于支持关键核心技术攻关，积极推行科研项目"揭榜挂帅"、项目经费包干制等新型管理模式，营造良好的创新环境。

（八）"三个结合"——严控债务风险

2021年3月26日，国务院国资委印发《关于加强地方国有企业债务风险管控工作的指导意见》（以下简称《指导意见》），从完善监测预警机制、分类管控资产负债率、开展债券全生命周期管理、依法处置违约风险、规范债务资金用途等八个方面，向地方国资委提出了工作要求，为地方国资委化解地方国企债务风险提供了指引。

《指导意见》细化并落实了"三个结合"基本原则："点面结合、长短结合、防禁结合"。

1. "点面结合"

就是"面"上严控企业负债率，分行业确定负债率的警戒线、管控线，一企一策确定负债率的年度目标，保持整体债务水平的稳健可控。"点"上严管高风险企业，对于负债率过高、流动性紧张的企业纳入重点管控名单，实施特别监管；推动高负债子企业回归正常负债水平。

2. "长短结合"

就是"长"期抓长效机制建设，各地方国资委要坚决贯彻落实国企改革三年行动要求，立足地方国有企业债务风险管控长效机制建设，督促指导企业通过全面深化改革破解风险难题。"短"期防债券违约，对企业债券占带息债券比例，短期债券占全部债券比例实施分类管理。

3. "防禁结合"

就是"防"风险积累，加强金融衍生品、信托、基金、担保等金融业务的日常监测和专项检查，主动控制新增金融业务；"禁"高风险业务，严禁融资性贸易和"空转""走单"等虚假贸易业务，管住生产经营重大风险点。

二、国有企业改制的关键环节

(一)资产评估与审计

在混合所有制改革工作中，资产评估与审计工作至关重要，它是国有资产交易中一个必不可少的环节，为此国家也出台了《国有资产评估管理办法》等相关政策和法律法规来规范和指引国有企业顺利进行资产评估和审计工作。由于这一部分的流程相对繁杂和重要，因此在翻阅相关书籍以及国家相关政策的基础上，将这部分的主要流程及其中各阶段需要注意的要点整理如图1-16所示。

1. 清产核资、资产重组

根据国有资产监督管理的相关规定，聘请审计、评估机构对公司进行清产核资、审计评估工作（审计、评估机构需由国资委确认）；公司以审计报告和资产评估报告为基础，完成资产重组的相关工作，即股权调整、清产核资土地处置、剥离非经营资产、债权债务处置等。

2. 财务审计

国资委采取招标方式，确定审计中介机构对改制企业进行全面的财务审计。改制企业前三个完整会计年度的财务会计报告未经审计的，应一并进行审计。改制企业须按有关规定向审计中介机构提供有关财务会计资料和文件，不得妨碍其办理业务。任何人不得授意、指使、强令改制企业会计机构、会计人员提供虚假资料文件或违法办理会计事项。

3. 资产估值

在清产核资和财务审计的基础上，依照《国有资产评估管理办法》

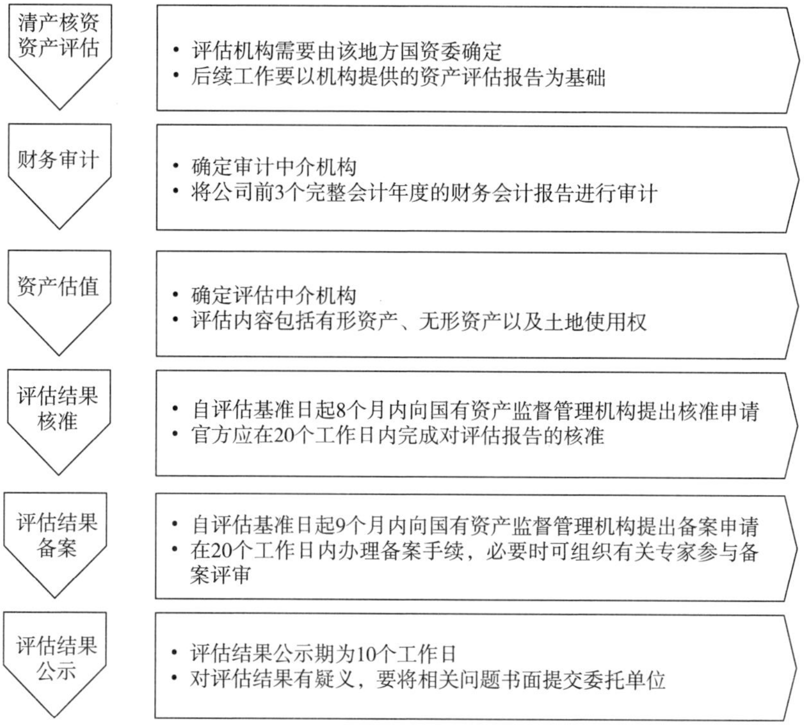

清产核资 资产评估	• 评估机构需要由该地方国资委确定 • 后续工作要以机构提供的资产评估报告为基础
财务审计	• 确定审计中介机构 • 将公司前3个完整会计年度的财务会计报告进行审计
资产估值	• 确定评估中介机构 • 评估内容包括有形资产、无形资产以及土地使用权
评估结果 核准	• 自评估基准日起8个月内向国有资产监督管理机构提出核准申请 • 官方应在20个工作日内完成对评估报告的核准
评估结果 备案	• 自评估基准日起9个月内向国有资产监督管理机构提出备案申请 • 在20个工作日内办理备案手续，必要时可组织有关专家参与备案评审
评估结果 公示	• 评估结果公示期为10个工作日 • 对评估结果有疑义，要将相关问题书面提交委托单位

图 1-16　资产评估与审计的流程及其要点

（国务院令第 91 号）的有关规定，国资委通过招标方式确定中介机构，对改制企业的资产（包括企业的专利权、非专利技术、商标权商誉等无形资产）和土地使用权进行整体评估。受聘中介机构应按对各类资产选择适当的评估方法，按照独立、客观、公正的原则出具资产评估报告。资产评估结果报国资委核准或备案。改制企业土地使用由具备土地评估资质的中介机构进行评估。土地估价结果的报告备案、土地资产处置的审批按照有关规定备案（核准）或报批。改制企业的资产、土地评估报告应合并以后报国资委办理相关手续。

4. 评估结果的核准

企业在收到资产评估机构出具的评估报告后，应当逐级上报初审，经初审同意后，自评估基准日起 8 个月内向国有资产监督管理机构提出核准申请；国家资产监督管理机构收到核准申请后，对符合核准要求的，及时组织有关专家审核，在 20 个工作日内完成对评估报告的核准；对不符合核准要求的，予以退回。

5. 评估结果的备案

企业收到资产评估管理机构出具的评估报告后，将备案材料逐级报送给国有资产监督管理机构或出资企业，自评估基准日起 9 个月内提出备案申请；国有资产监督管理机构或出资企业在收到备案材料后，对材料齐全的，在 20 个工作日内办理备案手续，必要时可组织有关专家参与备案评审。

6. 审计评估结果公示

改制企业财务审计和资产评估的范围和内容应在企业内部公示，在 10 个工作日内，企业职工对资产评估范围和内容的真实性无异议的，由中介机构正式出具资产评估报告，到国资委办理相关手续。如在 10 个工作日内，企业职工对资产评估范围和内容的真实性有疑义的，可将有关问题书面提交委托单位，确实有问题的，由委托单位通知中介机构按规定进行调整。公示反馈情况作为办理相关手续的必备材料。企业清产核资、财务审计和资产评估应同时接受企业监事会的监督。

（二）战略投资人的评估与选择

党的十八大以来，党中央已经就国企改革做出一系列重大决策部署，不断推进国企改革向纵深发展。国有企业混合所有制改革将国有企业传统的单一所有制改制为混合所有制，需要引进长期持有股权并积极参与公司各项治理的战略投资者。由此可见，战略投资者的评估与选择是一个十分关键的环节。

1. 战略投资者的几种类型

企业应当根据改制后企业的实际发展需求，确定拟引入战略投资者的类型。根据产业类型，可以将投资者划分为以下几种类型：相同产业竞争型、相同产业互补性、产业链上下游协作型、非相关性。具体如表 1-6 所示。

表 1-6　战略投资者的几种类型

类型	内涵	特点
相同产业竞争型	通过与相同产业的竞争对手开展战略合作，形成横向战略联盟，实现彼此之间各类资源的共享，共同增强市场竞争力	有可能会由于股权份额的扩大而增强投资者对公司的决策权和治理权，最终影响国有企业的利益，造成国有资产的流失

（续）

类型	内涵	特点
相同产业互补型	通过与同产业的竞争对手形成战略合作，不但能够实现资源共享，而且还能拓宽国有企业业务范围	能够更好地预测及掌握未来经营风险和市场风险，培育国有企业的市场竞争力，实现多元化经营
产业链上下游协作型	通过引进与本企业处于产业链上下游的战略投资者，便于加强企业上下游资源要素的配置，实现产业链延伸及优势互补	该类战略投资者一般与公司存在着广泛的共同利益，在一定程度上可以降低高层之间的利益冲突以及意见分歧
非相关型	通过引进非相关型的战略投资者，能够更好地解决公司的融资问题	该类战略投资者往往资金实力雄厚，拥有成熟的管理体系，能够推动国有企业高质量发展

2. 战略投资者的评价指标

国有企业应根据自身的行业类型、战略目标及市场定位进行分析，对处于相同产业、产业链上下游的企业进行梳理和摸排，再结合有意向的战略投资者名单，使用完整的指标体系对拟引进的战略投资者进行评估和考核，最终根据企业战略目标确定引进的战略投资者。具体来说，相关评价指标体系大致可以分为财务指标和非财务指标两类，具体如表1-7所示。

表1-7　资产投资者的评价指标

指标类型		内涵
非财务类指标	投资主体资格	确保投资主体符合国内法规和监管要求，具备相关专利技术和资质要求
	战略业务协同匹配度	需要满足促进供给侧结构性改革和实现战略协同的基本要求
	战略规划是否明确	综合考虑其是否认同本企业的价值观和品牌，是否有明确的战略规划以推动企业发展
财务类指标	基本财务指标	从企业盈利能力、偿债能力、营运能力、成长能力进行分析
	确定并评估主要经营业务	评估企业是否具有持续经营的能力，判断其是否具有行业竞争优势
	关注战略投资者的负债情况	梳理历史遗留问题，帮助国有企业尽早发现可能存在的风险点

3. 战略投资者的选择程序

首先，应该公开披露国有产权转让信息，广泛征集有投资意愿的潜在战略投资者。通过公开引进战略投资者的计划，避免暗箱操作，从而使战略投资者的选择过程实现更加充分的竞争。其次，应根据自身的行业类型和战略目标及市场定位进行分析，对处于相同产业、产业链上下游的企业进行梳理和摸排，结合第三方尽职调查报告初选出战略投资者。最后，使用完整的指标体系对拟引进的战略投资者进行评估与考核，最终根据企业的战略目标确定引进的战略投资者。

（三）员工安置方案的制定

党的十九大报告指出，就业就是最大的民生。2018 年 7 月，中共中央政治局工作会议要求，要做好稳就业、稳金融、稳外贸、稳外资、稳投资、稳预期的工作，"稳就业"是"六稳"之首。2019 年的政府工作报告首次将就业优先政策置于宏观政策层面，旨在强化各方面重视就业、支持就业的方向。

在混合所有制改革过程中，一定要高度重视企业员工安置问题，做好企业职工安置不单单是经济问题、管理问题，更是社会问题、政治问题。

1. 员工安置原则

（1）坚持分类指导、严格执行政策规定的原则。针对职工不同情况，对照政策规定实行不同安置方式。

（2）坚持积极稳妥的原则。根据人员安置工作推进要求，通盘考察、内外结合、广开渠道，对人员进行有序安置。

（3）坚持依法依规安置的原则。安置程序要依法依规，分类推进，分步实施，规范操作，保障员工合法权益。

（4）坚持职工自愿选择的原则。职工根据自身实际，在政策范围内，自愿选择安置渠道和去向。

（5）坚持确保稳定的原则。做好职工的思想政治工作，消除不稳定因素，确保职工安置方案顺利实施。

2. 员工安置途径

一般来说，员工安置主要包括人员分流安置、劳动关系调整、工龄计算、社会保险关系接续等内容。在具体操作层面上，一般有解除劳动合同给予经济补偿、进入混改后的企业继续履行劳动合同、部分职工分流安置等三种途径，具体如表 1-8 所示。

表1-8　员工安置途径

安置途径	内容
解除劳动合同给予经济补偿	《劳动合同法》指出：经济补偿按劳动者在本单位工作年限发放。即每满一年支付一个月工资，六个月以上不满一年的，按一年计算，不满六个月的，支付半个月工资
进入混改后的企业继续履行劳动合同	新签订的劳动合同期限不得少于原劳动合同未履行的期限
部分职工分流安置	（1）退休；（2）内部退养；（3）工伤人员安置；（4）原股东企业内部调剂安置；（5）劳务输出；（6）转岗培训

3. 实施步骤

（1）制定方案，履行程序。《国务院关于国有企业发展混合所有制经济的意见》要求：要充分保障企业职工对国有企业混合所有制改革的知情权和参与权，涉及职工利益的要做好评估工作，职工安置方案要经过职工代表大会或职工大会审议通过。

按照相关政策，各混改企业结合各自实际特点，制定职工方案及实施方案，并依法合规履行程序，提交职工代表大会审议，切实维护员工合法权益。

（2）做好政策及安置方案的宣传解释工作。安置员工时，混改企业应将混改方案与职工安置方案及时向职工宣传、解释，主动提供政策咨询，答疑解惑。

（3）对照方案，自愿选择。按照职工安置方案，由员工根据个人意愿，填写个人申请，选择安置路径。

（4）签订协议，办理手续。对内部退养人员，协商解除劳动合同。保留劳动关系自主创业、退岗创业等渠道分流安置的人员，签订相应协议，办理相关手续。对进入混改后的企业的人员，要做好劳动合同及社会保险关系的接续。

（四）公司治理结构的重塑

1. 公司治理结构含义

公司治理结构的狭义层面是指投资者（股东）和企业之间的利益分配和控制关系，包括公司董事会的职能、结构、股东的权利等方面的制度安排；广义层面是指包括公司控制权和剩余索取权的公司所有权问题，即企业组织形式、控制机制和利益分配的所有法律、机构、制度和文化的安排，不仅包括所有者与企业的关系，还包括如管理者、员工、客户、供应商、销售商等利益相关者之间的关系。现代公司治理结构指广义层面的概念。

通过增资扩股的形式进行改制后，新组建公司的治理结构要参照上市公司的标准逐步完善，政府部门不得干预企业自主经营。股东享有企业的所有权，企业享有法人财产权，股东不得干预企业日常运营，以确保企业治理规范、激励约束机制到位。落实董事会对经理层成员等高级经营管理人员选聘、业绩考核和薪酬管理等职权，切实维护企业市场主体地位。

2. 公司股权结构

通过股权结构与公司治理的一般关系可知，不同的股权结构将导致不同的公司治理机制，进而影响公司绩效。股权结构由股权分布状况决定，不同的股权分布状况对公司治理会产生不同的影响。股权结构的突出地位，决定了股权结构治理的先行性。从优化企业股权着手，进行有效的公司治理，这一点更为关键。

（1）股权相对集中对公司治理较为有利。分散型股权结构能避免集中型股权结构下股东行为的两极分化现象，也可避免个别大股东对小股东利益的剥夺，但股东们行使权利的积极性却普遍受到抑制，公司的控制权掌握在管理者手中。集中型股权结构能使控股股东提高参与公司治理的积极性并能有效监管管理层，但大股东失去来自其他股东的有力约束和制衡，可能对经营者进行高度干预，同时大股东也可能利用其优势地位，为谋求自身利益而通过多种手段损害中小股东的利益。因此，不同的股权结构对公司治理机制的影响程度是不一样的，总体而言，与股权高度分散和高度集中两种股权结构相比较，股权相对集中，有相对控股股东存在的股权结构对公司治理机制作用的发挥较为有利。

（2）股权分散与集中的平衡——股权集中度的适度性。根据我国《公司法》的规定，在股权结构设计中，应该充分注意四条界限：①持股10%，公司累计持有10%股份的股东，有权申请公司解散；②持有1/3以上股份，否决性控股，对公司重大事项具有一票否决权；③持有1/2以上的股份，绝对控股权，除重大事项外具有表决控制权；④持有2/3以上的股份，完全控股权，可修改公司章程，对公司任何事项具有表决控制权。

相对集中的股权结构对公司治理机制的发挥更为有利，在设计股权结构时，特别是进行混合所有制改革尝试的国有企业，一要关注占有 10% 股权以上的股东人数，要控制在合理范围之内；二是对商业类公司更应关注投资效益，不一定坚持国有绝对控股权，第一大股东持股比例控制在 20%～50%；三要承认股权制衡的合理性，应设置若干可以相互制衡的大股东，如第一大股东持股 34%，其余皆为持股 10% 以下小股东，这样的股权结构对公司治理并不一定有利。

3. 公司组织结构

公司组织机构分为股东大会、董事会、经理层和监事会。其中，股东大会是公司最高权力机构，对公司一系列重大问题发表意见，做出决议；董事会（包括董事会及其下属的各专业委员会、董事会秘书）是公司战略决策主体，负责处理公司重大经营管理事项；经理层是公司经营业务执行机构，由公司总经理及主要职能部门和事业单位副总经理组成，负责公司日常经营管理活动；监事会是公司最高监督机构，负责监督董事会决策及董事尽职情况，并对股东大会负责。此外，为了提升董事会决策的质量和效率，突出重大决策的科学性、民主性，突出重大战略对公司可持续发展的影响力，有效制约股东或经理层人员短期化行为，特别设置发展战略专业委员会等专业委员会，与董事会和执行委员会形成三位一体的战略决策与执行治理体系。

混合所有制企业要规范企业股东大会、董事会、经理层、监事会和党组织的权责关系，按章程行权，对资本监管，靠市场选人，依规则运行，形成定位清晰、权责对等、运转协调、制衡有效的法人治理结构。

4. 管理制度与管理机制

（1）完善管理制度。公司改制后应完善以下管理制度：拟定股份公司章程、股东大会议事规则、监事会议事规则、关联交易管理办法、对外投资管理办法、对外担保管理办法、内部控制制度、其他管理制度。

（2）建立相应的管理机制。改制后的公司管理机制包括股东大会、董事会、经理层和监事会的职责、权利，以及与之配套的相关考核、激励与监督制度。股东大会有权对公司一系列重大问题发表意见，做出决议；董事会负责处理公司重大经营管理事项，发挥决策作用；经理层负责公司日常经营管理活动，有权管理公司事务；监事会代表股东大会对董事会和经理层依法依规履职情况进行监督，并直接对股东大会负责。

　　强化激励，调动经理层和员工积极性。建立现金、奖金、延期收入兑现等货币薪酬激励与福利、培训、责任与荣誉、事业满足感等非货币薪酬激励相结合的激励机制。此外，建立对公司董事会、经理层等高层管理人员的中长期激励机制，如股权激励、分红等。

　　强化企业内外部监督、社会监督和责任追究等监督机制。一是整合公司监事会、审计、纪检监察、巡视以及法律、财务等部门的监督力量，完善监督制度。二是强化出资人监督，加快企业行为规范制度建设，加强和改进外派监事会制度，建立健全核查、移交、整改机制，搭建领导决策、协调处置、监督报告三个平台。三是由国有资产监管机构建立健全国有资产和国有企业信息公开制度。四是建立健全国有企业重大决策失误和失职渎职责任追究倒查以及国有资产的监督问责机制，严厉查处重大违法违纪行为，视不同情形给予纪律处分或行政处分，构成犯罪的，依法追究刑事责任。

三、国有企业改制需要注意的问题

　　为了鼓励和规范国企改制，国家出台了一系列配套政策，国家级的此类文件大约有 60 多个，核心政策文件有两个：一是《关于规范国有企业改制工作的意见》（国办发〔2003〕96 号），主要规范企业的公司制改造；二是《印发〈关于国有大中型企业主辅分离辅业改制分流安置富余人员的实施办法〉的通知》（国经贸企改〔2002〕859 号），主要针对主辅分离改制。通常情况下，在国企改制方案设计中，主要包括企业概况、改制的必要性和可行性、改制指导思想、原则和目标、新企业构建、改制安排、新企业展望及相关问题等方面的内容。在诸多政策文件的基础上，从分析国有企业改制需要注意的问题出发，以求减少国有企业改制过程中可能出现的风险。

（一）资产评估与审计问题

1. 资产清查不彻底的风险

　　在资产清查阶段中，由于涉及的资产类型较为繁琐，并且资产范畴比较广泛，不仅有专利技术、品牌、土地使用权等无形资产，还包含商业用地和建设用地等有形资产，为资产清查工作带来了较大的负担。由于参与混改的人员会出现失误率和错报率，导致资产的记录不具有真实可靠性，部分资产并未记录在册，此时若是只根据资产登记册内容进行清查，则会出现资产流失的可能性。

2. 资产评估不规范的风险

项目需要引进外部专业的审计机构参与到资产评估环节中，难以有效保障评估委托程序的合理性。若是评估机构和相关人员为了谋求自身利益，和不相关利益主体进行勾结，将会造成资产评估信息严重失真。此外，若是评估人员的专业素养和职业技能比较欠缺，也会造成评估方法不够科学，资产评估价值失去真实可靠性。现如今，市面上各类资产评估机构鱼龙混杂，而我国对此类机构尚未建立有效的监管机制，导致各机构专业水准不一，对于重要资产的评估方法参差不齐。因此，企业必须注重资产评估人员的专业性。

3. 专项审计的风险

由于资产评估过程中审计机构和员工的专业素养和职业技能有所差异，再加上审计机构资质和水准上的问题，导致审计事项难以得到充分的评估，若是审计流程不合理，将会造成重大的审计风险。此外，企业与审计机构之间是委托代理关系，此关系容易出现信息不对称问题，审计机构只能够依照企业提供的财务报表中的信息进行评估，若是企业刻意隐瞒对自身利益有损害的会计信息，将会造成审计结果的不准确，从而阻碍混改工作的落实。

（二）战略投资人选择与评估问题

1. 应明确引入战略投资者的目标

在引进战略投资者时，国有企业应积极主动地学习战略投资者先进的管理经验，明确适应市场竞争、优化资源配置的目标。国有企业通过引入战略投资者，可以在改革后更好地适应外部市场竞争，进而具备可持续发展的能力。因此，国有企业应充分发挥主观能动性，在新一轮改革环境下把握住机会，在与战略投资者的合作中探寻企业自身内生性发展的道路，同时也要避免对战略投资者的过度依赖。

2. 结合自身需求选择恰当的引入方式

引入战略投资者主要包括股份互换和现金转让两种方式。其中，股份互换的方式有助于形成横向或纵向战略联盟，增进与战略投资者的紧密合作。现金转让方式便于股权退出，对战略投资者而言更容易实现战略转移。至于企业应采取何种方式引入战略投资者，需要结合企业的行业类型、战略目标及市场定位具体进行分析。

3. 适应市场化要求进行机制改革

引进战略投资者能够推动国有企业转型升级和提高资源利用效率，但是能否引进战略投资者还取决于国有企业自身的市场竞争能力。战略投资是市场化的产权交易行为，国有企业需要按照市场化运行机制进行改革调整，才可能真正吸引到合适的战略投资者，从而进一步巩固此轮国有企业改革的成果并实现预期的改革目标。

4. 发挥战略投资者对国有企业的协同效应

在引入战略投资者的过程中，需要科学考察、综合权衡、谨慎选择，引入可以与国有企业形成协同效应的战略投资者。在实现股权多元化的基础上，充分发挥战略投资者在完善企业治理结构、内部监督等方面的重要作用，实现参与各方的战略协同和优势互补。在维持国有企业绝对控股地位的前提下，充分运用战略投资者现有的市场竞争优势和技术成果，进一步推动形成产业优势。

（三）员工安置问题

各级政府对国企改制最根本的要求只有两个：一是保证在改制过程中国有资产不流失，二是保证改制后职工队伍的稳定。人员安置是国企改制过程中最重要也是最复杂的问题，不仅因为人是企业运行中最重要的因素，而且在国企改制中职工安置方案是要经过职代会或是职工大会75%以上表决通过的，只有职工安置方案被表决通过，才能进行改制的下一步工作，这是国家对于国企改制提出的明确要求。对于国有企业改制，国家提出大的原则是要保障国家、集体和职工个人三者的利益，但从现实情况来看，职工是这三者中最弱势的群体，对改制的承受力也是最弱的，是在改制过程中要重点保护的对象。所以，在考虑国企改制方案各方面利益关联体的时候应该按照"先个人、后集体、再国家"的顺序进行考虑。

在人员安置时，主要有五类人员需要考虑：一是企业改制前在职人员，如果需要进行身份置换，新企业在其置换身份后必须与职工签订不少于三年的劳动合同，如果职工本人不愿意在改制后的新企业继续工作，企业支付经济补偿金后使其走向社会。二是退休人员，在向社保机构缴纳相应费用后一次性进行移交，对于统筹外支出部分要妥善加以处理，要充分考虑退休职工的改革承受能力，不能简单地取消有关费用。三是内退人员，在预留有关费用的同时，要制定切实可行的专门管理办法，确保内退人员各项费用足额按时发放。四是工伤、长病和"三期"女工等特殊人员的安置，对于有劳动能力的特殊人员要为其安排适当的岗位，对部分或完全丧失劳动能力的人员要按相关规定预留费用，对其进行妥善安置。对于"三期"女工，要为其保留适当的岗位，最好动员职工提前回单位参加改制，并给予相应的经济补偿。五是离休人员。根据各单位实际情况上交产权单位进行管理或是预留有关费用后由改制后新公司进行管理。中央直属企业员工安置方案由省劳动与社会保障部门审核备案，地方国有企业员工安置方案按当地劳动与社保部门制定的办法进行审批备案。国有企业改制是一项涉及国家、企业和职工个人三者利益的系统工程，工作任务繁重，而且许多具体问题是企业自身无法解决的，需要上级产权单位的大力帮助或争取各级政府支持。同时，企业应该以改制为契机，建立现代产权制度，并以此为基础构建新的法人治理结构，切忌为改制而改制，如果只是做一个简单的"翻牌"公司，就失去了改制的真正意义。

（四）公司治理结构问题

1. 股权架构设置不合理

股权架构是公司法人治理结构的基础。从实践来看，很多公司混合所有制改革之后治理结构出现问题，都与不科学、不规范的股权结构有关。比如股权过分集中，一股独大导致混而不合，小股东的话语权无法保证；股权过于分散或分布平均，则直接影响公司的决策效率，容易出现"议而不决"的现象。特别是有的国有股东出于惯性思维谋求"小股大权"，有意无意地破坏公司决策规则，直接或间接影响了混合所有制改革的成效。

2. 董事会决策机制不完备

公司董事会是采取会议形式集体决策的机构，必须有规范化的会议制度，按照法定程序运作。从实践来看，混合所有制改革后，有的公司、董事会无法科学行使职权，直接影响了董事会决议的效力。比如，某国有企业混合所有制改革后公司董事会由五名董事（一方股东委派三名董事、一方股东委派两名董事）组成。此时不论由哪一方股东委派三名董事，对于《公司法》规定的"过半数董事"及"三分之二董事"通过的事项，都有可能出现议而不过、过而不行的情况，甚至形成会议僵局，危害公司利益。

3. 独立董事和职工董事作用发挥不明显

独立董事和职工董事是现代公司治理结构中重要的监督参与力量。但现实中，独立董事不独立、职工董事不履责的情况客观存在。独立董事的实际地位不高，激励和保护机制不健全，职工董事职数偏少、人微言轻，起不到应有作用。目前这种情况在混合所有制改革后的公司里仍未明显改善。

主要参考文献

[1] 北京市道可特律师事务所．企业并购重组的法律透视［M］．北京：中信出版社，2014.

[2] 曹立．混合所有制经济的四个特征及意义［EB/OL］．（2014-07-11）［2019-08-10］．人民论坛，http：//www.rmlt.com.cn/2014/0711/290605.shtml.

[3] 陈福中．改革开放以来国有企业改革的实践和制度创新［J］．兰州学刊，2021（01）：15-24.

[4] 陈凯．"一带一路"背景下中国企业海外并购服务体系研究［D］．上海：上海交通大学，2015.

[5] 陈清泰．实行政企分开，为国有企业走向市场创造条件［J］．中国工业经济，1998（12）：5-8.

[6] 葛翔宇，周艳丽．企业并购中目标公司价值的实物期权定价新方法——基于前景理论的行为分析［J］．数量经济技术经济研究，2017，34（03）：145-161.

[7] 侯军岐．涉农企业海外并购理论与实践［M］．北京：中国农业出版社，2019.

[8] 胡莹莹．新时代国企混改面临的主要问题及对策研究［J］．商讯，2021（08）：101-102.

[9] 黄群慧，余菁．新时期的新思路：国有企业分类改革与治理［J］．中国工业经济，2013（11）：5-17.

[10] 季晓南．论混合所有制经济的内涵、意义及发展路径［J］．北京交通大学学报（社会科学版），2019，18（04）：8-26.

[11] 江苏省上市公司协会．上市公司并购重组流程及案例解析［M］．南京：江苏人民出版社，2015.

[12] 柯军．事业单位下属国有企业的改制研究［D］．成都：电子科技大学，2015.

[13] 雷霆．公司并购重组原理实务及疑难问题诠释［M］．北京：中国法制出版社，2014.

[14] 廖明辉，李智慧．国企规范改制系列专题国企改制的专业流程［J］．企业管理，2004（08）：40-43.

[15] 吕潮林，等．中国企业海外并购问题与对策分析文献综述［J］．国际商贸，2017（9）.

[16] 牛振东．煤炭企业并购后整合协同及绩效评价研究［M］．北京：煤炭工业出版社，2017，北京.

[17] 邵宁 . 关于国企改革发展方向的思考 [J] . 上海国资, 2011 (18).

[18] 石长沙 . 集体企业改制的法律分析 [D] . 成都: 四川大学, 2006.

[19] 宋国华, 吴晓亭 . 国企改制存在的难点问题及对策 [J] . 会计之友 (下), 2007 (01): 22 - 23.

[20] 宋志平 . 国企改革的逻辑 [J] . 上海国资, 2020 (05): 10 - 13.

[21] 苏敬勤, 刘静 . 中国企业并购潮动机研究——基于西方理论与中国企业的对比 [J] . 南开管理评论, 2013, 16 (02): 57 - 63.

[22] 汤文仙, 朱才斌 . 国内外企业并购理论比较研究 [J] . 经济经纬, 2004 (05): 63 - 67.

[23] 田宝法 . 企业并购解决之道: 70 个实务要点深度释解 [M] . 北京: 法律出版社, 2015.

[24] 汪立鑫, 左川 . 国有经济与民营经济的共生发展关系——理论分析与经验证据 [J] . 复旦学报 (社会科学版), 2019, 61 (04): 159 - 168.

[25] 王德群 . 国企改制中若干问题的研究 [D] . 武汉: 华中师范大学, 2004.

[26] 王阁 . 赢在整合——企业的核心竞争力 [M] . 长春: 吉林文史出版社, 2017, 长春.

[27] 王林元, 王晓慧 . 影响企业并购的宏观经济因素分析——基于企业并购理论与中国市场实践的实证研究 [J] . 吉林金融研究, 2011 (09): 5 - 10.

[28] 文彬 . 现代企业并购理论的变迁及启示 [J] . 广东商学院学报, 2005 (04): 74 - 79.

[29] 文宗瑜 . 国有企业 70 年改革发展历程与趋势展望 [J] . 经济纵横, 2019 (06): 29 - 36, 2.

[30] 张定乾 . 结合西方企业并购理论谈我国国有企业并购问题 [J] . 网络财富, 2010 (15): 29 - 32.

[31] 张金鑫 . 企业并购 [M] . 北京: 机械工业出版社, 2016.

[32] 张凌 . 我国国有企业混合所有制改革研究 [D] . 北京: 中国财政科学研究院, 2016.

[33] 张伟华 . 海外并购交易全程实务指南与案例评析 [M] . 北京: 中国法制出版社, 2016.

[34] 张颖薇 . "一带一路" 战略下中国企业海外并购研究 [D] . 长春: 吉林大学, 2016.

[35] 赵鹏飞 . 我国上市公司并购信息披露法律问题研究 [D] . 泉州: 华侨大学, 2013.

[36] 郑红亮, 齐宇, 刘汉民 . 中国公司治理与国有企业改革研究进展 [J] . 湖南师范大学社会科学学报, 2018, 47 (04): 74 - 82.

[37] 中共中央关于国有企业改革和发展若干重大问题的决定 [EB/OL] . 新华网, 2005 年 3 月 22 日.

[38] 中共中央关于建立社会主义市场经济体制若干问题的决定 [EB/OL] . 新华网,

2005 年 3 月 17 日.

[39] 周丽莎. 改制：国有企业构建现代企业制度研究 [M]. 北京：中华工商联合出版社，2019.

[40] 周丽莎. 混合所有制改革实操与案例研究 [M]. 北京：中国经济出版社，2020.

[41] 邹莉. "一带一路"背景下中国企业海外并购面临的机遇与挑战 [J]. 现代商贸工业，2017 (26).

[42] Bonaime A，Gulen H，Ion M. Does Policy Uncertainty Affect Mergers and Acquisitions? [J]. Journal of Financial Economics，2018，129 (03).

[43] Haspeslagh P C，Jemison D B. Managing Acquisitions：Creating Value Through Corporate Renewal [J]. The Academy of Management Review，1991，18 (02).

第二篇

中泰集团并购整合番茄产业案例

并购整合番茄制品产业战略是中泰集团公司层面的重大战略性决策。面对国际、国内复杂、多变、快变的外部环境和内部要素，集团公司如何依据自身发展需要，快速科学做出并购整合番茄制品产业非相关多元化战略决策，比竞争对手尽早发现市场机会，从而赢得时间上的竞争优势，既是一个重大理论问题，也是一个重要实际问题。基于此需要，为中泰集团选择并购整合番茄制品产业战略，获取规模经济、范围经济、管理者效用等协同效应和降低并购整合风险而进行的战略规划，可为中泰集团顺利实施并购整合番茄制品产业提供遵循。

>>> 第一章　中泰集团并购整合战略背景

第一节　中泰集团概况

一、中泰集团基本情况

中泰集团是由新疆维吾尔自治区人民政府出资设立、自治区国资委直接监管的国有独资公司，主要从事氯碱化工、煤化工、石油化工等行业的规划设计、项目建设、资源开发和产品的开发、生产和销售等业务，主营业务涉足农业、旅游业等领域。其前身是始建于 1958 年的新烧碱厂，2001 年 12 月完成股份制改造，设立新中泰化学股份有限公司，2006 年在深圳交易所上市。2012 年 7 月，自治区人民政府在中泰化学的基础上出资设立中泰集团，是中泰化学的控股股东。

中泰集团以"富民、兴疆、强国"为企业使命，充分依托新疆资源优势，发扬"脚踏实地、拼搏奉献、百折不挠、自强不息"的企业精神，通过项目投资、股权投资、资产划转、战略重组等方式，横向兼并、纵向联合，现拥有 180 多家控股、参股子公司，在新福米东、阜康、托克逊、库尔勒、阿克苏等地及塔吉克斯坦建有 10 大产业园，形成年产 20 万吨聚氯乙烯树脂（PVC）、160 万吨烧碱、282 万千瓦背压机组、360 万吨电石、200 万吨废渣制水泥、57 万吨粘胶纤维、256 万锭纺纱、40 万吨棉浆粕的循环经济产业链。产业涵盖氯碱化工、电力能源、粘胶纺织、PVC 深加工、精细化工、石油化工、境外投资、现代物流、金融贸易、农业、旅游等领域，成为全国氯碱、粘胶纤维行业龙头和自治区重要国有资产管理平台与投融资平台。2018 年末，公司管理总资产和实现收入突破"双千亿"，荣获中国工业界最高荣誉——第五届中国工业大奖，直接和间接解决 34 万余人的就业问题，为全国尤其是新疆经济发展、社会稳定做出突出贡献。

目前，作为主导业务偏重化工行业的领袖型的中泰集团，以"巩固、增强提升、畅通"八字方针为目标，以深化供给侧结构性改革为主线，按照自治区党委"1＋3＋3＋改革开放"总体工作部署，紧扣稳定与安全发展"两个重点"，加快疆内、国内和国外"三大区域布局"，着力抓好存量效益和增量发展，逐步全面战略布局农业旅游产业，为实现新疆社会稳定和经济发展做出积极努力。

二、中泰集团选择并购整合战略的理由

（一）新疆维吾尔自治区政策支持

2020 年年底，自治区国资委根据自治区政府文件指示精神以及自治区领导在自治区促进畜牧业高质量发展现场推进会上关于加快组建新疆农牧业投资公司的要求，向自治区提出组建新疆农牧业投资（集团）有限责任公司（以下简称"新疆农牧业投资集团"）的请示。新疆农牧业投资集团作为引领全区农业发展的国有企业，坚持市场主导、龙头引领，将打造粮油、棉花、乳业、肉业、林果业、农牧产品加工业等特色产业作为重心。借助新疆农牧业投资集团，企业可以享受由政府提供的融资、税费减免等诸多政策保障。番茄制品产业属于农产品加工业，是自治区重点发展的特色产业之一，这为番茄制品产业提供了良好发展机遇和环境。中泰集团可借此机会并购整合新疆番茄制品企业，拓展自身业务板块，实现多元化经营。

（二）业务转型升级和多元化发展需要

中泰集团正处于国内外环境复杂多变、内部产业结构亟待调整的特殊时期，集团需要在现有业务板块基础上进行有利拓展，以分散企业经营风险。同时，集团通过并购可以有效整合新疆番茄制品企业资源，增加产业链，以实现多元化经营战略和业务转型升级。

（三）新疆龙头企业肩负整合产业责任

中泰集团除主营化工业务以外，近几年逐步将业务扩展到农业产业。新疆具有发展番茄制品产业的独特地理优势，是新疆具有发展潜力的特色产业之一。但由于新疆番茄企业数量多、规模小，空间分布较分散，加之

没有龙头企业的整合推动，企业的发展受限。中泰集团作为龙头企业肩负着整合新疆番茄制品产业资源的责任，通过并购整合做大做强做优新疆番茄制品产业，将新疆农产品打造成中国农业的价值高地，可为服务自治区经济社会发展和实施乡村振兴战略，推动一二三产业融合发展做出应有贡献。

第二节　公司选择并购整合战略利益与意义

一、选择并购整合战略利益

（一）实现行业战略性转移，获取规模经济和范围经济

规模经济理论起源于美国，揭示的是大批量生产的经济性。企业生产规模扩大以后，企业能够利用更先进的技术和机器设备等生产要素；随着对较多的人力和机器的使用，企业内部的生产分工能够更加合理和专业化；人数较多的技术培训和具有一定规模的生产经营管理，可以节约成本。范围经济指企业通过扩大经营范围，增加产品种类，生产两种或两种以上的产品而引起的单位成本的降低。与规模经济不同，这种节约来自分销、研究与开发和服务中心等部门。范围经济是企业采取多元化战略的依据。中泰集团针对我国番茄制品产业表现多、小、散、乱的格局，一次性介入和做大番茄制品生产规模，可以获取规模经济和范围经济。

（二）借助集团贸易优势，获取贸易协同效应

中泰集团的控股子公司中泰化学的产品多数销往国外，在此过程中，中泰集团下属的进出口贸易公司已经建立了成熟国际市场销售团队，并储备了大量的国际贸易方面的优秀人才，有利于中基公司开拓番茄制品的国际市场；其次，由于中泰化学的原料采购一般是通过进出口贸易公司采购需要大量外汇，而番茄制品主要销往国际市场，因此可以通过进出口公司进行外汇反向操作，规避由于汇率波动造成损失，降低了番茄制品国际市场销售的风险；再次，贸易公司熟悉国际贸易规则，对国际农产品市场有一定了解，便于收集番茄制品的销售市场信息，有利于建立国外市场销售渠道。

（三）借助集团物流优势，获取物流协同效应

中泰集团目前拥有自己的物流公司，在公路运输和铁路运输方面都有

非常良好的客户关系。由于番茄酱厂的生产集中于每年的 7—9 月，这几个月集中运输原料，物流压力非常大，未来如有自身物流公司的支持，能够保质保量地将原料及时运送至工厂，避免原料霉变，充分满足生产要求，降低农户及企业损失，对企业生产而言至关重要。其次，在销售环节，保障物流运输，有助于中基公司与客户形成良好的长期合作关系。此外，在铁路运输方面，新疆的番茄酱产品如运至天津港出口，运距长，运费高，影响产品的市场竞争力，中泰集团能够协调中欧班列，直接从新疆发往欧洲及非洲，将大大节省物流成本，使番茄酱产品在国际市场上更具竞争优势。

（四）借助集团管理优势，获取管理协同效应

中泰集团目前有 180 多家控股及参股企业，无论是管理效率还是管理水平均处于行业领先水平。并购中基公司后，可以迅速抽调优秀的管理人员进入中基公司，在短时间内将中泰的先进管理理念和优良工作作风带入到中基，提高整个公司管理水平和经营效率，改善中基公司运营环境，发挥出中泰集团管理优势，最终使中基扭亏为盈，实现中泰集团战略规划和经营目标。

（五）借助资本市场优势，获取资金协同效应

中泰集团目前已有一家控股上市公司中泰化学，因此已经建立资本市场运作的团队，对资本市场运作的业务非常专业，有利于中基公司在收购后加强对资本市场的运营管理，提高募集资金的能力，通过多种方式和渠道募集中基公司由于投资新项目及开拓市场等方面的资金需求，加快中基公司的发展速度。并购中基控股中基公司，能够提高中泰集团的资产总体规模，进一步增强中泰集团的融资能力。此外，还可充分利用上市企业的壳资源，为集团进行资本运作提供平台。

（六）响应国家助农政策，争取合理避税

国家关于扶持农业、农产品加工业的政策较多，例如《国务院办公厅印发关于促进农产品加工业发展意见的通知》就有税收支持政策，主要是：对农产品出口实行与法定退税率一致的退税政策，出口退税率尚未达到法定征税率的农产品，应优先考虑适当提高出口退税率。企业研究开发新产品、新技术、新工艺所发生的各项费用，在缴纳企业所得税前扣除。

农产品加工企业引进技术和进口农产品加工设备，符合国家有关税收政策规定的，免征关税和进口环节增值税。对重点农产品加工骨干企业从事种植业、养殖业和农产品初加工所得，要落实免征 3～5 年企业所得税的政策。《关于享受企业所得税优惠的农产品初加工有关范围的补充通知》规定，2019 年 4 月 1 日后，纳税人购进农产品，在购入当期，应遵从农产品抵扣的一般规定，按照 9％计算抵扣进项税额。如果购进农产品用于生产或者委托加工 13％税率货物，则在生产领用当期，再加抵扣 1 个百分点。中泰集团成功介入和做大番茄制品，可以享受更多的国家关于农业、农产品加工业扶持政策，争取合理避税。

二、选择并购整合战略意义

（一）履行"乡村振兴""精准扶贫"社会责任

符合国家关于"三农"工作的需要。2019 年国务院印发的《关于坚持农业农村优先发展做好"三农"工作的若干意见》中指出：今明两年是全面建成小康社会的决胜期，"三农"领域有不少必须完成的硬任务。党中央认为，在经济下行压力加大、外部环境发生深刻变化的复杂形势下，做好"三农"工作具有特殊重要性。必须坚持把解决好"三农"问题作为全党工作重中之重不动摇，进一步统一思想、坚定信心、落实工作，巩固发展农业农村好形势，发挥"三农"压舱石作用，而"三农"工作的重点之一是要发展壮大乡村产业，拓宽农民增收渠道，加快发展乡村特色产业，发展现代农产品加工业，本项目的实施需要 60 万～70 万亩的加工番茄才能满足生产需要，加工生产的番茄酱远销非洲、欧洲、东南亚一带，因此本项目实施对于发展壮大乡村产业，拓宽农民增收渠道，推动现代农产品加工业进程有非常重要的作用。

（二）落实自治区发展现代农业政策精神

符合 2019 年自治区工作目标的需要。2019 年自治区政府工作报告中提出"大力发展实体经济，建立具有新疆特色的现代产业体系"的工作目标，在农业产业方面大力发展农副产品加工业，加快培育农业产业化龙头企业，鼓励各类企业进入农产品生产、贮运、加工、营销各环节，建设一批规模较大、设施完善、特色明显的农产品生产基地，大力实施农业品牌提升行动，完善"龙头企业＋合作社＋农户"模式。鼓励支持一批地方国有企业和有实力的民营企业投资农产品加工，提升农产品精深加工水平。本项目的实施是响应这一工作目标的具体体现，因此，符合自治区 2019 年工作目标的要求。

（三）把握供给侧结构性改革与实施"三品"战略机遇

加强供给侧结构性改革是当前经济发展的重大战略部署。我国轻工产品能够满足广大群众的基本消费，但高端产品供给不足，海外购物成为热潮，轻工业"补短板"的任务十分紧迫。党中央国务院审时度势，深刻分析我国消费品工业发展形势，开展"增品种、提品质、创品牌"三品战略专项行动。新疆轻工业基础相对薄弱，初级产品多，国务院推动消费品产业升级的一系列政策措施，为新疆轻工业全面提升品质、实现质量效益型发展带来政策机遇。

（四）促进兵团国资国企改革

兵团国资国企改革是贯彻落实以习近平同志为核心的党中央对兵团定位要求的重大举措，是中央关于兵团深化改革决策部署的重要内容，是处理好兵团特殊体制与市场机制关系的关键环节，是增强兵团生机活力、提升兵团核心竞争力的内在需要，是壮大兵团综合实力、更好发挥兵团特殊作用的客观要求。本项目的实施，中泰集团收购兵团第六师在中基公司的股份及其后续相关番茄制品产能是落实兵团国资国企改革的具体表现，同时能够为兵团提供就业和帮助兵团职工增加收入，起到增进与兵团融合、稳定兵团经济的作用，因此符合兵团国资国企改革的需要。

（五）契合集团长期战略，实现公司结构转型

中泰集团"十三五"发展规划决策部署，要立足新疆，助力打造第二大经济中心，着力打造以能源化工及纤维纺织产业为主、其他产业为辅的"两极多元"产业发展规划，其中现代农业、文教旅游及康养旅游产业要占到整个产业的 30%。现代农业发展的重要内容之一是探索特色产业发展路径，围绕自治区"乡村振兴"和"精准扶贫"重大决策部署，聚焦新疆特色产业和劳动密集型产业，探索发展特色农业、特色林果业等农副产品深加工项目。新疆的番茄产业是中国最重要的农业产业之一，也是新疆的特色农业之一，而中基公司的红色番茄产业是新疆农业红色产业的代表企业之一，在全世界番茄制品行业也有着非常重要的地位，新疆的番茄制

品出口目前具有良好的发展前景，因此本项目的实施符合中泰集团的"十三五"战略规划中对于现代农业发展的要求。

符合中泰集团扩大产业规模、优化产业结构的需要。2019 年中泰集团工作会议中指出，未来中泰集团要以优势资源为依托，立足新疆特色区情，聚焦新疆特色产业，切实将农业、旅游产业作为国有企业产业结构优化、实现高质量发展和打好打赢"三大攻坚战"的重要举措。中基公司是新疆为数不多的兵团上市公司，中基公司的番茄酱产能占全国的番茄酱出口比例仅次于中粮屯河，并购中基公司后，中泰集团在番茄制品行业很快就可以形成产业规模，占据较大市场份额，实现中泰集团产业多元化和结构优化的目标。

>>> 第二章 番茄制品产业发展环境 及核心竞争力分析

第一节 番茄产业发展环境

一、我国番茄制品发展现状

(一)番茄制品产业发展概况

使用新鲜番茄进行初加工或精深加工的产品称为番茄制品。我国生产的番茄制品主要分为调味品和保健品,其中以番茄酱为主导,还有番茄丁、番茄沙司、番茄果蔬汁、番茄红素和胶囊等产品。如没有特别说明,本书所研究的番茄制品通常指番茄酱。

就番茄种植的自然地理分布而言,我国北方地区如新疆、内蒙古、甘肃等地适宜种植番茄,这些地区由于气候温度适宜,番茄果实单产较高,而且番茄红素含量高,为番茄制品加工提供了优质原料。

就番茄制品的加工水平而言,我国一些番茄加工企业经过多年发展已形成了相对完善的番茄生产加工产业链,通过引进国外先进生产设备和加工工艺、改进技术等方式不断提升番茄制品的产量和品质,为生产番茄制品提供重要保障。

就番茄制品的出口而言,我国是世界上主要番茄产区之一,生产规模位居前列,番茄酱产品主要出口全球各大洲。我国主要生产大包装番茄酱(单位质量超过 5 千克)和小包装番茄酱(单位质量不超过 5 千克),产品多数用于出口。大包装番茄酱每年出口总量为 40 万~50 万吨,小包装番茄酱为 30 万~40 万吨。我国新疆、甘肃、内蒙古、天津等地主要出口大小包装番茄酱。

就番茄制品的市场而言,番茄制品是欧美国家的重要食物和佐餐调味品,年均消费总量基本保持稳定。我国相比于欧美国家食用番茄酱总量较少，所以国内市场发展前景较为广阔。此外，由于我国番茄制品种类较为单一，产品较难满足国内消费者的口味偏好，所以企业应加快研发适合国内消费者食用的新番茄制品，满足消费者多样化的口味需求，探索推出附加产品和服务，提升番茄制品附加值，寻找增加市场份额的机会。

（二）番茄制品产业市场分析

1. 番茄制品原料种植情况

世界番茄价格经过多年发展已经达到饱和，利润空间逐渐降低。我国番茄制品企业多数采取"限产保价"策略以降低销售风险。从 2012 年开始，由于番茄制品销量降低导致库存较高，企业纷纷缩减番茄种植量，但我国仍然是世界主要番茄产区之一，种植面积和总产量仍然较高。2017 年，我国番茄主产区种植量为 99.55 万亩，其中新疆种植 80 万亩，甘肃 2 万亩，内蒙古 17 万亩。

2. 番茄制品加工情况

目前，我国的番茄加工量位列全球第三，在全球市场上占据一定优势。世界番茄加工理事会（WPTC）相关数据显示，中国、意大利和美国加利福尼亚州为全球三大番茄加工区，占全球番茄加工总量的 50% 以上。2018 年，全球三大番茄制品加工区加工量之和占全球番茄加工总量的 56.87%，具体加工量如图 2-1 所示。

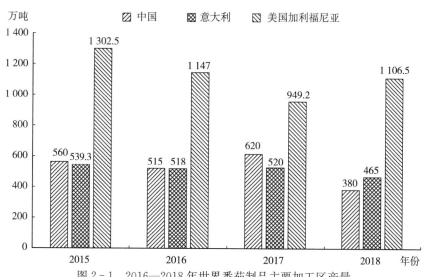

图 2-1　2016—2018 年世界番茄制品主要加工区产量

数据来源：WPTC 整理数据。

其中加州加工量最高，达到 1 106.5 万吨，占全球总量的 32.25%；意大利以加工量为 465 万吨，占全球总量的 13.55%，位列第二；中国以 380 万吨的加工量位居第三，占全球总量的 11.07%。中国虽然在 2018 年的番茄加工量仍位列第三，但也在这一年大幅缩减产量，加工量同比减少了 39%。主要原因是国内番茄制品企业的退出、番茄酱市场价格持续压低导致企业库存积压、国内环保政策带来的压力等。

3. 番茄制品销售情况

（1）番茄酱出口量。我国番茄酱出口量从 2007 年开始在世界上就处于领先地位。2012—2018 年我国番茄酱出口量变化趋势较不稳定，但总体来看是逐年下降，2017 年出现了统计年份中的最低值。从出口量同比增长率来看，2012—2018 年我国番茄酱出口量整体呈负增长，2015 年增长率为 13.59%，为统计年份中最高值。2018 年增长率为 7.06%，第二次由负转正。2012—2018 年中国番茄酱出口数量及变化趋势如图 2 - 2 所示。

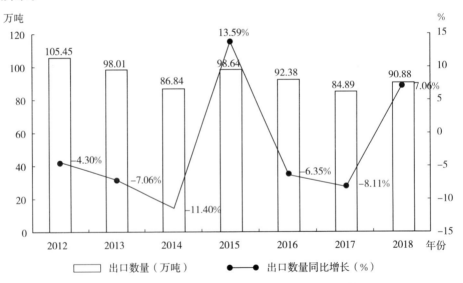

图 2 - 2 2012—2018 年中国番茄酱出口数量及变化情况

数据来源：中国海关。

在本报告统计年度内，中国番茄酱出口金额整体上处于逐渐下降态势，2017 年降至 64 962.38 万美元，为统计年份中最低值。从出口金额同比增长率来看，2012—2018 年中国番茄酱出口整体为负增长，2013 年同比增长率为 11.04%，为统计年份中最高值。2018 年增长率为 2.76%，第二次由负转正。2012—2018 年中国番茄酱出口金额及同比增长率如图 2－3 所示。

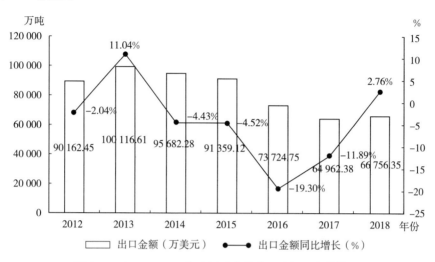

图 2－3 2012—2018 年中国番茄酱出口金额及变化情况

数据来源：中国海关。

（2）番茄酱大小包装出口量。2012—2018 年，大包装番茄酱出口量变化较不稳定，在 2014 年和 2017 年出现了最低值，2016 年、2018 年趋于稳定，出口量维持在 55 万吨左右；小包装番茄酱出口量总体上逐渐下降，2015 年及之前基本保持在 40 万吨上下，2016—2018 年连续三年基本保持一致，约为 36 万吨。从同比增长率来看，2012—2018 年大包装番茄酱同比增长率波动较大，总体为负增长，2015 年同比增长率由负转正，且高于其他年份，达到 28.09%；小包装番茄酱同比增长率在 2012 年、2013 年保持增长态势且为正值，2014—2017 年始终为负增长，2018 年首次由负转正，但增长缓慢。2012—2018 年中国番茄酱大小包装出口量及同比增长率如图 2－4 所示。

2012—2018 年，中国大小包装番茄酱出口金额变化整体呈现出先增长后降低的趋势。以 2015 年为界，在此之前出口金额逐渐增长，2014 年出现了最高值，2015 年及以后逐年下降。大包装番茄酱 2014 年出口金额首次突破 1 000 美元，2016—2018 年出口额维持在 700 美元上下；小包装番茄酱 2014 年首次突破 1 100 美元，2016—2018 年出口额维持在 800 美元上下。从出口金额同比增长率来看，大包装番茄酱变化整体较大，2015 年以前始终为正，2013 年同比增长率为 23.40%，达到统计年份最高值，

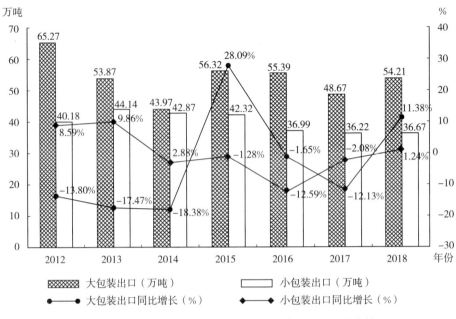

图 2-4 2012—2018 年中国番茄酱大小包装出口量及变化情况
数据来源：中国海关。

2015 年及以后始终为负值，从 2017 年开始同比增长较快；小包装番茄酱变化整体较小，2015 年以前始终为正，2015 年及以后始终为负值，2018 年与大包装番茄酱同比增长率较为接近。2012—2018 年中国番茄酱大小包装出口金额及同比增长率如图 2-5 所示。

（3）番茄酱出口市场集散程度。从我国番茄酱出口对象前 10 名来看（图 2-6），出口市场集中在欧洲、亚洲和非洲。得益于我国"一带一路"倡议，沿线国家如加纳、俄罗斯、尼日利亚加大了对我国番茄酱的进口。

从其他国家、地区进口我国番茄酱数量占当地进口总量的比重来看，如图 2-7，非洲、欧亚大陆和印度半岛从我国进口的番茄酱数量占当地总进口量的一半以上，说明我国番茄酱在上述市场上具有一定的竞争优势。

（4）番茄酱市场占有率变化情况。近年来，我国番茄酱占有的国际市场份额逐渐缩减。主要竞争者是意大利，其市场份额约为 21%。经过 6 年的发展，2018 年西班牙的番茄酱在国际市场上崭露头角，位列第三名，占出口总额的 12%。虽然美国是全球最大的番茄加工国，但由于近几年缩减产量，在 2018 年位列全球第四。葡萄牙实现了较明显的增长，占全

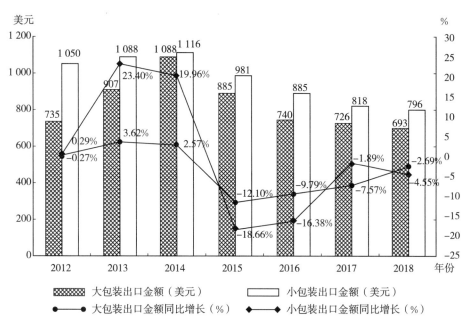

图 2-5　2012—2018 年中国番茄酱大小包装出口金额及变化情况

数据来源：中国海关。

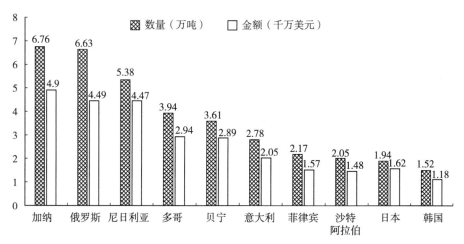

图 2-6　2017 年中国番茄酱出口国家前 10 名

数据来源：WPTC 整理数据。

球出口总额的 8%。2012—2018 年全球番茄酱市场占有率波动情况如图 2-8 所示。

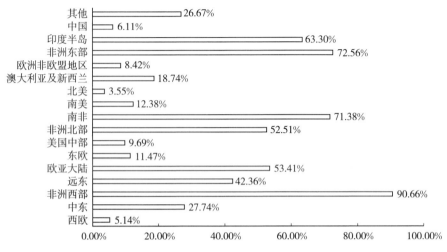

图 2-7 各地区自中国进口番茄酱数量占当地进口总量的比重

数据来源：WPTC 整理数据。

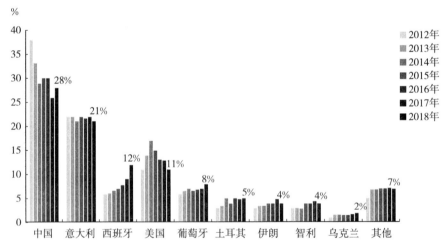

图 2-8 2012—2018 年全球番茄酱市场占有率波动情况

数据来源：WPTC 整理数据。

二、新疆番茄制品产业发展现状

(一)番茄制品产业发展概况

新疆番茄制品经过 30 多年的发展，已成为重要的对外出口产品之一，为当地经济社会发展和增加农民收入做出了贡献。

从番茄的种植来看，原料对番茄制品质量具有源头性的影响。新疆的番茄年产量在全国居于前列，拥有国内最大的番茄加工区域，主要分布在昌吉州、巴州、阿克苏、焉耆等地区。新疆属大陆性气候，降水量少，昼夜温差大，夏季光照时间长，适于番茄生长。而且独特的自然地理优势使得果实的番茄红素含量较高。降水量少和气候干燥降低了烂果概率，确保番茄的高产量和高质量。

从番茄制品的生产加工来看，新疆番茄制品加工企业主要包括中粮屯河、冠农股份、农垦现代、新疆艳阳天等，其中中粮屯河是龙头企业。番茄主产区生产加工番茄量占新疆总番茄加工量的96%左右，其中昌吉州番茄生产加工量占新疆加工总量的37.2%。

从番茄制品的对外出口来看，番茄酱是新疆主要出口产品之一，长期以来受到政府政策支持和保障。新疆番茄酱在亨氏、肯德基等知名企业市场中拥有了一定竞争力。乌鲁木齐海关数据表明，2019年1—8月，新疆番茄酱出口量7.3万吨，出口金额达3.5亿元。俄罗斯和意大利是新疆番茄酱的主要出口国家，占总出口量的80%以上，此外还有"一带一路"沿线的国家和地区。

（二）产业发展现存问题

新疆番茄制品产业尽管在过去几年来总体保持平稳发展，但也伴随着一些不容忽视的问题，主要包括以下几个方面：

1. 番茄制品产业多、小、散、弱

2018年新疆共有127个番茄制品企业，企业数量高于甘肃和内蒙古。新疆番茄制品企业的特点是数量多、规模小，企业分布区域较分散，缺乏产业整合，集中度较低。而且由于未形成完善的订单契约和缺乏有效的监管，导致种植户与企业间的失信行为时有发生，这导致番茄制品产业竞争力一直较弱。此外，企业在番茄制品产业发展上的思路不够清晰，未能充分发挥地理优势和把握政策机遇。

2. 产业核心竞争力不强

新疆番茄制品产业价值链较长，涉及要素多，在产业链的某一个环节形成竞争优势并非易事。新疆番茄制品企业多处在价值链的中下游环节，主要从事番茄制品的加工和出口销售。企业缺乏上游环节的育种及产品研发能力，又长期作为国际知名企业的原料供应商，缺乏终端产品销售，产品结构单一，没有向产业链上下游延伸，导致企业缺乏核心竞争力。此

外，新疆目前的番茄制品龙头企业主要包括中粮屯河和新疆天业，但中粮屯河近几年逐步缩减番茄业务，这也导致了新疆缺乏番茄制品龙头企业带动，难以形成具有较强竞争力。

3. 品牌建设不强

随着国际市场竞争的加剧，品牌对于提升企业核心竞争力具有不可忽视的影响力。新疆已打造出包括 CHALKIS 在内的番茄酱品牌，但如何形成品牌特色，提高产品附加值是企业需要重点考虑的内容。

4. 缺少完善的育种研发管理制度和资金投入

首先，地方政府对番茄育种研发的投入较少，法律和制度规定还不够明确，市场监管存在缺位。其次，新疆番茄制品企业未形成完善的育种研发技术体系，多数依靠进口其他国家的番茄种子，同时缺少专业的种子机构，无法提供技术和人才支持。

5. 国内市场需求较小

新疆番茄制品多数出口国外，国内市场份额相对较低。国内每年消费新鲜番茄量远超番茄酱等番茄制品。同时，我国的番茄酱多被用于快餐和西餐中，番茄制品口味单一，与中国人的传统饮食风味差异较大，对消费者的吸引力不够。这些因素导致番茄酱的国内市场份额普遍较低，人们对番茄制品的需求较小。

第二节　中泰集团并购整合番茄产业环境分析

随着国内国际市场竞争日益激烈，对新疆番茄制品产业的发展环境进行详细、科学的分析和判断尤为重要。运用 PEST 分析、SWOT 分析和波士顿矩阵分析三种方法分析新疆番茄制品产业发展的宏观环境及发展态势，以探索影响新疆番茄制品产业发展的因素，从而为新疆番茄制品产业实施并购整合提供一些方案或建议。

一、PEST 分析

(一) 政策环境

1. "一带一路" 倡议带来的优势

我国历史中就有新疆与中亚和欧洲经商贸易的记录。我国提出要充分发挥新疆的特殊地理优势，加强与"一带一路"沿线国家的经济文化合作，使新疆成为向西开放的重要交通枢纽。"一带一路"倡议为新疆番茄制品产业的发展带来了重要机遇，乌鲁木齐国际陆港区、中欧班列的建设为出口番茄制品提供了重要的交通保障，也受到了国家和地方政府的重点支持。

2. "脱贫攻坚"战略的实施

党的十九大以来，我国通过实施精准扶贫政策帮助贫困人口成功摆脱贫困现状。2020年国家提出要巩固脱贫攻坚成果，继续实施扶贫政策。这意味着，贫困地区和贫困人口仍可享受国家扶贫政策红利。而新疆作为贫困地区，在发展番茄制品产业过程中得到了东西部扶贫协作、对口支援等诸多政策支持，为当地创造了工作岗位，提振了地方经济，这些都为新疆番茄制品产业发展提供了良好的外部环境保障。

3. 国家"三农"工作要求

2020年中央1号文件中指出要形成农业产业链，整合产业资源，促进农民收入增长，更快实现三大产业融合。此外，番茄制品产业在新疆属于特殊的农产品加工产业，通过延伸产业链可以使番茄种植、加工和销售各环节联结起来，推动一二三产业发展，为自治区经济发展注入动力。番茄制品产业在现代农业发展的范畴内且符合国家"三农"工作要求，这为新疆进一步发展番茄制品产业带来了机遇。

4. 国际政治影响

第一，美墨番茄贸易战的影响。2019年，美国对进口的墨西哥番茄酱关税提高，尽管美国消费者购买番茄酱需要支付比以往更高的价格，但由于人们对番茄酱的需求没有弹性，因此番茄酱价格提高不会对需求产生较大影响。该政策对我国番茄制品产业有利，我国可尝试提高国际市场占有率。第二，中美贸易战的影响。2021年1月，美国宣称禁止从新疆进口棉花、番茄等农产品，这给新疆番茄制品产业的出口贸易带来一定压力。我国番茄制品多为低附加值产品，技术成本较低，而且产品多数销往欧洲、非洲等国家或地区，所以中美贸易战对新疆番茄制品产业的影响有限，但也要谨慎对待可能的风险。

（二）经济环境

1. 国际经济形势

受新冠肺炎疫情影响，世界经济深度衰退，我国对外贸易面临压力。但中国始终坚持对外开放，同时扩大内需，既保证了国内社会经济持续发展，又为世界经济发展注入动力。新疆番茄酱主要面向国外市场，随着发展中国家经济水平的提升，人们对番茄酱的需求与日俱增。但近几年一些欧洲和亚洲国家开始发展番茄制品产业，一定程度上可以满足国内消费者需求，因此会考虑缩减进口量，这会对新疆番茄酱的出口带来压力，但国际市场的需求量总体保持缓慢增长，这对于新疆发展番茄制品产业是利好机会。

2. 国内经济现状

改革开放 40 多年来，我国经济飞速发展，取得巨大成绩。2020 年，我国国民生产总值突破 100 万亿元，同比增长率为 2.3%。疫情给我国中小企业的生存和发展带来巨大挑战，但我国经济环境仍然总体向好，应抓住疫情后经济发展机遇，顺势而为。同时，我国是世界第二大经济体，是世界第一制造大国和贸易大国，2021 年我国贸易规模可能有所扩大。过去 8 年来，我国 GDP 的消费支出占比连续增加，消费结构转型升级、高质量消费增加、消费习惯改变为新疆番茄制品产业发展创造了空间。而且，我国"十四五"规划提出要扩大内需，构建新发展格局。我国是人口大国，内需潜力大，为开拓番茄制品的国内市场创造了发展空间。

（三）社会环境

随着经济发展和人们收入水平提高，消费者的消费理念也在发生变化，更多的人开始追求健康和高品质的产品。受环境影响，越来越多的消费者追求快捷、健康的饮食，对天然绿色的农产品的关注增加，番茄制品如番茄丁、番茄汁、番茄保健品等受到更多人喜爱，这为番茄制品产业的发展创造了良好条件。

（四）技术环境

我国在番茄新品种培育技术和提升番茄制品附加值方面仍有待提高。我国企业多从国外种子企业引进番茄品种，对国外市场的依赖较大，缺乏自主研制品种。相比于欧美国家的成熟育种企业，我国只有极少企业具备自主研发番茄新品种的技术实力。此外，新疆番茄制品多数属于初加工产品，缺少生产精深加工产品的技术条件，缺少技术和资金支持，难以打造具有品牌影响力的高附加值产品。

新疆番茄制品产业的 PEST 具体分析如图 2-9 所示。

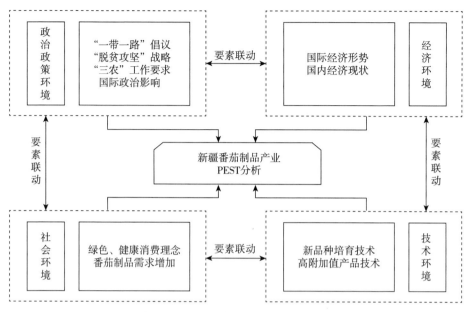

图 2-9　新疆番茄制品产业 PEST 分析

二、中泰集团资源禀赋及优势

（一）特色农业产业资源

进军并打造特色农业产业是中泰集团的大战略。这一战略主要包括棉花种植、有机农业、畜牧业及渔业开发、药材和林果业、芦苇造纸四大产业，初步具备特色农业产业资源。

对于棉花种植业，到 2020 年，利华棉业将完成土地流转和农田开发达到 200 万亩；有机农业、畜牧业及渔业的开发，将依托和静农牧场，打造生态循环农牧业产业示范园。以中泰农业、博湖渔业为中心打造绿色健康产品生产基地。利用博斯腾湖、赛里木湖、福海等湖泊渔业资源进行深加工。在吉木乃等地与农户合作种植大芸、甘草等中草药。依托中泰农业，打造南疆红枣、苹果等特色林果业。与交建集团等公司合作，建设和田中泰红枣交易中心。芦苇造纸产业，以中泰兴苇、金海育苇为中心，统筹考虑南疆于田、博湖等芦苇资源，打造以芦苇种植—复壮—采割—储运—制浆—造纸为一体的循环产业链，形成年产 30 万吨浆纸产业规模，成为全国最大的苇浆生产企业。

中泰集团在新疆的特色农业产业布局，涉及多品种，遍布南北疆，反映出中泰集团在农业产业领域内强大的资源掌控和协调能力。番茄制品加工业作为中泰集团"两极多元"战略的重要一环,在新疆拥有原材料优势和低成本的人力资源,丰富的生产要素是发展番茄制品加工业的契机,与中基番茄产业整合,将产业链条咬合形成更为坚实的链条,可以形成更大的规模效应,做大农业产业。

(二)区位资源

目前中泰集团的主要产业重心位于新疆,在新疆具有农业产业现有的技术和管理人员,能够在原料采购渠道方面形成强大的协同效应。而新疆又是加工番茄的主要原料区域,新疆加工番茄的红色素等指标远远领先世界水平,在原材料质量上具有绝对优势。同时,新疆的区位优势也能够帮助中泰集团延伸自身产业链,通过并购种植基地,形成规模化的种植效应,在降低成本的同时获取更大的经济效益。

(三)运输贸易资源

中泰集团的控股子公司中泰化学的产品多数销往国外,在此过程中,中泰集团下属的进出口贸易公司已经建立了成熟的国际市场销售团队,并储备了大量的国际贸易方面的优秀人才。贸易公司熟悉国际贸易规则,同时对国际农产品市场有一定了解。中泰集团目前拥有自己的物流公司,在公路运输和铁路运输方面也有非常良好的客户关系,中泰集团能够协调中欧班列,直接从新疆发往欧洲及非洲,将大大节省物流成本,使中基番茄酱产品在国际市场上更具竞争优势。

番茄加工制品的主要市场以海外为主。中泰集团丰富的贸易资源,能够开拓番茄制品的国际市场,通过进出口公司进行外汇反向操作,能规避由于汇率波动造成的损失,再加上丰富的贸易资源能够带来丰富的销售信息,便于收集番茄制品的市场信息,降低番茄制品国际市场销售的风险。

(四)管理能力

中泰集团目前有180多家控股及参股企业,无论是管理效率还是管理水平均处于行业领先水平。对于任何一个企业来说,先进的管理经验都是企业成功的基石。中泰公司良好的管理资源能够在进军番茄制品加工业后迅速形成一套自身管理体系,通过先进的管理理念和优良工作作风,使整个集团的番茄制品加工业迅速成熟，在避免风险的同时实现自身战略规划和经营目标。

三、番茄制品产业价值链

要想尽可能地提升番茄制品产业的质量效益和产业竞争力，就必须发挥自身优势，做到延伸产业链、提升价值链、打造供应链。研究产业链能够在这个产业中进行更好的定位和业务布局，完善的产业链是供应链的前提。番茄制品加工业的产业链、价值链、供应链，如图 2-10 所示。

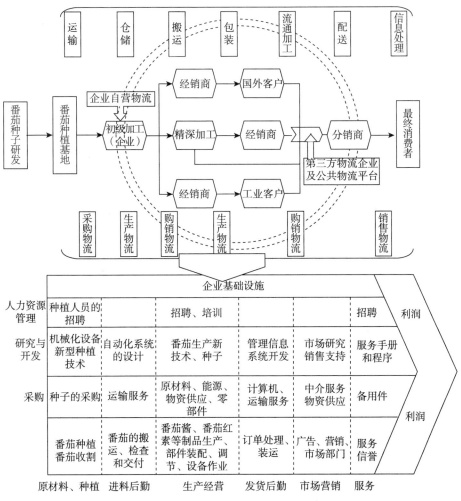

图 2-10　番茄制品加工业产业链、价值链、供应链示意图

番茄制品加工业的产业链与其他产业链大致相同,从产业链上游的番茄种子以及番茄加工技术的研发经过种植、加工等程序一直到产业链下游的营销服务,整个产业链中都有着价值的传递。中泰集团进军番茄制品加工业,就要把企业自身链条尽可能地向整个产业链延伸,开拓集团的种植以及研发业务,并通过优秀的品牌将产品跨过经销商直接面向消费者。生产种植环节通过规模化的扩展,形成低成本规模效应,符合微笑曲线理论,能够帮助企业盈利。

价值链对于企业来说至关重要,对促进新疆番茄制品产业发展有重要意义。对于番茄制品产业的价值链来说,上游环节的核心是产品,主要包括育种研发、种植采购及生产。下游环节的核心是顾客,主要包括产品销售及服务。产品市场占有率和质量是未来番茄制品产业的主要竞争内容。

四、中泰并购整合战略 SWOT 分析

对比前文中新疆番茄制品产业的 PEST 分析,使用 SWOT 分析方法对中泰集团的并购整合进行分析,两种市场环境分析工具得出的结论具有一些相似性,其 SWOT 具体分析如图 2-11 所示。

图 2-11　并购整合番茄产业 SWOT 分析

(一)优势分析

1. 特色农业产业优势

中泰集团一直致力于打造以能源化工及纤维纺织产业为主、其他产业为辅的"两极多元"产业发展规划,其中现代农业、文教旅游及康养旅游

产业要占到整个产业的 30%，具有发展现代农业的经验。而相应的番茄加工作为特色农业产业能够帮助中泰集团建立五位一体战略格局，形成特色农产品链、产业链，通过不同农业产业链之间的咬合，可以帮助中泰集团更好地发挥自身特色农业产业优势。

2. 贸易优势

对于番茄加工制品来说，最大的市场是海外市场，因此进入番茄加工产业需要熟悉国际贸易规则。而中泰集团的控股子公司中泰化学股份有限公司的产品多数销往国外，在此过程中，中泰集团下属的进出口贸易公司已经建立了成熟国际市场销售团队，并储备了大量的国际贸易方面的优秀人才，在进行番茄制品国际贸易时拥有一定的国际贸易经验。此外，由于中泰化学的原料采购一般是通过进出口贸易公司采购需要大量外汇，而番茄制品主要销往国际市场，因此可通过进出口公司进行外汇反向操作，规避由于汇率波动造成损失，降低了番茄制品国际市场销售的风险。

3. 物流优势

中泰集团目前拥有自己的物流公司，在公路运输和铁路运输方面都有非常良好的客户关系。自身的物流优势可以充分满足生产要求，降低农户及企业损失，对企业生产而言至关重要。在销售环节，保障物流运输，有助于与客户形成良好的长期合作关系。此外，在铁路运输方面，新疆的番茄酱产品如运至天津港出口，运距长，运费高，影响产品的市场竞争力，中泰集团能够协调中欧班列，直接从新疆发往欧洲及非洲，将大大节省物流成本，使中基番茄酱产品在国际市场上更具竞争优势。

4. 管理优势

对于中泰集团自身来说，较高的管理效率和管理水平是自身企业发展的一大保障。在进行番茄加工产业并购整合时，可以迅速抽调优秀的管理人员进入中基公司，在短时间内将中泰的先进管理理念和优良工作作风带入到新的企业中，提高整个公司管理水平和经营效率，实现中泰集团战略规划和经营目标。

5. 市场优势

在市场的开发上，由于中泰集团的控股子公司中泰化学的产品多数销往国外，因此具有一定的海外隐藏客户作为番茄加工制品的销售渠道，并且中泰集团资本市场运作的业务非常专业，在收购番茄加工产业后可加强对资本市场的运营管理，提高募集资金的能力，加快自身产业发展，更快地获取收益。

（二）劣势分析

1. 缺乏番茄产业的经验

对于中泰集团并购整合番茄产业来说，自身最大劣势就是缺乏番茄加工制品产业的发展经验，由于原本未涉足此行业因此会增加一定的生产启动成本。所以中泰集团在进行并购标的物的选择时应当注意并购有一定规模的、比较成熟的番茄加工产业，同时注意生产启动成本问题。

2. 缺乏稳定的原材料供应

对于番茄加工产业来说，稳定的原材料供应是必不可少的。由于加工番茄种植条件较高，高品质的加工番茄基本都在新疆地区，因此在并购标的物选择上最好选择新疆地区的番茄加工产业。同时为避免番茄加工厂之间竞争导致的原材料供应混乱现象，应当选择具有一定加工番茄种植规模的番茄加工企业进行并购。

3. 番茄加工研发技术低下

虽然番茄加工属于低附加值产业，所需技术条件不高，但是好的加工技术的运行设备能够帮助企业降低生产成本。因此在选择并购标的物时最好选择具有先进技术或先进设备的企业进行并购。

（三）机遇分析

1. 政策因素

对于中泰集团并购番茄加工企业来说，在整个国家政策环境上是有一定程度发展机会的。首先由于"一带一路"倡议的提出，加上新疆作为番茄加工产地之一，也是"一带一路"倡议重要的出口地区，中泰集团选择此地的番茄制品加工企业进行并购有着重大利好，有利于番茄加工产业争取欧洲市场，对于开拓国外市场有着极其重要的优势。再加上新疆生产建设兵团国资国企改革的提出，于中泰集团来说，进行企业并购进军番茄制品加工业能够为兵团提供就业机会和帮助兵团职工增加收入，增进与兵团融合，稳定兵团经济，这也是中泰集团的机会。同时新疆作为贫困地区，产业发展在政策上享受东西部协作等诸多优势，中泰集团在发展番茄加工产业的同时能够在一定程度上受到政策的优惠，并创造许多工作岗位，带动当地经济发展并形成可持续有质量的脱贫，这对于中泰集团来说也是重大机遇。

2. 番茄市场潜力巨大

以往的番茄制品市场主要以国外市场为主，随着我国经济的增长和国际化的日益加深，中外文化交流频繁，越来越多年轻人受到外国饮食文化的影响，吃西餐成了一个时尚。而番茄酱作为西餐的一个重要组成部分，在中国的市场潜力也会逐渐显现出来。

（四）威胁分析

1. 国外番茄产业发展迅速

一些国家在近几年纷纷加入番茄制品生产加工行列，通过培育专业育种企业，建设番茄种植基地，改进生产设备和加工工艺等方式，逐步提升了番茄制品的产量和质量。由于番茄制品同质化现象较明显，因此企业产品易被模仿和超越，我国企业的国际竞争对手可能逐渐增加。

2. 原料供应的无序性

新鲜番茄是生产加工番茄制品的原料，在番茄集中采购期间，企业可能会由于争夺原料而任意提高收购价格，而且企业和种植户违约成本低，造成了原料供应的混乱场面。

五、中泰集团波士顿矩阵分析

中泰集团是由新疆维吾尔自治区人民政府出资设立、自治区国资委直接监管的国有独资公司，主要从事氯碱化工、煤化工、石油化工等行业的规划设计、项目建设、资源开发和产品的开发、生产和销售等业务，以及除化工产业外的棉花产业、旅游产业等，其各项业务波士顿矩阵如图 2-12 所示。

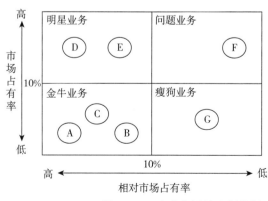

图 2-12　中泰集团波士顿分析

对于集团自身来说，总体经营组合十分理想，其中三个规模较大的现金牛业务为两个明星业务提供资金，有一个较为有希望的问题业务靠近明星业务，一个瘦狗业务需要及时控制。

在整个矩阵中，番茄制品产业和棉花产业处于高增长率、高市场占有率的明星业务，对于这类产品要加大投资力度，供其迅速发展。其基本发展战略为积极扩大经济规模和市场机会，以长远利益为目标，提高市场占有率，加强竞争地位。

氯碱化工、煤化工、石油化工等行业是现金牛业务，它们的市场基本饱和，已经进入成熟期。销售量大、产品利润率高、负债比率低是其主要特征，其可以为企业提供大量资金，成为其他业务发展的后盾。但这些产业大部分正处于夕阳产业，其市场占有率的下跌已成为不可阻挡之势，因此需要我们采取收获战略，即所投入的资源以达到短期收益最大化为限。设备投资和其他投资尽量压缩，或是采用榨油式方法，争取在短时间获取更多利润，为其他产品提供资金。对于番茄产业来说，由于有三个现金牛业务，因此能够提供一定程度的财务支撑，但对于市场环境变化仍有一定风险需要承担。

旅游产业属于高增产率、低占有率产业。其利润低、负债比例高。再者这个行业有着能够成为明星产品的潜力，因此需要企业对其进行长期规划、重点投资，通过一系列扶持政策，将旅游产业发展成为新的明星业务。

低端化工产业是衰退产业，处于低增长率、低市场占有率象限内。其特点是利润率低、处于保本或亏损状态，负债比率高，无法为企业带来收益，因此需要企业及时采取撤退战略，减少批量，逐渐撤退，必要时立即淘汰，同时将剩余资源向其他产品转移，及时止损。

对于中泰集团来说，此时发展番茄制品加工业不仅是满足集团自身战略需要，也能够使自身经营组合更加完善，同时从长远看也更加具有潜在的盈利能力。因此中泰集团需要尽快将番茄制品加工业纳入企业经营业务内，以形成新的企业盈利模式获取更多收益。

>>> 第三章　中泰集团并购整合标的物选择模型构建

通过并购整合成功介入番茄制品行业，基于全产业链的发展模式，逐渐延伸产业链，提升价值链，构建物流链，在区位优势的基础上，形成基于全产业链的品牌优势，逐步成为中国乃至全球番茄制品行业具有统治力的领袖企业，为人类食品工业和人类健康饮食做出贡献。

与艳阳天公司合作成立番茄制品行业平台公司，通过并购整合中基公司若干生产线，1年内实现10万吨番茄制品生产能力；后续对屯河、农垦现代、冠农等公司通过并购整合、租赁、合作、联盟等形式，2~3年逐渐形成20万~30万吨番茄制品生产能力，5年内形成50万吨番茄制品生产能力。

第一节　公司并购整合标的物的选择

一、选择方法及标准

战略选择就是决策者通过比较和优选，从可能的各种备选战略方案中选定一种合理的战略方案的决策过程，因此，决策是战略选择的实质。决策，就是针对某一问题，确定反映决策者偏好的目标，根据实际情况，通过科学方法从多个方案中选出一个最优或满意的方案的过程。既然战略选择是一种决策，既不能忽视理性决策，也不能忽视直觉决策。

二、标的物选择思路与原则

依据以上并购整合标的物的选择方法及标准，形成以下并购标的物选择思路与原则。

（1）对标的物的并购，符合集团公司长远发展战略。

（2）并购标的物对于延伸番茄产业链、提升价值链和打通物流链具有价值。

（3）并购那些在番茄产业链、价值链和物流链方面具有一定优势的标的物，或具有原料供应优势，或具有较强的加工能力，或具有品牌效应，或具有管理优势等。

（4）并购整合标的物后对集团公司具有整体或某一方面的协同效应。

（5）第一阶段并购标的物因各种原因价值被低估的为强弱并购，后续阶段的并购大多为强强并购。

（6）并购整合方案可行。一个好的并购战略必须做到既不过度耗费可利用资源，也不造成无法解决的派生问题。对并购战略的最终的和主要的检验标准是其并购战略实施的可行性，即依靠自身的物力、人力及财力资源能否实施这一战略。最好是善意并购，容易实施，也便以整合。

三、标的物的初步筛选

通过查阅、整理有关资料和实地调研、走访，共整理出新疆188家主要经营番茄生产、加工、销售业务的企业。按照公司名称、法定代表人、注册资本、成立日期、经营状态、所属区县、公司类型、经营范围等内容对上述188家企业进行归纳和整理，最终共整理出148家企业，作为本次并购活动的并购标的物。其中规模较大的企业有新中基、中粮屯河，它们通常拥有较多按区县划分的分公司，如新疆中基红色番茄产业集团下就有新疆中基红色番茄产业五家渠分公司、新疆中基红色番茄产业梧桐分公司、新疆中基红色番茄产业昌吉市分公司等7个按照区县划分的分公司。又如中粮屯河乌苏番茄制品公司、中粮屯河额敏番茄制品公司、中粮屯河昌吉番茄制品公司等10个按照区县划分的番茄制品公司。另外还有新疆农垦鑫胡杨番茄制品公司、新疆农垦奎河番茄制品公司、新疆农垦北纬阳光番茄制品公司、新疆冠农番茄制品公司、新疆艳阳天番茄制品公司等具备发展潜力的企业。通过专家分析，综合企业生产经营情况和价值评估结果，选出新中基、中粮屯河、农垦现代、冠农、艳阳天5个企业作为本次并购整合主要考虑的标的物。

四、标的物基本情况

（一）中基健康产业股份有限公司

新疆中基健康产业股份有限公司（以下简称"新中基"）成立于1994

年，控股子公司 16 家，业务涵盖番茄育种研发、种植、加工及销售、产品投资等。公司的番茄制品产业规模位居全国第二、世界第三，长期为国际知名食品企业提供原料。公司已通过国家多项质量认证，还通过了欧洲、美国和阿拉伯国家的有关食品认证。公司已成功打造国内外较知名的品牌"Chalkis"。公司所属子公司主要从事番茄酱生产加工业务，番茄酱年产量 24 万吨。公司番茄酱主要面向国外市场，产品在国际市场上具有一定竞争力，在新疆拥有约 26% 的市场份额。

（二）中粮屯河投资股份有限公司

中粮屯河投资股份有限公司（以下简称"中粮屯河"）于 1993 年成立，所属子公司中粮番茄产业规模位列全国第一、世界第二。公司主要经营大包装番茄酱生产加工业务，产品主要出口国外，除此以外还经营番茄保健品等深加工产品。公司对番茄产业链各环节均有涉及，在番茄种植管理、研发、产品生产设备等方面积累了较丰富的经验。公司下设 18 个子公司，在新疆、内蒙古等地建立了 30 万亩番茄种植基地。公司大包装番茄酱年产量超 20 万吨，占全国产量的比重超过三分之一。番茄产品出口各大洲，是亨氏、味可美的长期合作伙伴。

（三）新疆农垦现代农业有限公司

新疆农垦现代农业有限公司（以下简称"农垦现代"）于 2015 年成立，主要从事罐头加工、农业行业技术推广服务、棉麻糖烟草产品等业务。公司拥有 10 家子公司，主要经营的业务之一是番茄制品生产加工。由于公司规模较小，投入生产便捷，加之公司积累了一定技术和设备，可生产高附加值的番茄产品。

（四）新疆冠农果茸股份有限公司

新疆冠农果茸股份有限公司（以下简称"冠农"）于 1999 年成立，主要从事番茄业务，产品包括番茄酱、番茄丁、番茄果蔬饮品等。每年可生产包装番茄酱 26 万吨。经过多年发展，公司已成功开拓了以棉业、番茄产业、制糖业为主的业务模块，并形成了较完善的产业链。公司依托主要业务，积极进行对外投资，完善各项主营业务的产业链服务，形成了多元化发展格局。

（五）新疆艳阳天番茄制品有限责任公司

新疆艳阳天番茄制品有限责任公司（以下简称"艳阳天"）成立于2009 年，业务范围主要为大小包装番茄酱的生产加工，年生产番茄酱 1.1 万吨。经过多年耕耘，公司已形成了较成熟的番茄种植采收体系，与农户建立了长期、稳定的合作关系，在原料供应方面具有一定优势。

第二节　并购整合标的物选择模糊综合评价模型

一、模糊层次分析法理论基础

层次分析法（Analytic Hierarchy Process，AHP）是美国运筹学家、匹兹堡大学萨第（T. L. Saaty）教授于 20 世纪 70 年代提出的一种系统分析方法。应用这种方法，决策者可以将复杂问题分解为若干层次和若干因素，通过在因素之间的数学模型进行运算和比较，得出不同方案因素间的权重，但由于受主观影响较大，使得权重的确定结果一度遭到了诸多学者的质疑。模糊层次分析法针对事物认识的多样性和判断过程中存在的主观性、不确定性与模糊性，评估专家在构造判断矩阵时，不再是比较的结果只能介于 1/9 与 9 之间的一个确定的数字模式，而采用了 1 个区间数来加以量化，这样就较好地解决了数值描述与实际情况不相符的问题。

一种是根据层次分析法 1～9 标度来定义区间数判断矩阵 $A=(a_{ij})_{n \times n}$，其中 $a_{ij}=[a^-，a^+]$ 为区间数，$a_{ji}=1/a_{ij}$，且 $1/9 \leqslant a^- \leqslant a^+ \leqslant 9$。层次分析法的评价标准如表 2-1 所示。

表 2-1　层次分析法评价标准

标度	含义
1	f_i、f_j 两元素同等重要
3	f_i 元素比 f_j 元素稍微重要
5	f_i 元素比 f_j 元素明显重要
7	f_i 元素比 f_j 元素强烈重要
9	f_i 元素比 f_j 元素极端重要
2，4，6，8	判断相邻中间情况
	若因素 f_i 与因素 f_j 的重要性之比为 f_{ij}， 则因素 f_j 与因素 f_i 的重要性之比 f_{ji} 为 f_{ij} 的倒数

另一种是评价标度设置为 $0.1 \sim 0.9$，运用模糊层次分析法假设区间数互补判断矩阵 $\boldsymbol{R} = (r_{ij})_{n \times n}$，其中为 $r_{ij} = [r_{ij1}, r_{iju}]$ 闭区间数，矩阵满足 $r_{ij} = [0.5, 0.5]$，$r_{ij1} + r_{iju} = r_{iju} + r_{ij1} = 1$，$r_{ij} \geqslant 0$，$i, j \in N$，$i \neq j$，$r_{ij}$ 表示在互补型矩阵中，因素 i 相对于因素 j 的重要程度。模糊层次分析法的评价标准见表 2-2。

表 2-2　模糊层次分析法评价标准

标度	含义
0.1	因素 j 比 i 极端重要
0.2	因素 j 比 i 强烈重要
0.3	因素 j 比 i 明显重要
0.4	因素 j 比 i 稍微重要
0.5	因素 i 与 j 同样重要
0.6	因素 i 比 j 稍微重要
0.7	因素 i 比 j 明显重要
0.8	因素 i 比 j 强烈重要
0.9	因素 i 比 j 极端重要

若因素 i 与因素 j 的重要性程度为 a_{ij}，则因素 j 与因素 i 的重要性程度为 $a_{ij} = 1 - a_{ji}$

二、并购整合标的物选择标准层次结构的构建

企业实施并购整合的目的是为实现协同效应，降低企业成本和提高效率。对于经营番茄和食糖业务的企业并购整合标的物的选择，关键在于找到影响企业并购的因素。影响企业并购的因素较多，外部因素包括国内外的市场环境、政策制度、法律法规、客户市场；内部因素不仅包括资金实力、生产规模、政府扶持、技术装备等生产组织要素，企业战略、市场营销、产品研发、品牌形象以及经营机制等各种管理要素，同时还涉及知识产权、商标商誉、企业文化和社会关系等"无形资产"，甚至还包含市场机遇、领导者个人魅力等易被人们忽视的因素。番茄和食糖企业涉及产业链、参与主体和要素投入等多方面，包括技术研发环节，产品生产加工、销售及售后服务环节；包括生产企业、加工企业、销售企业、售后服务部门等参与主体；也包括影响产业链形成的土地、资金、技术、人员、管理和政策等生产要素。

对国内有关领域的近 20 位专家、管理者、企业家进行问卷调研，并通过对番茄、食糖企业产业链的综合分析，总结出影响并购整合标的物选择的一级指标有：标的物的自身品质（W1）、协同效应（W2）、成本估值（W3）、并购整合可行性（W4），并在每个一级指标下设置 4～5 个二级指标，共计 20 个二级指标。一级指标依据鲁梅尔特提出的优秀的战略应满足的四条标准：一致、协调、优越和可行确定，内部评估包括自身品质和协同效应，外部评估包括成本估值和并购整合可行性。二级指标依据并购标的物选择思路与原则确定，从符合并购方长远发展战略，番茄产业链、价值链和物流链，原料种植供应，加工能力，品牌效应，管理模式，协同效应，并购整合方案可行性，成本估值等多方面考虑。各一级指标、二级指标层次分布情况如表 2-3 所示。

表 2-3　企业并购标的物主要指标

目标层	一级指标层	指标编号	二级指标层	指标编号
并购整合标的物选择影响因素	自身品质	W1	市场占有率	W11
			品牌效应	W12
			客户群体	W13
			产业链的稀缺性	W14
			技术先进性	W15
	协同效应	W2	销售协同	W21
			管理协同	W22
			财务协同	W23
			资源经营协同	W24
	成本估值	W3	无形资产	W31
			生产设备可用性	W32
			并购成本	W33
			生产启动成本	W34
			估值合理性	W35
	并购整合可行性	W4	管理者沟通	W41
			生产运营状况	W42
			并购时机	W43
			业务整合	W44
			人事整合	W45
			并购整合风险	W46

一级指标自身品质（W1）下设 5 个二级指标，分别为市场占有率、品牌效应、客户群体、产业链的稀缺性、技术先进性。标的物自身能力由各项二级指标体现，它强调的是企业自身发展基础，体现的是企业内在实力。一级指标协同效应（W2）下设 4 个二级指标，分为销售协同、管理协同、财务协同、资源经营协同。协同效应指企业实施并购后竞争力增强，导致净现金流量超过两家公司预期现金流之和，或者合并后公司业绩比两个公司独立存在时的预期业绩高。企业希望通过并购实现企业管理、财务、经营、人力资源的协同，进而提高企业生产经营效益。一级指标成本估值（W3）下设 5 个二级指标，分别为无形资产、生产设备可用性、并购成本、生产启动成本、估值合理性。成本估值指维持企业正常运行所需要的支出。企业在实施并购前对标的公司进行成本估值，从而了解标的公司的财务风险。并购整合可行性（W4）下设 6 个二级指标，分别为管理者沟通、生产运营状况、并购时机、业务整合、人事整合、并购整合风险。企业并购可行性是实施并购前所采取的一种战略分析，通过调查、第三方评估等方法可以更为全面地了解标的企业的组织管理、生产经营模式、业务及人员情况、并购存在的风险等方面，以帮助并购方制定合理的并购战略。

三、并购整合标的物选择模糊综合评价模型构建

（一）模糊互补判断矩阵因素排列

区间数模糊互反判断矩阵 $\boldsymbol{A}=(a_{ij})_{n\times n}$ 与区间数模糊互补判断矩阵 $\boldsymbol{R}=(r_{ij})_{n\times n}$ 中的元素可以进行转化，转化公式如下：

$$r_{ij} = 0.5 + 0.2\log_3^{a_{ij}} \tag{1}$$

$$a_{ij} = 3^{5(r_{ij}-0.5)} \tag{2}$$

1. 满意一致性

将区间数模糊互补判断矩阵表示为 $\boldsymbol{R}=(r_{ij})_{n\times n}$，$i$，$j$，$k\in N$，$i\neq j\neq k$，如果 $r_{ij}\geqslant 0.5$，$r_{jk}\geqslant 0.5$，则 $r_{jk}\geqslant 0.5$；如果 $r_{ij}\leqslant 0.5$，$r_{jk}\leqslant 0.5$，则 $r_{ik}\leqslant 0.5$。这时称矩阵 R 具有满意一致性，说明决策合理。

2. 偏好矩阵

设区间数模糊互补判断矩阵 $\boldsymbol{R}=(r_{ij})_{n\times n}$ 的偏好矩阵为 $\boldsymbol{P}=(p_{ij})_{n\times n}$，则有

$$p_{ij} = \begin{cases} 0, r_{ij} \leqslant 0.5 \\ 1, r_{ij} > 0.5 \end{cases} \tag{3}$$

当偏好矩阵 $\boldsymbol{P}$ 的所有 i（$i=0$，1，$\cdots$，n）级子矩阵 $\boldsymbol{p}^i$ 都存在一行元素均为 0 时，则矩阵 $\boldsymbol{R}$ 有满意一致性。例如矩阵 $\boldsymbol{p}^0=\boldsymbol{p}$，$\boldsymbol{p}^1$ 为 $\boldsymbol{p}^0$ 划去元素全为 0 行和对应的列后得到的子矩阵，……以此类推，$\boldsymbol{p}^{n-1}$ 为 $\boldsymbol{p}^{n-2}$ 划去元素全为 0 行和对应的列后得到的子矩阵，$\boldsymbol{p}^{n-1}$ 的形式有三种，即 $\boldsymbol{p}^{n-1}=$

$$\begin{bmatrix} 0 & 1 \\ 0 & 0 \end{bmatrix} \text{或} \begin{bmatrix} 0 & 0 \\ 1 & 0 \end{bmatrix} \text{或} \begin{bmatrix} 0 & 0 \\ 0 & 0 \end{bmatrix}，\text{最终得到} \boldsymbol{p}^n=0。$$

3. 因素排序计算

构造偏好矩阵 P，然后使 $i=0$，$\boldsymbol{p}^0=\boldsymbol{p}$，$i=1$，$2$，$\cdots$，$n-1$，$n$，然后找到子矩阵 $\boldsymbol{p}^i$ 中元素均为 0 的行，将此行对应的元素记为 M_{U1}，矩阵 $\boldsymbol{R}$ 具有满意一致性。

（二）模糊互反判断矩阵因素权重

将区间数模糊互反判断矩阵表示为 $\boldsymbol{A}=(a_{ij})_{n\times n}$，$\boldsymbol{A}=[\boldsymbol{A}^-，\boldsymbol{A}^+]$，其中 $a_{ij}=[a^-，a^+]$，$\boldsymbol{A}^-=(a_{ij}^-)_{n\times n}$，$\boldsymbol{A}^+=(a_{ij}^+)_{n\times n}$。通过模糊互反判断矩阵可以比较元素间的重要性，确定单因素和因素综合权重排序。为了提高区间数判断矩阵的一致性，可以运用区间数特征根法计算矩阵权重。

1. 区间数单因素排序权重

将判断矩阵 $\boldsymbol{A}=(a_{ij})_{n\times n}$ 分解为矩阵 $\boldsymbol{A}^-=(a_{ij}^-)_{n\times n}$ 和 $\boldsymbol{A}^+=(a_{ij}^+)_{n\times n}$，然后运用特征根法计算最大特征根所对应的特征向量 $w^-=(w_1^-，w_2^-，\cdots，w_n^-)^T$ 和 $w^+=(w_1^+，w_2^+，\cdots，w_n^+)^T$，而矩阵 $\boldsymbol{A}$ 具有满意一致性的充要条件是存在区间 u_i，使得 $a_{ij}=u_i/u_j$，i，$j=1$，2，$\cdots$，n，考虑到修正系数的具体表达式和权重向量的对称性，本研究取单因素排序权重的修正系数 $K=\sqrt{\sum_{j=1}^{n}\dfrac{1}{\sum_{j=1}^{n}a_{ij}^+}}$ 和 $m=\sqrt{\sum_{j=1}^{n}\dfrac{1}{\sum_{j=1}^{n}a_{ij}^-}}$，得出区间数模糊互反判断矩阵的单因素权重向量 $w=[kw^-，kw^+]=(w_1，w_2，\cdots，w_n)^T$。计算判断矩阵 $\boldsymbol{A}=[\boldsymbol{A}^-，\boldsymbol{A}^+]$ 的权重步骤如下：

（1）求 $\boldsymbol{A}^-$、$\boldsymbol{A}^+$ 的最大特征值的归一化特征向量 w^-，w^+。以计算 w^- 为例，首先对 $a_{ij}^-=w_i^-/w_j^-$，i，$j=1$，2，$\cdots$，n 的两边取对数：

$$\ln w_i^- - \ln w_j^- - a_{ij}^- = 0, i,j=1,2,\cdots,n \qquad (4)$$

其次，由于 $\ln w_i^- - \ln w_j^- - a_{ij}^-$ 的数值越小越合理，所以合理的排序向量应该是使 $\ln w_i^- - \ln w_j^- - a_{ij}^-$ 的数值越小越好，即：

$$\begin{cases} \min \sum_{j=1}^{n} \sum_{i=1}^{n} (\ln w_i^- - \ln w_j^- - a_{ij}^-)^2 \\ \text{s. t. } \sum_{I=1}^{n} w_i = 1, w_i > 0 \end{cases} \quad (5)$$

然后，由公式（4）和（5）计算可得 $w^- = (w_1^-, \ w_2^-, \ \cdots, \ w_n^-)^T$，满足：

$$w_i^- = (\prod_{j=1}^{n} a_{ij}^-)^{\frac{1}{n}} / \sum_{i=1}^{n} (\prod_{j=1}^{n} a_{ij}^-)^{\frac{1}{n}}, i = 1, 2, \cdots, n \quad (6)$$

（2）由 $\boldsymbol{A}^- = (a_{ij}^-)_{n \times n}$ 和 $\boldsymbol{A}^+ = (a_{ij}^+)_{n \times n}$，计算 k 和 m。

（3）计算单因素权重向量 $w = [kw^-, \ kw^+]$。

2. 一致性检验

构造科学、一致的判断矩阵可以提高决策的效率。使用模糊层次分析法确定各指标因素权重的前提是决策者要对此达成一致意见。若要确保决策可靠则要经过一致性检验环节。

矩阵一致性的标准是判断矩阵的最大特征根与指标数量一致。CI 和 CR 用于检验判断矩阵的偏离程度，其中 $CI = (\lambda_{\max} - n)/(n-1)$，$\lambda_{\max}$ 为矩阵的最大特征根。用 CR 表示阶数不同的度量指标，有 $CR = CI/RI$，其中 RI 是代表随即一致性的指标，具体如表 2-4 所示。通常情况下，当 CR 等于 0 时，矩阵一致性高；当 CR 小于 0.1 时，矩阵一致性较高；当 CR 大于 0.1 时，矩阵一致性较低。

表 2-4　随即一致性指标

阶数 n	2	3	4	5	6	7	8	9	10
RI	0	0.58	0.89	1.12	1.24	1.32	1.41	1.45	1.49

3. 区间数综合评价排序权重

综合评价权重是因素层相对目标层而言的，是子因素对总因素的综合权重。综合评价权重公式：

$$w_i^{k+1} = \sum_{j=1}^{n} w_j^k w_{ij}^k, i = 1, 2, \cdots, m \quad (7)$$

通过节点的传递可以得到目标层的权重。m 为因素数量，w_i^{k+1} 为因素 i 对模糊级的第 $k+1$ 层的相对重要性，n 为子属性数量，w_j^k 为矩阵在第 k 层的子属性 j 的权重，w_{ij}^k 为因素 i 对子属性 j 的相对重要性。

4. 区间数综合评价排序权重的修正及排序

由于综合评价排序权重为一个区间数，有可能存在发散性，所以需要对权重进行修正，运用模糊综合评价法计算出最终权重值。假设有区间数 a、b，其中 $a=[a^-, a^+]$，$b=[b^-, b^+]$，则

$$p(a \geqslant b) = \max\left\{1 - \max\left(\frac{a^+ - b^-}{a^+ + b^+ - a^- - b^+}, 0\right), 1\right\} \quad (8)$$

为 $a \geqslant b$ 的可能度。假设 $a_i = [a^-, a^+]$，$i=1, 2, \cdots, n$ 为模糊综合评价排序权重，通过公式（8）计算可能度 $p(a_i \geqslant a_j)$，记为 $p_{ij, i, j=1, 2, \cdots, n}$。为了判断全部因素的可能度，建立判断可能度的矩阵 $p=(p_{ij})_{n \times n}$，计算排序权重，然后对综合评价排序权重进行修正，矩阵 p 的计算公式为：

$$w_i = \frac{1}{n(n-1)}\left(\sum_{j=1}^{n} p_{ij} + \frac{n}{2} - 1\right), i = 1, 2, \cdots, n \quad (9)$$

由公式（8）和（9）计算得到矩阵 p 的排序向量 $w=(w_1, w_2, \cdots, w_n)^T$，即为区间数模糊互反判断矩阵综合排序权重的修正值，且 $\sum_{i=1}^{n} w_i = 1$。

第三节　影响因素权重的确定

一、一级指标层影响因素权重的确定

根据专家给出的权重数据以及一级指标层影响因素自身品质 $W1$、协同效应 $W2$、成本估值 $W3$、并购整合可行性 $W4$ 对番茄制品产业并购整合标的物选择的影响程度，构造模糊互反判断矩阵：

$$A = \begin{bmatrix} [1,1] & [\frac{5}{2}, 3] & [\frac{7}{4}, 2] & [2, \frac{5}{2}] \\ [\frac{1}{3}, \frac{2}{5}] & [1,1] & [\frac{2}{3}, \frac{3}{4}] & [\frac{2}{5}, \frac{2}{3}] \\ [\frac{1}{2}, \frac{4}{7}] & [\frac{4}{3}, \frac{3}{2}] & [1,1] & [\frac{7}{6}, \frac{4}{3}] \\ [\frac{2}{5}, \frac{1}{2}] & [\frac{3}{2}, \frac{5}{2}] & [\frac{3}{4}, \frac{6}{7}] & [1,1] \end{bmatrix} \quad (10)$$

根据公式（10）可得到一级指标层模糊互补判断矩阵为（保留两位

小数）：

$$R = \begin{bmatrix} [0.50,0.50] & [0.67,0.70] & [0.60,0.63] & [0.63,0.67] \\ [0.30,0.33] & [0.50,0.50] & [0.43,0.45] & [0.33,0.43] \\ [0.37,0.40] & [0.55,0.57] & [0.50,0.50] & [0.53,0.55] \\ [0.33,0.37] & [0.57,0.67] & [0.45,0.47] & [0.50,0.50] \end{bmatrix}$$

$$(11)$$

（一）排序关系

对一级指标层进行排序的计算步骤如下：

首先，由式（3）构造上述互补判断矩阵 R 的偏好矩阵 P，

$$P = \begin{bmatrix} 0 & 1 & 1 & 1 \\ 0 & 0 & 0 & 0 \\ 0 & 1 & 0 & 1 \\ 0 & 1 & 0 & 0 \end{bmatrix}$$

其次，令 $p^0 = p$，找到 p^0 中元素均为 0 的一行，可以看到矩阵中元素均为 0 的在第二行，称 R_2 是最劣因素。

然后，划去第二行和第二列元素，命名为子矩阵 P^1，$P^1 = \begin{bmatrix} 0 & 1 & 1 \\ 0 & 0 & 1 \\ 0 & 0 & 0 \end{bmatrix}$，可以看到元素均为 0 的在第三行，在矩阵 P 中是第四行，得出 R_4 是次劣因素。

再次，划去矩阵 P^1 的第三行和第三列元素，命名为子矩阵 P^2，$P^2 = \begin{bmatrix} 0 & 1 \\ 0 & 0 \end{bmatrix}$，可以看到元素均为 0 的在第二行，在矩阵 P 中是第三行，称 R_3 是次优因素。

最后，划去矩阵 P^2 第二行和第二列，命名为子矩阵 P^3，$P^3 = (0)$，根据前文的一致性检验标准，可以得知此判断矩阵具有较强一致性，最优因素是 R_1。

由此得出一级指标层因素的排序为：W1＞W3＞W4＞W2。

（二）权重确定

以上计算结束后就要确定互反判断矩阵的权重并检验其准确性。首先，将模糊互反矩阵 A 分解为两个普通的层次分析矩阵：

$$A^- = \begin{pmatrix} 1 & \frac{5}{2} & \frac{7}{4} & 2 \\ \frac{1}{3} & 1 & \frac{2}{3} & \frac{2}{5} \\ \frac{1}{2} & \frac{4}{3} & 1 & \frac{7}{6} \\ \frac{2}{5} & \frac{3}{2} & \frac{3}{4} & 1 \end{pmatrix}, \quad A^+ = \begin{pmatrix} 1 & 3 & 2 & \frac{5}{2} \\ \frac{2}{5} & 1 & \frac{3}{4} & \frac{2}{3} \\ \frac{4}{7} & \frac{3}{2} & 1 & \frac{4}{3} \\ \frac{1}{2} & \frac{5}{2} & \frac{6}{7} & 1 \end{pmatrix}$$

由公式（4）～（6）可得到 $w^- = (0.411\ 8,\ 0.130\ 7,\ 0.224\ 9,\ 0.196\ 1)^T$，$w^+ = (0.433\ 1,\ 0.147\ 2,\ 0.227\ 6,\ 0.223\ 9)^T$，$k = 0.963\ 6$，$m = 1.031\ 8$，根据 $w = [kw^-,\ kw^+]$，可以得到一级指标层的单因素评价权重，如表 2-5 所示。

表 2-5　一级指标因素评价权重

W	W1	W2	W3	W4	K/M	单因素评价权重
W1	[1, 1]	[5/2, 3]	[7/4, 2]	[2, 5/2]		[0.411 8, 0.433 1]
W2	[1/3, 2/5]	[1, 1]	[2/3, 3/4]	[2/5, 2/3]	0.963 6/	[0.130 7, 0.147 2]
W3	[1/2, 4/7]	[4/3, 3/2]	[1, 1]	[7/6, 4/3]	1.031 8	[0.224 9, 0.227 6]
W4	[2/5, 1/2]	[3/2, 5/2]	[3/4, 6/7]	[1, 1]		[0.196 1, 0.223 9]

由上表可以看出，自身品质 $W1$ 对并购整合标的物选择的影响权重为 [0.411 8，0.433 1]，是 4 个一级指标中最重要的影响因素。

二、二级指标层影响因素权重的确定

根据专家给出的权重数据，得出自身品质 $W1$ 下的二级指标市场占有率 $W11$、品牌效应 $W12$、客户群体 $W13$、产业链的稀缺性 $W14$、技术先进性 $W15$ 的区间数模糊互反判断矩阵为：

$$A_1 = \begin{bmatrix} [1,1] & [\frac{3}{2},2] & [\frac{3}{2},2] & [\frac{3}{2},2] & [\frac{1}{2},1] \\ [\frac{1}{2},\frac{2}{3}] & [1,1] & [\frac{2}{3},\frac{3}{4}] & [\frac{5}{4},2] & [\frac{1}{2},\frac{2}{3}] \\ [\frac{1}{2},\frac{2}{3}] & [\frac{4}{3},\frac{3}{2}] & [1,1] & [\frac{8}{5},2] & [\frac{3}{4},\frac{4}{5}] \\ [\frac{1}{2},\frac{2}{3}] & [\frac{1}{2},\frac{4}{5}] & [\frac{1}{2},\frac{5}{8}] & [1,1] & [\frac{1}{2},\frac{2}{3}] \\ [1,2] & [\frac{3}{2},2] & [\frac{5}{4},\frac{4}{3}] & [\frac{3}{2},2] & [1,1] \end{bmatrix} \quad (12)$$

区间数模糊互补判断矩阵（保留两位小数）为：

$$R_1 = \begin{bmatrix} [0.50,0.50] & [0.57,0.63] & [0.57,0.63] & [0.57,0.63] & [0.37,0.50] \\ [0.37,0.43] & [0.50,0.50] & [0.43,0.45] & [0.54,0.63] & [0.37,0.43] \\ [0.37,0.43] & [0.55,0.57] & [0.50,0.50] & [0.59,0.63] & [0.45,0.46] \\ [0.37,0.43] & [0.37,0.46] & [0.37,0.41] & [0.50,0.50] & [0.37,0.43] \\ [0.50,0.63] & [0.57,0.63] & [0.54,0.55] & [0.57,0.63] & [0.50,0.50] \end{bmatrix}$$

可得偏好矩阵为

$$P_1 = \begin{bmatrix} 0 & 1 & 1 & 1 & 0 \\ 0 & 0 & 0 & 1 & 0 \\ 0 & 1 & 0 & 1 & 0 \\ 0 & 0 & 0 & 0 & 0 \\ 1 & 1 & 1 & 1 & 0 \end{bmatrix}$$

根据偏好矩阵排序计算公式，可以得到自身品质 $W1$ 下的二级指标市场占有率 $W11$、品牌效应 $W12$、客户群体 $W13$、产业链的稀缺性 $W14$、技术先进性 $W15$ 的排序为：$W15 > W11 > W13 > W12 > W14$。然后根据权重确定计算公式可得出二级指标 $W11$、$W12$、$W13$、$W14$、$W15$ 的单因素评价权重，如表 2-6 所示。

表 2-6　自身品质 $W1$ 评价权重

$W1$	$W11$	$W12$	$W13$	$W14$	$W15$	K/M	单因素评价权重
$W11$	$[1, 1]$	$[3/2, 2]$	$[3/2, 2]$	$[3/2, 2]$	$[1/2, 1]$		$[0.224\,4, 0.272\,0]$
$W12$	$[1/2, 2/3]$	$[1, 1]$	$[2/3, 3/4]$	$[5/4, 2]$	$[1/2, 2/3]$		$[0.147\,7, 0.165\,5]$
$W13$	$[1/2, 2/3]$	$[4/3, 3/2]$	$[1, 1]$	$[8/5, 2]$	$[3/4, 4/5]$	$0.930\,2$ /$1.055\,6$	$[0.193\,3, 0.197\,1]$
$W14$	$[1/2, 2/3]$	$[1/2, 4/5]$	$[1/2, 5/8]$	$[1, 1]$	$[1/2, 2/3]$		$[0.116\,1, 0.132\,8]$
$W15$	$[1, 2]$	$[3/2, 2]$	$[5/4, 4/3]$	$[3/2, 2]$	$[1, 1]$		$[0.248\,6, 0.288\,1]$

同理，通过计算可以得到一级指标层影响因素协同效应 $W2$ 下的二级指标销售协同 $W21$、管理协同 $W22$、财务协同 $W23$、资源经营协同 $W24$，成本估值 $W3$ 下的二级指标无形资产 $W31$、生产设备可用性 $W32$、并购成本 $W33$、生产启动成本 $W34$、估值合理性 $W35$，并购整合可行性 $W4$ 下的二级指标管理者沟通 $W41$、生产运营状况 $W42$、并购时机 $W43$、业务整合 $W44$、人事整合 $W45$、并购风险 $W46$ 之间的排序关系分别为：$W22>W21>W24>W23$，$W35>W33>W31>W32>W34$，$W43>W42>W44>W41>W46>W45$。权重确定如表 2-7、表 2-8、表 2-9 所示。

表 2-7　协同效应 $W2$ 评价权重

$W2$	$W21$	$W22$	$W23$	$W24$	K/M	单因素评价权重
$W21$	[1，1]	[2/3，1]	[4/3，3/2]	[5/4，4/3]		[0.258 0，0.281 3]
$W22$	[1，3/2]	[1，1]	[5/3，7/4]	[4/3，3/2]	0.965 7	[0.306 8，0.333 2]
$W23$	[2/3，3/4]	[4/7，3/5]	[1，1]	[3/5，3/4]	/1.031 3	[0.173 8，0.180 3]
$W24$	[3/4，4/5]	[2/3，3/4]	[4/3，5/3]	[1，1]		[0.227 1，0.236 5]

表 2-8　成本估值 $W3$ 评价权重

$W3$	$W31$	$W32$	$W33$	$W34$	$W35$	K/M	单因素评价权重
$W31$	[1，1]	[1，2]	[1/2，1]	[3/2，5/2]	[1/3，2/3]		[0.154 4，0.217 1]
$W32$	[1/2，1]	[1，1]	[1/2，2/3]	[4/3，3/2]	[1/2，2/3]	0.908	[0.142 4，0.157 4]
$W33$	[1，2]	[3/2，2]	[1，1]	[2，3]	[1/2，3/4]	/1.078 3	[0.220 9，0.264 8]
$W34$	[2/5，2/3]	[2/3，3/4]	[1/3，1/2]	[1，1]	[1/2，3/5]		[0.109 3，0.116 8]
$W35$	[3/2，3]	[3/2，2]	[4/3，2]	[5/3，2]	[1，1]		[0.281 1，0.322 2]

表 2-9　并购整合可行性 $W4$ 评价权重

$W4$	$W41$	$W42$	$W43$	$W44$	$W45$	$W46$	K/M	单因素评价权重
$W41$	[1，1]	[1/2，2/3]	[3/5，3/4]	[2/3，3/4]	[3/2，4]	[3/2，2]		[0.139 8，0.161 1]
$W42$	[3/2，2]	[1，1]	[1/3，1/2]	[3/2，2]	[5/2，7/2]	[5/3，7/2]		[0.193 1，0.228 6]
$W43$	[4/3，5/3]	[2，3]	[1，1]	[5/3，5/2]	[5/3，7/2]	[2，5/2]	0.902 7/	[0.250 2，0.293 3]
$W44$	[4/3，3/2]	[1/2，2/3]	[3/5，2/3]	[1，1]	[4/3，5/2]	[5/2，3]	1.045 2	[0.167 5，0.175 4]
$W45$	[1/4，2/3]	[2/7，2/5]	[2/7，3/5]	[2/5，3/4]	[1，1]	[1/2，2/3]		[0.063 8，0.088 0]
$W46$	[1/2，2/3]	[2/7，3/5]	[2/5，1/2]	[1/3，2/5]	[3/2，2]	[1，1]		[0.088 3，0.098 8]

三、影响因素的综合权重及修正值

由公式（7）～（9），可计算得出二级指标层影响因素的综合权重和修正值，具体如表2-10所示。由表格最后一栏各一级指标排序可知，大多关键的影响因素均来自一级指标中的自身品质 $W1$ 和成本估值 $W3$。从各个二级指标综合评价权重修正值可知，对于一级指标自身品质 $W1$ 中的二级指标技术先进性 $W15$ 评价权重最高，表明技术因素对于新疆番茄制品企业并购整合标的物选择具有极为重要的作用。这一技术因素主要表现在企业番茄育种研发技术、生产设备先进性方面。

表 2-10　指标层因素综合权重和权重修正值

目标层	一级指标因素		二级指标因素		综合权重		排序
	编号	单因素权重	编号	单因素权重	综合权重	修正值	
并购整合标的物选择影响因素	W1	［0.411 8，0.433 1］	W11	［0.224 4，0.272 0］	［0.092 4，0.117 8］	0.074 5	1
			W12	［0.147 7，0.165 5］	［0.060 8，0.071 7］	0.066 4	
			W13	［0.193 3，0.197 1］	［0.079 6，0.085 4］	0.069 1	
			W14	［0.116 1，0.132 8］	［0.047 8，0.057 5］	0.063 3	
			W15	［0.248 6，0.288 1］	［0.102 4，0.124 8］	0.075 5	
	W2	［0.130 7，0.147 2］	W21	［0.258 0，0.281 3］	［0.033 7，0.041 4］	0.046 1	4
			W22	［0.306 8，0.333 2］	［0.040 1，0.049 0］	0.053 1	
			W23	［0.173 8，0.180 3］	［0.022 7，0.026 5］	0.032 5	
			W24	［0.227 1，0.236 5］	［0.029 970.034 8］	0.039 8	
	W3	［0.224 9，0.227 6］	W31	［0.154 4，0.217 1］	［0.034 7，0.049 4］	0.054	2
			W32	［0.142 4，0.157 4］	［0.032 0，0.035 8］	0.041 8	
			W33	［0.220 9，0.264 8］	［0.049 7，0.060 3］	0.058 9	
			W34	［0.109 3，0.116 8］	［0.024 6，0.026 6］	0.033 3	
			W35	［0.281 1，0.322 2］	［0.063 2，0.073 3］	0.067 1	
	W4	［0.196 1，0.223 9］	W41	［0.139 8，0.161 1］	［0.027 4，0.036 1］	0.04	3
			W42	［0.193 1，0.228 6］	［0.037 9，0.051 2］	0.053	
			W43	［0.250 2，0.293 3］	［0.049 1，0.065 7］	0.061 7	
			W44	［0.167 5，0.175 4］	［0.032 9，0.039 3］	0.044 8	
			W45	［0.063 8，0.088 0］	［0.012 5，0.019 7］	0.026 8	
			W46	［0.088 3，0.098 8］	［0.017 3，0.022 1］	0.028 4	

协同效应 W2 中的二级指标管理协同 W22 评价权重最高，说明企业并购实现协同效应的关键影响因素是组织管理协同。新疆番茄制品企业在实施并购后能否将组织和人员进行有效整合以实现管理协同效应是并购整合成功与否的关键。

成本估值 W3 中的二级指标估值合理性 W35 评价权重最高，表明在番茄制品企业并购整合过程中对标的物做出准确的价值评判是成本估值最为重要的影响因素，估值的准确性影响并购标的物的选择。

并购整合可行性 W4 中的二级指标并购时机 W43 评价权重最高，说明影响番茄制品企业标的物选择最为重要的因素是实施并购的时机，把握好并购时机是企业并购成功的关键。

四、最优标的物的确定

本书运用德尔菲法确定最优并购标的物。

邀请国内有关领域的 15 位专家、企业家组成评分小组，由小组综合中泰集团并购战略、5 个并购标的物的情况匿名打分并填写意向标的物，然后收集所有专家的打分结果和评价意见，经过汇总、计算后确定一个最优并购标的物。如果意见差异较大，则需进行多轮打分和意见收集，直到所有人的意见一致。一般情况下，使用德尔菲法可能需要重复进行 3~4 轮打分，因此企业应做好充分准备，以得出较客观、一致的结论。

根据以上列出的影响番茄制品产业并购整合标的物选择的 20 个二级指标层因素，分别为其赋分，满分 10 分，采用五级赋分法，分值区间为 0~10 分，由低到高的分值区间依次为 0~2 分，2~4 分，4~6 分，6~8 分，8~10 分。由此制定出各二级指标影响因素评分标准（表 2-11），作为专家评分时的依据。

表 2-11　二级指标因素评分标准

二级指标	0~2 分	2~4 分	4~6 分	6~8 分	8~10 分
市场占有率	比行业平均水平低	相当于行业平均水平	比行业平均水平稍高	比行业平均水平较高	比行业平均水平高
品牌效应	品牌无竞争力	品牌较低竞争力	品牌较强竞争力	品牌强竞争力	明星品牌

（续）

二级指标	0～2分	2～4分	4～6分	6～8分	8～10分
客户群体	固定客户极少	有固定客户	有较多固定客户	有固定客户的同时存在大量潜在顾客	有明确项目需求且极有可能成交的客户多
产业链的稀缺性	对产业链条无帮助	对产业链条有帮助	对产业链条有较大帮助，较稀缺	对产业链条有很大帮助，稀缺	对产业链条有极大帮助，极稀缺
技术先进性	水平低	水平较低	平均水平	较先进	先进
销售协同	协同效应低	协同效应较低	协同效应一般	协同效应较高	协同效应很高
管理协同	协同效应低	协同效应较低	协同效应一般	协同效应较高	协同效应很高
财务协同	协同效应低	协同效应较低	协同效应一般	协同效应较高	协同效应很高
资源经营协同	协同效应低	协同效应较低	协同效应一般	协同效应较高	协同效应很高
无形资产	少	较少	一般	较多	多
生产设备可用性	设备技术、物质寿命已耗尽	设备物质寿命未耗尽，技术寿命耗尽	设备还有10年及以上物质寿命，技术寿命即将耗尽	设备的技术含量属国内先进，且物质寿命存在10年以上	设备属于近年购买的新兴设备
并购成本	高于预算幅度100%以上	高于预算幅度70%以上	高于预算幅度50%以上	高于预算幅度20%以上	与预算相当
生产启动成本	5 000万元以上	4 000万～5 000万元	3 000万～4 000万元	2 000万～3 000万元	2 000万元以下
估值合理性	估值高	估值较高	估值一般	估值较低	估值低
管理者沟通	双方分歧大，难以沟通	双方分歧较大，沟通较困难	双方存在分歧，沟通有点困难	双方分歧较小，可以沟通	双方意见一致，沟通顺畅

（续）

二级指标	0～2 分	2～4 分	4～6 分	6～8 分	8～10 分
生产运营状况	并购标的物运营困难，停产	运营较困难，部分停产	并购标的物运营一般，效益一般	并购标的物运营较正常，有较好效益	并购标的物运营正常，甚至有发展的趋势
并购时机	不好	较不好	一般	较好	好
业务整合	业务整合困难	整合较困难	一般	业务整合困难小	业务整合无困难
人事整合	人才匮乏，整合困难	人才较匮乏，整合较难	人才一般，整合有一定困难	人才较充足，整合困难较小	人才充足，整合容易
并购风险	高	较高	一般	较低	低

依据各个专家打分结果，取平均值作为并购标的物的专家评分。再根据之前计算得出的各二级指标因素权重，计算出并购标的物的最终得分。各并购标的物最终得分等于专家评分乘以二级指标因素对应权重之和。各个并购标的物专家评分及最终得分情况如表 2-12 所示。

表 2-12　标的物的专家评分及最终得分

指标编号	二级指标	指标权重	新中基	中粮屯河	农垦现代	冠农	艳阳天
W11	市场占有率	0.074 5	7	6	7	6	6
W12	品牌效应	0.066 4	8	7	6	7	7
W13	客户群体	0.069 1	7	6	7	5	6
W14	产业链稀缺性	0.063 3	5	4	4	5	6
W15	技术先进性	0.075 5	7	6	6	5	6
W21	销售协同	0.046 1	7	7	6	5	6
W22	管理协同	0.053 1	8	5	6	7	7
W23	财务协同	0.032 5	5	4	5	6	4
W24	资源经营协同	0.039 8	6	7	5	4	7
W31	无形资产	0.054 0	4	5	4	6	7
W32	生产设备可用性	0.041 8	6	5	6	6	7
W33	并购成本	0.058 9	7	6	5	6	6
W34	生产启动成本	0.033 3	8	7	6	8	7

（续）

指标编号	二级指标	指标权重	新中基	中粮屯河	农垦现代	冠农	艳阳天
W35	估值合理性	0.067 1	6	8	7	4	7
W41	管理者沟通	0.040 0	8	6	6	7	7
W42	生产运营状况	0.053 0	5	6	6	5	6
W43	并购时机	0.061 7	8	5	8	6	6
W44	业务整合	0.044 8	4	5	6	4	6
W45	人事整合	0.026 8	5	5	4	6	7
W46	并购风险	0.028 4	7	6	5	7	7
	标的物最终得分		6.669	6.027	6.067	5.741	6.625

　　由表 2-12 中并购标的物最终得分可以看出，新中基得分最高，分值为 6.669 分，艳阳天得分为 6.625 分，位居第二，农垦现代 6.067 分、中粮屯河 6.027 分、冠农 5.741 分。可见，新中基是中泰集团并购整合的最优标的物选择。运用德尔菲法所得的结论相对客观、准确，为中泰集团确定并购整合对象提供了科学的定量分析方法。当然，企业在并购整合过程中也可选择多种计算方法确定并购标的物，但均需以企业并购战略和实际需求为出发点，合理选择计算工具，以确保选出最佳的并购标的物。

>>> 第四章　中泰集团并购整合方案设计

第一节　公司并购番茄产业整合设计思路

并购整合过程复杂，按照企业并购的时间阶段进行划分，为中泰集团并购整合番茄制品产业制定方案。其中企业并购整合方案具体可包括 10 项内容，即制订并购规划、筛选目标、尽职调查、制订并购方案、价值评估、融资规划、交易谈判、审批与交割、并购后整合以及并购后审计。它们之间的关系如图 2-13 所示。

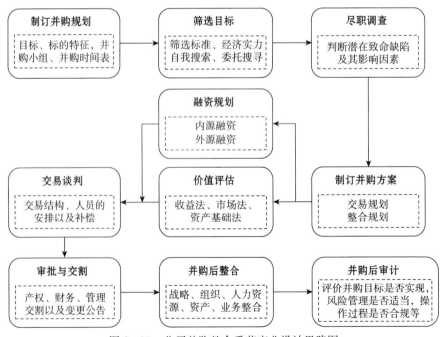

图 2-13　公司并购整合番茄产业设计思路图

一、制订并购规划

（一）公司战略评价

分析中泰集团总体战略和业务战略要求，分析并购作为发展战略的原因，评价并购战略的合理性及其并购能力。

（二）进入市场机会评价

应评估拟进入市场的投资机会。在评估投资机会时，中泰集团应对自身即将通过并购进入的业务或地域做一些了解，如了解番茄制品行业结构以及价值创造点；评估当前市场规模和成长潜力；了解国内外主要竞争对手；关注番茄制品行业的科技动态；识别进入壁垒，对海外并购尤其重要。

（三）设定番茄制品行业并购目标

设定并购目标应以创造企业价值为准则，可以从财务目标、战略目标等方面来考虑。确定目标方的筛选标准，可能涉及目标方的规模、价格区间、盈利能力、地理位置等。组建并购小组，明确并购小组分工和责任，明确并购决策机制，筹划可能获得的外部支持以及需要聘请的顾问。

二、筛选并购目标

筛选并购目标应以企业并购战略为依据，充分评估企业开展并购的资金实力和资源整合能力。企业应组建专业团队，运用大数据手段搜集并筛选并购目标，通过利益相关者进行全面、客观的分析，还可以与并购目标进行现场沟通。

三、尽职调查

尽职调查是企业为掌握目标企业运转的全面信息而进行的专业调查，涵盖运营、业务单元、财务、组织管理、市场等内容。尽职调查目的是帮助中泰集团判断并购企业潜在的致命缺陷，以及它们对收购和预期投资收益的可能影响。可以通过尽职调查对并购目标进行全面的了解，准确判断企业并购潜在风险因素，这些因素包括并购所带来的资金、人员和利益相关者的损失。

四、制订并购方案

并购方案是中泰集团实际并购的"路线图"，并购方案的设计通常是围绕降低并购成本、提高并购效率和控制并购风险展开的，力求维持和增强并购方的资产流动性、盈利性和增值能力。并购方案一般分为两部分：交易规划和整合规划。

（1）交易规划包括并购标的设定、交易方式的选择、收购主体的确定、价格区间的估算、并购融资和支付筹划、信息披露方案、债务处置方案等。

（2）整合规划主要包括对目标方在交易达成后的战略、组织、财务、人事、业务、管理、文化等方面调整的通盘计划。

并购方案被确认可行后，收购方应与目标方签署框架协议，就买卖双方关切的利益形成原则性约定。并购意向书不包括有关并购的所有相关事项，但是包括了关键事项的基本草案。

五、并购目标价值评估

与一般资产评估不同的是，并购价值评估在于除了对并购标的物独立价值的评估外，还涉及对并购双方协同效应的价值评估。对并购标的物独立价值的评估方法主要有收益法、市场法和资产基础法等。通常在一宗并购交易中应使用不少于两种方法相互校验。协同效应评估的主要方法有整体扣减法和分部加总法。

六、并购融资规划

企业并购融资渠道分为外部借贷融资和内部融资。外部借贷融资包括股权、债务融资，如银行贷款、发行股票债券。内部融资指企业内部的资金积累，如留存收益、金融资产等。企业多数依靠借贷方式进行融资，在此过程中需要结合自身财务状况、经营发展状况合理确定融资计划。

七、并购交易

并购交易指对交易规划、人员安置、利益相关者补偿等内容进行确定。交易规划是核心内容，包括交易对象、方式、价格、时间期限等。在进行交易时要充分考虑财务会计制度和税法、公司法等法律要求，同时应兼顾股东利益。

八、并购审批与交割

（一）并购审批

一个好的审批策略能够促进交易的高效完成。这个过程需要专家帮助中泰集团了解相关监管规定，以使中泰集团主动协调、快速完成审批过程。有关审批包括如下两个方面：

（1）股东。如果收购方是上市公司，则重大交易发生前须经股东大会同意，尤其是经多数股东表决同意。

（2）政府。在国内，政府审批要求：上市公司的收购往往要经证监会审核。涉及国有股权或资产转让时，须经国有资产监督管理委员会审核。涉及境外企业的收购要获得商务部和外汇管理局的审批。特殊经营业务的企业须经特殊监管部门审批，如银行业、保险业和通信业。可能形成行业垄断的企业并购须经反垄断局审批。

（二）并购交割

并购交割主要包括产权交割、财务交割、管理交割、变更登记等内容。产权交割是企业应办理资产移交相关手续，并接受有关部门监督。同时应对并购目标企业的债务进行清理。财务交割指企业并购后的财务报表应根据实际情况进行合并和调整。管理交割是企业组织管理层面的调整和对接。变更登记指企业并购时或因新设立企业，或因解散企业，或因存续企业，均需要在政府部门进行变更登记。

九、并购后审计

企业在并购后应着重对企业经营内容、利益相关者情况、部门和人员设置及职责范围等内容进行审计。

十、并购后整合

并购交易的完成并不是并购的终点，要想达到并购目标，实现企业价值增值，必须经历艰苦的整合阶段，主要是对企业的战略、生产运营、组织管理等方面的资源进行整合。

第二节 中泰并购方案设计

一、并购方案路径设计

中泰集团番茄制品产业并购整合实施方案路径如图 2-14 所示。第一步，中泰集团与艳阳天合资组建番茄制品产业发展平台，开机 4 家工厂，预计产能 5 万吨；迅速介入番茄制品产业，建立基地，熟悉基地运作模式，建立销售渠道，熟悉销售环节，为后续延长产业链、提升价值链、打通供应链和建立基地运作模式、人才、销售、品牌、管理奠定基础；加快介入番茄制品产业速度，降低介入风险。第二步，以番茄制品产业发展平台为基础，收购中基公司 13 家工厂，预计开机 10 家，预计产能 10 万～15 万吨。依据资金及运作状况，也可适当减少，一厂一策，一线一策。第三步，继续收购农七师产能共 4 家工厂，开机 2 家工厂，预计产能 5 万吨。第四步，在并购整合以上产能的基础上，5 年内完成并购整合屯河产能，预计开机 15 家工厂，产能 23 万吨。

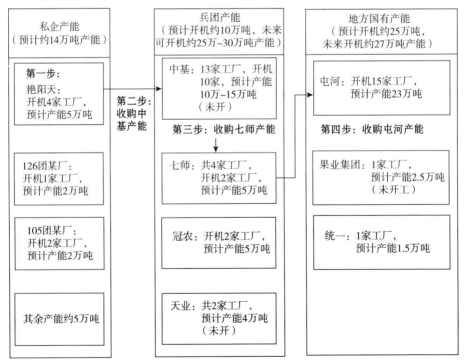

图 2-14　中泰集团番茄制品产业并购整合实施方案路径图

此后，可以就中泰集团番茄制品产业并购整合实施方案路径图中的私企产能、兵团产能和地方国有产能进行并购整合，只要符合中泰集团番茄制品产业发展战略和前述的并购整合四项标准，可不拘泥于并购时间和并购标的物排序。

二、并购具体方案

（一）优先推荐方案

1. 基本思路

中泰集团与艳阳天公司合资成立番茄制品产业发展平台，中泰以现金入股，占 65％股权，艳阳天以资产入股，占 35％股权。艳阳天各种资产估价为 7 000 万元，中泰需要 1.3 亿元现金，可以通过其上市公司增发股票募集。募集的现金主要用于并购新中基公司或其他标的物。通过设立番茄制品产业发展平台，集团可以顺利进入该行业，降低并购整合风险。该平台将为中泰集团提供资金、设备、原料基地等保障。方案具体操作流程如图 2-15 所示。

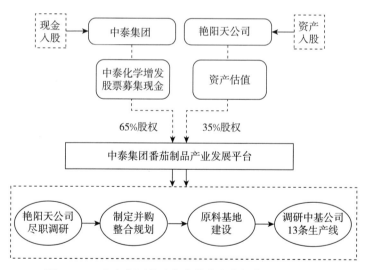

图 2-15　中泰集团并购优先推荐方案操作流程示意图

2. 主要内容

第一，中泰与艳阳天协商成立番茄制品产业发展平台；第二，对艳阳天进行尽职调研；第三，构建中泰集团番茄制品产业发展平台，制定并购整合及发展规划；第四，建设原料种植采收基地；第五，调研未来并购标

的物新中基公司的 13 条生产线。征求行业内多位专家意见，新中基公司
13 条生产线并购优先顺序如表 2－13 所示。

表 2－13　新中基公司 13 条生产线并购优先顺序

公司名称	70%产量（吨）（番茄酱浓度 36%～38%）	建议	并购顺序
红色番茄天益分公司	25 577	恢复生产	1
红色番茄五家渠分公司	21 987	恢复生产	2
红色番茄梧桐分公司	8 526	恢复生产	3
天通番茄制品有限公司	—	租期至 2022 年，结束后收回继续生产	4
石北泉番茄制品有限公司	6 731	恢复生产	5
红色番茄天湖分公司	13 462	恢复生产	6
红色番茄天海分公司	29 167	恢复生产	7
红色番茄芳草湖分公司	6 731	搬迁后复产	8
天河番茄制品有限公司	11 218	搬迁	9
天泉番茄制品有限公司	11 218	恢复生产	10
红色番茄昌吉市分公司	16 603	恢复生产	意义较小
天源番茄制品有限公司	4 038	恢复生产	意义较小
可克达天晟番茄有限公司	11 218	恢复生产	意义较小

3. 优劣势分析

（1）主要优势。①按照 35%、65%股权结构组建番茄制品产业发展平台，能够保护股东权益；②中泰集团可以通过平台较快熟悉番茄制品行业的产供销模式，拓展自身业务内容，获取更多市场份额、经营管理人才，有利于降低进入番茄行业的风险；③运用平台可以筛选出可并购整合的标的物，以确保后续并购顺利；④中泰集团的上市公司通过增发股票可以为集团并购整合提供资金保障；⑤依托平台可以更好争取外部政策支持和发展机遇。

（2）主要劣势或风险。在并购整合过程中面临诸多风险因素，如融资风险、审批时间跨度较长、评估并购标的物价值有偏差等。中泰集团与艳阳天合作，有能否顺利实现并购整合战略风险，有艳阳天估价合理性风险，有增发扩股募集资金程序审批与时间风险。

（二）次优推荐方案

1. 基本思路

中泰集团独立组建番茄制品产业发展平台，自筹资金以供后续开展并购整合。方案具体操作流程如图 2 - 16 所示。

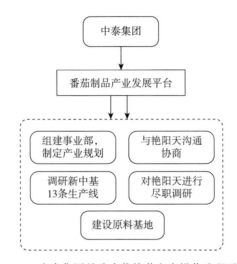

图 2 - 16　中泰集团并购次优推荐方案操作流程示意图

2. 主要内容

第一，设立番茄制品事业部，制定中泰集团番茄制品产业发展战略；第二，与艳阳天协商对接，对艳阳天进行尽职调查；第三，建设原料种植采收基地；第四，调研未来并购标的物新中基公司的 13 条生产线。

3. 优劣势分析

（1）主要优势。①自设番茄制品产业发展平台操作更为容易，便于管理；②如果能够达到科学管理水平，实施企业并购整合战略就会较为顺利。

（2）主要劣势或风险。中泰集团由于对番茄产业链各环节不熟悉可能给后期整合带来困难。此外，集团可能会面临整合番茄制品产业人力、物力资源的风险。

中泰集团应以自身发展需要和资金状况选择并购整合方案，在确定并购整合标的物前对其进行科学、全面的价值评估，在并购时应具体问题具体分析。

第三节　公司并购后整合方案设计

企业并购成功的关键在于并购后整合。建立在战略性并购基础上的企业整合是一个价值发现的过程。实践中许多企业并购行为的失败不在于并购本身的技术问题，如资产估价问题、交易问题，往往是在并购后的企业战略、企业业务、管理机制、人力资源及文化的整合上出了问题。

一、企业战略整合方案

企业战略整合是企业在并购中对目标企业业务、组织管理、人员、财务等资源进行整合，从而形成一个完整的战略体系，增加企业综合价值。对于中泰集团来说，并购是为了完成自身"两极多元"的发展战略，在这种战略部署下，需要对并购后中基公司的战略部署进行调整，使其适应中泰集团的战略规划，需注意以下四个方面：

（一）企业目标

企业目标是企业制定的未来需要达到的高度。无论是属于同一产业还是不同产业的企业，其目标和使命都会不同。所以企业并购过程中首先要在企业目标上达成一致意见，进行适当的调整。

（二）总体战略

总体战略是企业的全局性发展计划，涉及企业发展目标、发展方向、实现目标的路径等内容。企业要适时调整发展战略以适应内外部环境。

（三）经营战略

经营战略是企业对生产经营做出的规划，主要阐述提高企业市场份额和核心竞争力的目标、方向和路径。企业制定经营战略就是为了在并购中提高经济效益和竞争力。

（四）职能战略

职能战略是在企业总体战略和经营战略基础上形成的，拥有完备的职能战略可以提高企业管理效率，进而提高企业经济效益。职能战略整合主要围绕企业内部人财物资源进行配置和结构优化。

二、企业业务整合方案

业务整合是企业对自身业务进行调整所做的规划。通过业务整合，企业可以明确经营业务内容，确定主营业务，合理配置和优化各业务板块的资源，提高企业核心竞争力，增加经济效益。企业存在一个最佳规模，当企业规模大于最佳规模时就会出现边际效益递减，内部组织结构老化等问题，企业应明确自身业务范围，适当进行业务调整。当企业规模小于最佳规模时，可能会存在较大经营风险，应通过并购重组等方式拓宽业务领域，进行多元化经营以分散风险。中泰集团并购中基公司是为了完成自身"两级多元"的战略规划，主要是将中基公司番茄加工业务并购到自身发展蓝图之中，形成自身诸多产业结构中坚实的一环。在具体实施过程中，应当注意以下问题。

（一）业务整合原则

一是规模效应原则。企业通过整合资源来扩大自身业务范围和规模，以实现规模经济。二是盈利原则。企业进行业务整合时可以运用波士顿矩阵方法明确自身优势业务或具有发展潜力的业务，获取更多经济效益。三是可持续发展原则。企业在整合业务时可重点考虑处于成长期、成熟期的业务，慎重选择处于后成熟期或衰退期的业务，以规避经营风险。四是可行性原则。企业应充分考虑目标企业的规模和资金情况，量力而行，注重整合的可操作性。

（二）业务整合具体内容

业务整合主要包括五个方面：产品、生产、技术、销售、运输。

1. 产品方案

明确产品种类、年产量、包装规格。对于番茄制品企业来说，应根据国家和国际市场对番茄制品的质量标准、相关法律法规制定方案。

2. 生产方案

中泰集团基于对番茄生产线布局的新规划，为了整合原料资源和促进企业发展，提出了将新疆中基红色番茄产业有限公司 13 家工厂内现有的番茄酱生产线进行整合使之恢复生产，达到日处理番茄 37 100 吨的能力。这 13 家工厂大部分未进行消防验收，但已完成环评验收。计划从 2020 年开始，恢复全部工厂产能的 70%，年供应番茄酱可达 16.65 万吨。同时为丰富中基公司产品种类需要上番茄素和番茄丁的生产线，番茄素在2020年生产30万瓶，逐年递增，到2024年达到150万瓶的产量。番茄丁在2020年生产1 000吨，逐年增加，到2022年达到10 000吨的产能。

3. 技术方案

原料番茄经水力卸料和流送、喷淋清洗拣选、破碎预热、打浆取汁、三效真空浓缩、杀菌冷却、无菌灌装的生产方法制成番茄酱成品。本项目番茄酱产品采用的生产方法及生产线设备成熟、先进、适用，自动化控制水平高，可靠性强，并符合节能、节水和清洁生产的要求。

4. 销售方案

包括番茄制品销售对象和渠道，应与企业营销战略相一致。企业应探索运用大数据、互联网等新技术检测市场变化，加强与线上零售商、分销商的合作，推动产品种类、风味的研发创新，扩大产品知名度，争取更多市场份额。

5. 运输方案

包括企业内部的加工材料运输、成品倒运和企业外部的原料运输、设备材料运输、成品运输等，应根据内外部运输方式选择适合的运输工具。

（三）新业务开发

由于番茄酱过多依赖于国际市场，因此中泰集团计划在收购中基后，在原有业务的基础上，拓展新的业务，主要包括番茄红素和番茄丁。番茄红素具有较强的抗氧化功能，可以延缓衰老、提升人体免疫力，国内外市场对番茄红素的需求量逐年增加，番茄红素保健品的市场潜力较大。此外，番茄丁也是企业可以主要考虑的产品类别，番茄丁的番茄红素含量比鲜食番茄高出50%，近几年受到越来越多国内消费者的欢迎。此外，以番茄酱为原料的番茄沙司、番茄汁也是企业可拓展的产品种类。

三、企业组织整合方案

组织整合是对企业内部组织结构和人员进行调整以适应企业发展战略，从而促进企业目标的实现。组织整合内容主要包括组织结构整合、人员整合和文化整合，其中，组织结构整合是基础。为保障企业番茄制品业务能够有效运转，建立番茄制品事业部，将番茄制品业务单独划入一个生产经营单元，这可以使企业开展番茄制品的专业化生产，提高企业经济效益。中泰集团事业部组织结构如图2-17所示。

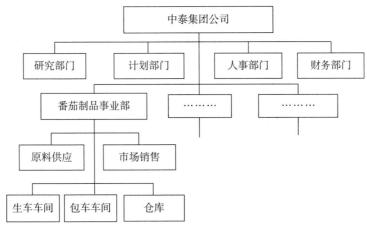

图 2-17　中泰集团番茄制品事业部结构示意图

成立中泰集团番茄制品事业部结构的优点有：①使中泰集团的最高层摆脱了日常的行政事务，集中精力决策规划整个集团的战略发展问题。②便于番茄制品事业部组织专业化生产，采用先进的生产组织形式和技术，提高企业管理的灵活性和适应性，从而提高企业竞争力。

番茄制品事业部在集团公司领导下实行总经理负责制。企业实行公司、车间、班组三级管理、二级核算。

四、企业财务整合方案

财务整合是指中泰集团对中基公司的财务制度体系、会计核算体系一管理和监控。企业并购的目标是通过核心能力的提升和竞争优势的强化创造更多的价值。因此，在财务整合过程中，企业也必须紧紧围绕这一目标，以成本管理、风险控制和财务管理流程的优化为主要内容，通过财务整合力求使并购后的公司在经营活动上统一管理，在投资、融资活动上统一规划，最大限度地实现并购的整合、协同效应。同时，企业并购后的财务整合应遵循以下原则：及时性原则、统一性原则、协调性原则、创新性原则和成本效益原则。

通过财务整合可以对企业投融资和经营活动进行管理，以规避或降低企业经营风险。企业财务整合主要考虑对财务目标和财务管理制度的整合。财务目标整合应以实现企业综合效益为目标，兼顾各利益主体需求。财务管理制度整合涵盖财务部门职责、投融资制度、资金运转、现金流转、会计核算管理、财务风险管理等的整合。

五、企业文化整合方案

企业文化整合指对企业内部不同文化要素进行调整以使其形成统一的文化整体。文化整合应把握三个原则：一是个体意识与群体意识相统一。企业应树立一个为企业所有员工认同的核心价值观，通过合理的方式推动员工个体意识与企业群体意识相统一，共同为企业目标服务。二是企业主文化有效引导亚文化的发展，使二者相统一。三是用企业精神文化将企业制度、员工行为统一起来，善于运用精神文化激发员工主观能动性。

对于中泰公司与中基公司来说，同属于新疆生产建设兵团下属国企，拥有一定相似的文化背景，在实际整合过程中难度相对较小，拥有一定的管理协同，但仍要注意以上原则。

第一节　并购整合风险诊断识别思路

一、企业并购整合风险

只要参与到市场竞争中，番茄制品企业就会面临多种风险，经营不善就会遭受损失。当市场环境越复杂，市场动态性越高，企业间业务差距越大，番茄业并购整合风险就会越大。番茄制品并购企业整合风险可以划分为：产品销售风险、价值链重构风险、企业资源损伤风险和整合能力短缺风险，如图 2-18 所示。如果在番茄制品企业并购整合过程中，以上任何风险的数量或水平达到某个临界值，实施番茄制品企业并购整合战略就会存在较大风险。

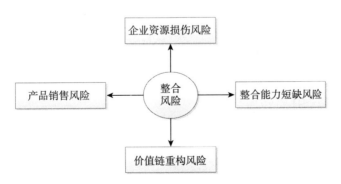

图 2-18　番茄制品企业并购整合风险

二、并购整合风险识别流程

要想减少甚至消除各种风险的破坏性，中泰集团需要在全面、准确识别番茄业并购整合风险的基础上，积极采取措施，驱动并购整合战略实施。番茄业并购整合有四个阶段：制定并购整合策略、选择并购整合对象、进行并购谈判、实施整合计划。番茄业并购整合风险可能在这四个阶段的任一阶段产生，因此在番茄业并购整合风险识别的过程中要对这四个阶段进行有步骤的全面的分析，识别步骤如图 2-19 所示。

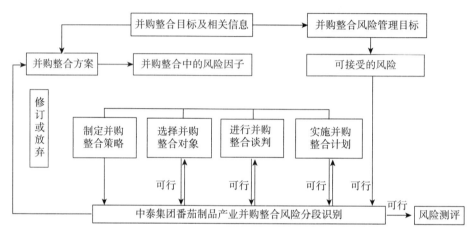

图 2-19　并购整合风险识别流程图

第二节　中泰集团并购整合风险及防范对策

一、并购整合战略选择风险及防范

对中泰集团来讲，一个好的番茄产业并购整合战略，不仅关系到对所拥有不同资产的规模、市场份额或所处番茄制品行业的并购对象的选择，同时也关系到整个并购行动的成功与失败。因此，分析并购中的战略风险就显得尤其必要了。

并购整合战略风险，就是指中泰集团在并购活动中，因选择了不恰当的并购战略而使集团公司遭受的各种可能性损失的统称。公司并购战略分为多元化并购战略和一体化并购战略两种，前者是指公司兼并与收购超出本行业的范围，向其他行业发展；后者是指兼并与收购在本行业内进行，向上游、下游延伸。以上各种不同的战略可能给公司带来不同的风险，共同构成公司并购风险。本次中泰集团番茄制品行业的并购整合战略就属于多元化并购整合战略。

针对中泰集团番茄制品多元化并购整合战略风险，其防范对策是：优化并购整合方案，进行基础控制。中泰集团番茄制品企业并购整合方案不是一成不变的，必须符合其科技含量高、创新性强、市场商业化不确定性大、资金需求量大和无形资产地位突出的特殊性。在集团公司进行并购整合的过程中聘请有经验的团队，对可能出现的并购整合风险进行分析，根据风险程度的大小优化并购整合方案，采取基础的风险控制策略。具体表现为对并购整合阶段进行分析与风险识别后，根据分析结果与并购整合方案预期结果进行对比，来查看并购整合方案的优越性。如果识别出的风险危害程度较小，那么并购整合方案相对优越可以继续整合；如果危害程度较大，与并购整合方案预期结果严重不符，那么应该进行并购整合方案的优化，并采取及时有效的风险控制措施，降低对集团公司的危害。

二、市场销售风险

（一）销量预测风险及其防范

当前全球番茄制品市场虽然仍是美国加州、地中海地区及中国"三足鼎立"，但事实上已经发生了微妙的变化。中国加工番茄企业原来在限定产量时只需测算地中海地区的需求缺口，如今还需要测算美国加州地区、非洲地区、东欧和中亚地区的供给余额，即测算要素从一个增加至数个，难度大大增加。从某种程度上看，不仅北美地区的供给盈余直接降低了国际市场对国内番茄酱的需求量，而且西非、东欧和中亚各国也在增加番茄酱生产线，因此产能增加带来的压力巨大。随中国社会经济发展，国内年轻消费者消费习惯"西化"、餐饮工厂化规模扩大等，人们对番茄制品数量会增加，品种质量会提高。精准预测国内外市场消费、需求、缺口，为集团公司生产服务，是防范销售量预测风险的对策优选。要打破单一依赖出口的销售格局，向国内、国外两个市场并重的格局转变。

（二）市场定位风险及其防范

中泰集团公司番茄制品市场定位是指公司番茄制品确定目标市场后，集团公司将通过何种营销方式、提供何种产品和服务，在目标市场与竞争者以示区别，从而树立中泰集团番茄制品形象，取得有利的竞争地位。若定位不准就会影响番茄制品的国际销售和国内销售。

对中泰集团番茄制品防范市场定位风险来讲，第一阶段即并购中基公司阶段，可以采取"填空补缺"的定位策略和"另辟蹊径"的定位策略，随着中泰集团完成并购，可以采取"针锋相对"的定位策略。要实施技术创新、结构升级，提高番茄深加工出口比重，打造自主出口品牌。

（三）销售渠道风险及其防范

新疆的番茄酱销售主要是靠出口，番茄酱出口属大宗商品，在出口过程中对铁路运输依赖性很强。但是由于新疆运力紧张，给番茄酱的向外运输带来了困难。由于不能满足疆内货物正常出疆销售，新疆番茄加工商每年生产的番茄制品不能按签订的合同要求按期发运出疆，制约了新疆番茄酱产业的发展。阿拉山口也时常出现停装问题，使新疆番茄制品不能按时到达俄罗斯及中亚客户工厂，造成客户不能按计划生产，形成了违约的风险。

针对销售渠道匮乏，应建立企业自己的销售团队，并扩大销售渠道，以最快的速度获得第一手市场销售信息，并与客户建立紧密的关系，及时了解客户的需求，为企业销售打好基础，持续推进以销定产、季产年销。进一步优化市场、客户结构，将目标市场调整为周边区域和国内市场；国内贸易开拓高端客户及下游市场的销量，重点发展与国内分装商的合作；国外贸易侧重于地理位置近、对产品差异化、服务要求高的周边市场。

对于中泰集团番茄制品销售渠道风险防范，可以采取利用中泰集团其他产品国际贸易优势，积极培养中泰集团番茄制品外贸人才，借助"一带一路"新疆口岸优势，利用好并购对象中基公司原有的销售渠道。

（四）进口产品关税降低风险及其防范

中国从 2018 年 7 月 1 日起降低关税，对番茄酱和番茄沙司的最低限度减免从 15% 降至 12%，所有其他类别从减税 72%～83% 中获益，最终减税仅为 5%。而中国内陆的远途运输成本高，极大削弱了自身的竞争优势。小罐制品商将从美国进口价格较为低廉的产品来平抑成本上涨，将成为小罐加工工厂一种常态化的选择。当外部市场具有绝对的比较价格优势，进口已是必然选项，这对于中国国内的番茄加工商无疑是一个挑战。

并购整合实施后，中泰集团番茄制品企业应逐步转型升级，提高番茄酱深加工能力，增加小包装番茄酱出口比重。国外兴起的番茄红素、番茄籽油等一些高档深加工产品，我国尚处于起步阶段，应加快企业技术改造，逐步增加番茄红素、番茄籽油等高附加值产品的生产能力。在出口过程中，要打造中国的番茄酱品牌，国内小包装加工企业不能仅是国外企业的代工工厂，应逐步从卖产品走向卖品牌。

三、原料供应风险及其防范

番茄制品产业链、价值链和供应链上，原料生产是番茄制品的第一车间，是影响番茄制品质量的最重要因素，起关键性作用。原料供应风险包括原料生产数量、质量和价格波动等。自农业用地可以进入市场流转的政策出台之后，番茄种植业有望形成规模化经营，企业就可以加大对土地的长期投入，比如改良土壤，更好地推广先进农业技术，这样就可以大大降低原料生产成本，可以控制番茄原料品质风险，从源头上保证番茄原料的品质。

可以加强与农户的联系，为其提供种子选培、种植指导、金融担保等服务，从前端市场提高农户利益，从而形成良好的客商关系，保证原料采购的品质与数量，降低原料采购成本，最终达到双赢的目的。实行科学有效的订单农业，保证原料生产数量、质量和价格相对稳定。利用农业保险等手段在灾害发生时保障原料生产企业或大户利益，从而达到延长番茄制品产业链、提升价值链和打通供应链的目的。

四、技术风险及其防范

目前番茄制品的加工制造技术含量低，只要有简单的设备投入就能生产，因此技术壁垒较低，这种低技术含量的初级加工产品在世界经济不振的大环境下，是各国为了提高就业水平比较容易的突破口。现在我国几个主要出口番茄酱的国家例如俄罗斯、尼日利亚已经在着手建立番茄酱加工厂，产能在近1~2年就可形成，这将对中国番茄酱的出口造成很大影响。随着中国的快速发展，成本优势由于高人工、高物流成本可能转为成本劣势。因此，企业应加大番茄育种研发投入，加强与国内外科研院所、高校、种子企业、社会组织间的合作。同时应组建企业自有育种研发团队，采取激励措施引进科研人才，研发高质量的番茄品种并按照因地制宜原则进行推广。

五、经营管理风险及其防范

如果管理者的管理能力偏低，企业的基础管理制度不完善，存在管理不当的地方，或者企业内部没有一个很好的企业风险管理文化，从管理人员到普通员工，都缺乏风险识别与控制意识，都将增大企业的风险。另外，企业组织结构的合理性也会对企业的经营造成影响。组织结构设置不当，将导致企业上下信息交流不便，加上没有很好的政策执行力，会严重降低企业的组织管理能力。

中基公司由于体制原因，企业经营管理与市场严重脱节，造成管理决策机制僵化，效率低下，不能适应现行的市场需求。长期以来由于承担过多的行政职能，造成运营成本居高不下，企业运行维艰。

中泰集团收购中基后，可对关键人员进行调整，引入中泰高效的管理理念与机制，提高中基的管理效率，化解由于企业行政化带来的各种弊端。

六、财务风险及其防范

中泰集团并购整合过程中在筹资、投资，资金回收方面会产生财务风险。中泰可通过政府提供的金融贷款政策进行融资，合理拓宽融资渠道。完善企业财务管理制度，及时监测客户的经济信用状况。同时应注意判断番茄制品的国际市场价格，灵活调整出口量。此外，中泰集团想要避免资金回收风险，就必须研发出番茄制品质量高、市场需求大的品种，并对其设定合理的售价，保证番茄制品的顺利销售，完成产品向应收账款的转变。而且还要注意客户的信用状况，加强应收账款的回收工作，促进中泰集团货币资金的回笼。

七、核心人员流失风险及其防范

比起重工业产品加工而言，番茄制品产业链、价值链和供应链涉及要素多，环节多，还受外部环境、自然环境、出口贸易、外国消费者影响，极为复杂，也给中泰集团的管理者造成不小管理压力。人力资源是番茄制品企业的核心战略资源，核心人员流失风险更是并购风险的重要部分。

番茄制品企业的员工素质普遍不高，或者关键管理人员、研发人员的突然离职，都会对企业造成很大的风险。这些风险主要包括：企业员工素质的风险、企业关键人员离职的风险、企业员工流动的风险和企业人才培养的风险。

中泰集团收购中基后，可对关键人员进行调整，引入中泰高效的管理理念与机制，提高中基的管理效率，化解由于企业行政化带来的各种弊端。

八、文化整合风险及其防范

文化不仅影响人们的思维和举止，而且对企业的成长和利润也有直接的影响。并购方在并购后采取的整合、控制和操作方法与并购的成功有直接的关系。为了实现预定的并购目标，具有不同文化的并购公司采用的整合方法必须以弥补并购方和被并购方的文化差异为基点，并依赖于参与公司的大小、规模以及并购方的策略倾向来决定。由于不同文化的影响，整合需要和整合方法应随着并购的策略倾向、协同作用的获得、资产的类型和个人涉入的不同而不同。

在完成并购后，为了保证中基企业员工行为与中泰集团并购整合战略方向一致，中泰集团除了建立并购整合责任目标与管理体系外，还必须建立以信息化为基础的价值认同系统，创造和提出一系列为大家所能接受的企业核心价值观和能鼓舞人们实现并购整合战略目标的信条、榜样和标杆，引导和约束员工行为，尤其是各层次管理人员的行为，在一系列如战略整合、组织整合、业务整合、财务整合、文化整合等关键问题上进行决策时，能更好地处理创新与稳定、组织利益与个人利益之间的矛盾。同时，对员工进行企业远景、核心价值观等教育与培训，也是员工尤其是企业各层管理人员认同并购整合战略和实施战略的重要手段。

>>> **第六章 中泰集团并购整合**
番茄制品案例评述

一、研究背景评述

伴随国内外市场经济的不断发展,企业并购整合活动日益频繁,并购整合成为助推产业发展的重要方式。而番茄产业是新疆的"红色产业",与石油、棉花产业处于同等重要的地位。但番茄制品产业具有并购整合价值链较长、涉及要素较多,投资金额多、周期长,一二三产业高度融合以及规模扩张多、有效整合少的特点。尽管在过去几年整体能够保持平稳发展,但也伴随着一些不容忽视的问题,主要包括番茄制品产业多、小、散、弱,产业核心竞争力不强,品牌建设不强,缺少完善的育种研发管理制度和资金投入,国内市场需求较小。在如此错综复杂的背景下,要怎样走出一条有自己特色的高质量发展之路,是企业应当思考的问题。

并购整合是企业做大做强的主要手段,是企业追求多元化,扩大规模,优化产业结构的迫切需要。作为新疆龙头企业的中泰集团,在面对国际、国内复杂、多变、快变的外部环境和内部要素时,依据自身发展需要,快速科学做出并购整合番茄制品产业非相关多元化战略决策,比竞争对手较早地发现了市场机会,从而赢得时间上的竞争优势。这既是一个重大理论问题,也是一个重要实践问题,需要从研究内容和研究方法两个方面对此次案例进行具体的评述。

二、研究内容评述

在研究内容上,此案例的研究是分为五个模块来进行的。主要围绕番茄产业发展现状,分析中泰集团并购整合番茄产业环境,运用一定的理论分析方法和模型构建方法,最终设计出中泰集团并购整合番茄制品产业的方案。

　　第一个模块主要介绍了中泰集团并购整合的整体背景。首先介绍了中泰集团的情况，以及中泰集团为什么要实行并购，并购时为什么要选择之前从未涉及的番茄制品产业以及战略意义。

　　第二个模块主要对番茄制品产业进行了整体分析。通过分析我国番茄产业以及新疆番茄产业的发展现状，结合中泰集团实际，运用 PEST、SWOT、波士顿矩阵等分析方法对中泰集团并购整合番茄产业环境进行了深入的分析。通过分析发现，番茄产业是中泰集团依托优势资源禀赋，立足新疆特色区情，聚焦新疆特色产业，优化集团产业结构，实现高质量发展和履行"富民、兴疆、强国"企业使命的重要举措和载体。

　　第三个模块为番茄制品产业并购整合标的物选择模型的构建。本部分首先介绍了并购标的物的选择标准、原则与思路，在理论分析基础上对中泰集团并购整合标的物进行了初步筛选。此外介绍了模糊层次分析法及运用此方法构建模糊综合评价模型的具体步骤，通过该模型计算得出中泰集团并购整合标的物选择影响因素权重并进行权重排序，以确定最优标的物。

　　第四个模块是中泰集团并购整合的方案设计。在以上计算分析的基础上，本部分主要针对中泰集团并购整合番茄产业制品设计了并购方案以及并购后整合方案。

　　第五个模块为中泰集团并购整合番茄制品产业的风险及防范对策。此部分介绍了处在不同时间阶段的并购整合风险，并提出应对风险的做法和建议。

三、研究方法评述

　　在研究方法上，主要受国内学者对番茄制品并购研究的影响，比如采用的层次分析法、财务指标法、平衡计分卡等数学方法，有的通过构建数学模型对番茄产业并购整合进行定性和定量分析，这些研究方法为本案例的研究提供了启发和参考。本书完善了分析方法，依据专家访谈，以模糊层次分析法为基础构建模糊综合评价模型，确定影响中泰集团在番茄制品产业并购整合上标的物选择的因素及因素的权重，最终为企业在并购整合选择最优并购标的物时做出了具体的应用。同时此案例所用到的分析方法也为深入研究新疆番茄制品产业并购整合问题提供了支撑。

　　以往对并购整合案例的研究虽有一定的基础，但国内学者对于新疆番茄制品产业并购整合的研究较少，以某个具体企业为代表进行系统性的研究更少。新疆番茄产业是中国最重要的农业产业之一，也是新疆的特色产业之一，而中基公司的红色番茄产业是新疆农业红色产业的代表企业之一，在全世界番茄制品行业也有着非常重要的地位，新疆的番茄制品出口具有良好的发展前景。因此，本书以企业为代表的研究是相当有必要的。这在一定程度上丰富了国内番茄制品产业并购整合相关研究。此外，以企业为例，通过数学模型计算得出影响新疆番茄制品产业并购整合标的物选择的关键因素，通过案例分析该计算方法在选择并购整合标的物中的应用，同时制定企业并购整合方案，可以帮助新疆乃至全国番茄制品企业实施并购整合活动，以帮助企业在并购整合实践中不断提升核心竞争力。本研究以中泰集团为代表的新疆番茄制品产业并购整合问题对于了解全国番茄制品产业发展具有重要意义，对新疆番茄制品产业及其并购整合问题进行初探可在一定程度上补充该领域的研究内容。

四、案例研究总结

本书以新疆龙头企业中泰集团作为并购案例进行研究，一方面有利于加深对新疆整个番茄行业的认识，另一方面对于新疆番茄制品产业并购整合实践具有一定参考价值。中泰集团的并购整合受到自治区人民政府、国资委的高度重视，未来将被打造为新疆农牧产业发展的平台，统筹新疆的农牧产业发展，因此中泰集团并购整合番茄制品产业的研究对新疆乃至整个国家而言，都具有一定的代表性和特殊意义，也为新疆乃至全国番茄制品产业实施并购整合提供框架参考及管理借鉴。

主要参考文献

[1] 丛飞，陈桂芬. 新疆番茄产业发展状况的分析与研究 [J]. 农业网信息，2012（09）：108-110.

[2] 东湖，刘静. 新疆番茄产业订单农业发展研究 [J]. 农业经济问题，2007（S1）：104-110.

[3] 国家发展改革委　外交部　商务部. 推动共建丝绸之路经济带和21世纪海上丝绸之路的愿景与行动 [EB/OL]. http://www.xinhuanet.com//world/2015-03/28/c_1114793986.htm，2015-03-28.

[4] 侯军岐. 北京种业整合战略及其平台建设管理研究 [M]. 北京：中国农业出版社，2017：18.

[5] 侯军岐，杨思雨. 种业企业快速并购战略决策及影响因素排序 [J]. 西北农林科技

大学学报（社会科学版），2018（01）：131 - 138.

[6] 李凯，谭丹. 新疆番茄产业国际竞争力分析 [J]. 现代商业，2018（35）：65 - 68.

[7] 李元辉，林秋平，张晟义. 新疆番茄产业链整合程度研究 [J]. 北方园艺，2015 （17）：167 - 170.

[8] 林秋平，李元辉. 新疆番茄产业发展现状及问题分析 [J]. 北方园艺，2013（23）： 187 - 189.

[9] 林燕，曾韵清. 企业间并购的理论文献综述 [J]. 运营管理，2019（19）：137 - 140.

[10] 刘现武. 我国农业企业并购重组研究 [D]. 北京：中国农业科学院，2003.

[11] 黄美霞，侯军岐，张雪娇. 基于模糊层次分析法的种业并购整合风险分析 [J]. 科 研管理，2017，38（S1）：325 - 332.

[12] 黄丽娜. 新疆红色产业——番茄产业化经营现状及对策分析 [J]. 塔里木大学学 报，2005（03）：88 - 91.

[13] 马克. 新疆番茄产业发展浅析 [J]. 新疆农垦经济，2005（08）：25 - 28.

[14] 马贞. 新疆番茄产业发展问题研究 [D]. 吉林：吉林大学，2013.

[15] 期货日报，全面禁止新疆棉制品 纸上谈兵美国意欲何为？[EB/OL]. https:// finance. sina. com. cn/money/future/fmnews/2021 - 01 - 19/doc-ikftssan8143079. shtml， 2021 - 01 - 19.

[16] 人民日报. 开放发展，合作共赢创新局 [EB/OL]. http://cpc. people. com. cn/n1/ 2020/1220/c419242 - 31972422. html，2020 - 12 - 20.

[17] 王勃颖，宗义湘，董鑫. 河北省番茄产业发展现状及问题分析 [J]. 中国蔬菜， 2020（07）：7 - 12.

[18] 王长征. 并购整合通过能力管理创造价值 [J]. 外国经济与管理，2000（12）： 13 - 19.

[19] 王珂，张晓东. 论企业并购后的整合管理 [J]. 现代经济探讨，2000（08）： 27 - 28.

[20] 魏江. 基于核心能力的企业购并后的整合管理 [J]. 中国软科学，2001（12）： 62 - 65.

[21] 亚历山德拉·里德·拉杰科斯. 并购的艺术：整合 [M]. 丁惠平，孙先锦，译. 北京：中国财经出版社，2001：23 - 26.

[22] 余国新，张建红. 新疆番茄产业发展与种植模式分析 [J]. 北方园艺，2011（14）： 179 - 182.

[23] 张跃奇. 建立产业链互信协调机制促进兵团番茄产业健康发展 [J]. 新疆农垦经 济，2005（10）：32 - 36.

[24] 中诚天下并购，高台中化番茄制品有限公司 100％ 股权转让项目 [EB/OL]. https://www. sohu. com/a/402891247 _ 100181872，2020 - 06 - 19.

[25] 中国日报. 乌鲁木齐海关全力助推新疆番茄酱"走出去" [EB/OL] sohu. com/a/ 402891247 _ 100181872242 - 3197242，2019 - 09 - 19.

［26］Ali R. Malekzadeh，Afsaneh Nahavandi. Making mergers work by managing cultures ［J］. Journal of Business Strategy，1990，11（03）：55 - 57.

［27］Birkinshaw，J.，Bresman，H.，Hakanson，L. Managing the post-acquisition integration process：How the human integration and task integration processes interact to foster value creation ［J］. Journal of Management Studies，2000，37（03）：395 - 425.

［28］Kyeong H. L.，David C. M.，David C.，Emma Q. X. Human capital relatedness and mergers and acquisitions ［J］. Journal of Financial Economics，2018（01）：111 - 135.

［29］Matthew T. B，Ke Yang. Bond tender offers in mergers and acquisitions ［J］. Journal of Corporate Finance，2016（40）：128 - 141.

［30］Nihat A.，Jean-Gabriel C.，Ali O. et al. Industry IPOs，growth opportunities，and private target acquisitions ［J］. Journal of Corporate Finance，2016（37）：193 - 209.

［31］Ning G.，Abdulkadir M. Cash-rich acquirers do not always make bad acquisitions：New evidence ［J］. Journal of Corporate Finance，2018（50）：243 - 264.

［32］Oliver L. Acquiring growth ［J］. Journal of Financial Economics，2017，126（02）：300 - 319.

［33］Philippe C. Haspeslagh，David B. Jemison. Acquisition Integration：Creating the Atmosphere for Value Creation ［J］. The Management of Corporate Acquisitions，1994（05）：448 - 479.

［34］Shrivastava，Paul. Postmerger integration ［J］. Jounal of Business Strategy，1986（07）：35 - 46.

［35］Wenyu W. Bid anticipation，information revelation，and merger gains ［J］. Journal of Financial Economics，2018，128（02）：320 - 343.

［36］Gereffi G，Humphrey J，Kaplinsky R，et al. Introduction：globalization，value chains and development ［J］. IDS bulletin，2001，32（03）：1 - 8.

第三篇

呼图壁种牛场改制案例

得奶源者，得天下。谁占领了中国奶源高地，谁就占领了中国奶业高地；谁控制了中国奶业产业链的上游资源，谁就控制了中国奶源和奶业产业链，在未来奶业发展中就拥有了话语权。

　　作为中国"四大牧区"之一与"四大黄金奶源带"之一，新疆拥有发展奶业的资源禀赋和先天条件。发展好新疆奶业完全契合国家"种好草、养好牛、产好奶、讲好故事"的产业政策和产业布局。与年产值1 500亿元的"中国乳都"的内蒙古自治区相比，新疆拥有的资源禀赋、先天条件以及其后发优势，使新疆奶业的发展潜力具有丰富的想象空间。假以时日，改制后的呼图壁种牛场借助战略投资人的战略视野和并购整合、产品研发、市场开拓以及企业管理能力，扬己所长，补己所短，可将"西域春"品牌打造成新疆第一个全国乳制品行业领袖品牌，成为新疆"新名片"；将呼图壁种牛场发展成为国内外有影响力的乳制品行业领袖企业，进入国家第一梯队；逐步将新疆建设成为"中国新乳都"，实现新疆人的乳业梦。

>>> 第一章 新疆呼图壁种牛场
概况与改制动因

第一节 公司发展情况

一、公司简介

新疆呼图壁种牛场有限责任公司，简称呼图壁种牛场，是自治区畜牧兽医局直属国有牧场，始建于1955年，1970年归属昌吉州管辖，称"昌吉州呼图壁奶牛场"，1978年回归自治区畜牧厅，改称为"新疆维吾尔自治区畜牧厅呼图壁种牛场"。2004年12月新疆呼图壁种牛场注册成为新疆呼图壁种牛场有限公司。全场占地面积36万多亩，其中草场20多万亩，耕地15万多亩；在职职工1716名，其中专业技术人员400多名。公司下辖28个基层单位，主要包括10个农业生产单位，9个奶牛养殖场，饲养优质高产奶牛近2.8万头，有西域春乳业公司、西域春饲料公司、图腾牧业有限公司、东泉福利塑料制品厂等6个工副业企业和一个国家级动物胚胎工程技术研究中心。2019年底呼图壁种牛场资产总额18.77亿元，负债总额11.2亿元，净资产总额约7.5亿元，净资产率为39.96%。2019年完成总产值17.3亿元，实现利润1.55亿元，上缴税金4500万元。

呼图壁种牛场下设新疆西域春乳业有限责任公司、玛纳斯县现代良种牛繁育有限公司、新疆图腾牧业有限公司等6家全资子公司。该种牛场有8座3000头规模的现代化牛场，奶牛2.6万余头，高档肉牛5000多头。已形成种植、养殖、加工为一体的全产业链，目前是国内规模最大、设施最先进的现代化高产奶牛示范养殖场和新疆最大的乳制品生产供应基地，旗下"西域春"品牌已成为新疆知名品牌。

呼图壁种牛场有限公司先后取得以下荣誉：国家级重点种畜场、国家奶牛技术体系综合试验站、全国百家良种企业、全国奶牛标准化示范场、全国畜牧行业优秀企业、全国农垦现代化农业示范区；被自治区授予自治区农业产业化重点龙头企业、国家肉牛核心群育种场和奶牛标杆牧场。

二、股权结构与组织结构

(一)股权结构

呼图壁种牛场主要有新疆畜牧业集团有限公司和呼图壁东泉棉纺厂两大股东，其股权结构，如表3-1所示。

表3-1　新疆呼图壁种牛场有限公司股权结构

序号	股东名称	出资额(万元)	出资比例	出资方式
1	新疆畜牧业集团有限公司	5 760.00	96.00%	实物
2	呼图壁东泉棉纺厂	240.00	4.00%	货币
合计		6 000.00	100.00%	

注：新疆畜牧业集团有限公司由新疆维吾尔自治区畜牧兽医局100%持有。

(二)组织结构

呼图壁种牛场下设农业事业部、畜牧事业部、工业系统与其他系统，具体组织结构如图3-1所示。

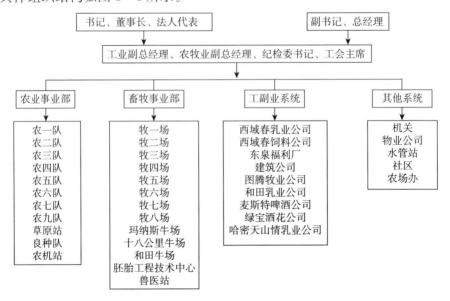

图3-1　呼图壁种牛场组织结构

三、对外投资

(一) 分公司

呼图壁种牛场拥有 1 家分公司，具体情况如表 3-2 所示。

表 3-2　呼图壁种牛场分公司具体情况

序号	企业名称	成立日期	状态	法定代表人
1	新疆呼图壁种牛场有限公司西域春饲料分公司	2007/11/16	存续	朱新福

(二) 子公司

呼图壁种牛场拥有 13 家子公司，具体情况如表 3-3 所示。

表 3-3　呼图壁种牛场子公司情况

序号	被投资企业名称	成立日期	注册资本 （万元）	投资额 （万元）	投资 比例	经营 状态
1	新疆西域春乳业有限责任公司	2005/6/22	10 000	10 000	100%	存续
2	新疆图腾牧业有限公司	2016/2/1	10 000	10 000	100%	存续
3	和田西域春乳业有限公司	2017/12/15	5 000	5 000	100%	存续
4	洛浦县西域春乳业良种奶牛繁育有限公司	2017/12/15	3 000	3 000	100%	存续
5	新疆绿宝酒花有限公司	1995/10/30	3 000	3 000	100%	存续
6	新疆麦斯特啤酒有限公司	2013/6/7	1 000	833	83%	存续
7	新疆新地海纳工贸股份有限公司	2004/8/30	2 600	2 600	100%	存续
8	玛纳斯县现代良种牛繁育有限公司	2009/2/25	2 000	2 000	100%	存续
9	新疆天山情乳业科技股份有限公司	2018/5/7	1 500	765	51%	存续
10	新疆五丰生物科技有限公司	2016/5/25	1 000	100	10%	存续
11	新疆屯河金波水泥有限责任公司	1999/9/8	800	224	28%	存续
12	新疆动物胚胎工程技术研究中心	2002/8/28	200	102	51%	存续
13	呼图壁县东泉物业服务有限公司	2014/4/3	50	50	100%	存续

四、主要业务

(一) 建成全国一流的标准化、规模化牛场

呼图壁种牛场具有 60 多年的养牛历史，在奶牛饲养、管理水平方面

都跨入了全国先进行列。从 2004 年开始，先后按照国际先进标准建设现代化的高产奶牛示范养殖场，取得了显著成效。该场实现了养牛规模化、标准化、现代化的养殖目标，引领养牛业向国际先进水平迈进。按国际标准新建了 8 座 3 000 头的现代化高产奶牛示范养殖场和一座占地 2 000 亩的肉牛育肥基地，新建了 80 多栋现代化牛舍，引进了国际先进的电脑程控挤奶设备、自动化饲喂设备和全自动清粪设备，采用世界上最先进的以色列高产奶牛管理软件系统。建成了国内一流的自动化程度高、设备先进、西北地区规模最大的高产奶牛现代化示范养殖场。呼图壁种牛场高产奶牛规模由 2 000 多头增加到 25 000 多头，年产牛奶 7 万多吨，占西域春乳业公司奶源的三分之二，每年可为社会扩繁优质高产奶牛 4 000 多头，从而加快了新疆奶牛品种改良速度，重点种畜场的示范带动作用显著增强。

呼图壁种牛场培育的中国荷斯坦奶牛新疆品系，具有耐高寒、耐粗饲和高产、高脂等特点，曾荣获国家科技进步一等奖。该场荷斯坦奶牛单产水平，自 20 世纪 90 年代中期以来，一直处于全国领先水平。荷斯坦成母牛平均年单产达到 9 600 千克，平均乳脂率为 3.75%。

呼图壁种牛场先后从俄罗斯、法国、德国、奥地利等国引进了西门塔尔牛和蒙贝利亚原种牛，经过 30 多年选育扩群，培育出了 2 000 多头适应高寒地区生长的西门塔尔牛新疆品系。这种牛体大结实，肌肉丰满，是一种肉、奶兼用牛，生长速度快、肉质好、乳脂率高，是我国肉牛业的主推品种，也是我国黄牛改良的主要品种。呼图壁种牛场培育的西门塔尔奶牛新疆品系获得了国家科技进步二等奖。全场饲养的 1 000 多头西门塔尔成母牛平均年单产达到 6 800 千克，平均乳脂率达 4.6%，出现了年产 8 000 千克以上的西门塔尔牛 40 头，最高一头达到了 11 203.8 千克，经中国奶协专家组鉴定，该场培育的西门塔尔奶牛产奶水平近二十年来一直稳居全国之首，达到世界先进水平。

呼图壁种牛场是全国最大的西门塔尔奶牛养殖场。这个场曾向区内外提供优质西门塔尔种公牛 2 000 多头，生产的冻精改良新疆黄牛数量达到了 200 多万头。因此，新疆成为全国"西牛"改良黄牛扩群数量最多的地区，从而加快了新疆牛品种改良的现代化进程。

2013 年 12 月，呼图壁种牛场从澳大利亚引进了 2 000 头安格斯高档肉牛品种，安格斯肉牛能生产出高档牛肉，同样饲养成本、饲养条件下，安格斯出肉率要高得多，一头安格斯肉牛饲养 12 个月，体重可达 750 千克，出肉率能达到 65% 以上，1 千克安格斯背肌肉市场最高价可卖到

1 200 元，而一般牛肉 1 千克最多能卖到 100 多元，饲养安格斯高档肉牛效益非常可观。

呼图壁种牛场现有 2 000 头安格斯高档肉牛，3 000 头西门塔尔肉、乳兼用牛，每年还有 1 万多头荷斯坦奶牛生产的 6 000 多头公牛犊。建成了西北地区最大的良种肉牛扩繁基地（石梯子育肥基地），从而加快了新疆肉牛产业发展的现代化进程，加速了新疆高档肉牛品种扩繁速度，为促进新疆肉牛产业的大发展和农牧民增收致富奠定了坚实的基础。

（二）建好乳品龙头企业，推动农业产业化

西域春乳业依托呼图壁种牛场全产业链提供的优质奶源，已建成日处理鲜奶 1 000 多吨的现代化乳品加工企业，2018 年乳品产销量达到 8 万吨，产品远销北京、上海、广州、深圳、武汉、厦门、成都等内地 20 多个大中城市，乳品上市量占新疆乳品市场份额的 45%，其中酸奶销量占新疆酸奶市场份额的 65%，先后被评为自治区学生饮用奶定点生产企业、新疆最具成长力的 30 强企业、自治区农业产业化龙头企业、自治区质量管理先进企业、西域春乳品获"第十届中国国际农产品交易会金奖"。

（三）建设自成体系的现代化饲草料基地

西域春乳业公司具备打造全有机产业链、铸造西域春有机乳业名牌的优势。呼图壁种牛场拥有 12 万亩人工饲养草料基地，20 多万亩绿色天然草场，年产有机苜蓿 5 万多吨，青贮玉米 10 万多吨。具有发展无污染、无公害、绿色、有机乳品得天独厚的条件。该场建有年产 12 万吨西域春饲料加工厂，生产的有机饲料饲喂高产奶牛，使西域春奶源质量达到有机奶的标准。呼图壁种牛场饲草料基地、奶牛养殖、西域春乳品加工都被自治区有机产品认证中心认定为有机饲料种植、有机奶牛养殖、有机乳品加工企业，从而形成种、养、加一体化的全有机产业链，塑造了西域春绿色有机乳品品牌。

（四）用现代科技提升畜牧业现代化

呼图壁种牛场为了向农牧民提供更多的年产 9 吨以上的优质高产奶牛，成立了高产奶牛胚胎移植研究推广中心。采用"借土牛腹、生金牛犊"的技术，加速奶牛品种改良，胚胎研究中心由我国著名动物繁殖生物学家郭志勤研究员领班负责开创性的研究，承担的国家动物胚胎工程研究

项目先后获"国家科技进步二等奖""农业部科技进步一等奖",胚胎中心依靠呼图壁种牛场 1 万头年产 9 吨以上优质高产供体牛,年生产胚胎 1.5 万枚,已先后推广到全国 20 多个省区市和新疆 80 多个县、市及农村牧区,累计移植受体土种牛达 75 000 头次,冷冻胚受胎率达 50% 以上,鲜胚受胎率达 70% 以上,中心在疆内、外建立了多处胚胎移植基地,培训胚胎移植技术人员 500 多人次,为全国牛胚胎移植产业化和各地土种牛品种改良做出了显著贡献。

呼图壁种牛场还与以色列和德国合作,构建我国现代化牧场管理体系和奶牛高产技术体系,引领我国奶牛养殖业向国际先进水平迈进。呼图壁种牛场与以色列阿菲金牧场管理中心和德国农业部合作,建立了"中以示范牛场"和"中德示范牛场",引进了世界上最先进的以色列阿菲金牧场管理系统及电脑挤奶设备,购置意大利 TMR 全自动机械饲喂设备和美国全自动清粪设备,推进奶牛生产数字化管理,形成 DHTL 奶牛生产性能分析报告,借助计算机信息系统科学监控奶牛饲养效果,充分利用 TMR 技术合理调配日粮,推广现代奶牛 EDTM 生产技术体系,使呼图壁种牛场奶牛生产管理达到国际先进水平。

(五)建成新疆规模最大的饲料加工厂

西域春饲料公司是 2004 年建成的,主要为呼图壁种牛场的 8 个牧场及周边奶牛养殖小区提供优质饲料。从 2012 年开始,呼图壁种牛场先后投资 9 000 多万元,引进国内最先进的饲料加工设备,建成年产 15 万吨的饲料加工生产线,2014 年又建成了西北地区第一条玉米压片生产线,使西域春饲料年生产规模达到 20 万吨,为发展现代养牛业奠定了基础。2018 年生产销售各类饲料 8 万吨,产值 2.5 亿元,为西域春乳业公司取得优质奶源提供了饲料保障。

(六)建成新疆地区最大的牛羊屠宰加工企业

新疆图腾牧业有限公司是一家从事牛羊养殖、屠宰、肉品分割、冷藏等完整产业链的专业肉食品加工企业,是经自治区畜牧厅畜禽屠宰管理办公室认定的牛羊肉定点屠宰加工企业,公司占地面积 100 亩,建筑面积 18 078.78 平方米,包括肉牛、肉羊屠宰车间、排酸车间、分割车间、冷库、熟食生产车间、办公楼、污水处理站等设施,公司采用全套不锈钢屠宰分割设备,整个厂区屠宰加工重点环节全程监控。年屠宰量为 6 万头牛、30万只羊，是新疆地区最大的牛羊屠宰加工企业。

公司始终坚持养殖、加工一体化；坚持标准化生产、全过程质量控制。建立了"六大保证体系"：统一供种，提供优良的牛羊种畜体系；统一供料，科学的饲料配方体系；统一养殖标准，标准化的牛羊饲养体系；统一防疫，严格的疾病防控体系；统一屠宰加工，安全的产品加工体系；统一销售，广阔的市场销售体系，确保出厂肉品百分之百安全、消费者百分之百放心。公司已通过 ISO 9001：2008 质量管理体系认证和 HACCP 食品安全管理体系认证，达到国际先进管理水平。

（七）加大基础设施建设，支撑畜牧业现代化

自 2004 年以来，呼图壁种牛场加大了基础设施建设，改善了职工生活条件，场容场貌发生了巨大的变化。实施了土地整理项目，新增耕地3 000 多亩，进行了 2 座水库除险加固项目及农田水渠防渗设施建设，为发展现代畜牧业打下了基础。场部地区制定了小城镇建设整体规划。按照商业区、工业区、住宅区、公共服务区进行整体布局。新建场区 6 条主街道，使场区形成集生产、生活、服务、医疗、教育、休闲为一体的小城镇。新建了职工住宅楼 70 多栋，建筑面积 20 万多平方米，使全场 80％职工都住上了新楼。户均居住面积达 120 多平方米。该场与呼图壁县政府合作修通了县城东风大街与场部的主干街道、场部连接乌昌大道西延路段的西域春大道和环城西路，使县城与场区连为一体，将场部融入呼图壁县城，加快场部城镇化建设进程。新建了职工活动中心、职工休闲娱乐绿地广场等基础设施；完成了农四队、农五队、农六队、牧二场及牧三场小康村建设工程，改变了场容场貌，场部的城镇化格局基本形成，这些基础设施建设推进了畜牧业现代化的建设。

第二节 呼图壁种牛场发展现状

一、新疆畜牧业发展现状概述

（一）奶业发展现状与存在问题

新疆奶牛养殖集中在农区，有规模化养殖场、奶牛养殖小区、养殖合作社和牧养 4 种形式，荷斯坦奶牛主要分布在乌鲁木齐市、昌吉州等天山北坡经济带及周边城镇郊区。西门塔尔牛主要分布在南疆三地州，新疆褐

牛主要分布在伊犁、阿勒泰等天然草场丰富的地区，新疆奶牛养殖的规模化程度不高，100 头以上的养殖小区和规模化牛场的存栏数仅占全区总存栏量的 12% 左右，大型规模化的牛场年平均单产与全国年平均年产 7.4 吨水平相当，但全疆平均单产仅为 2.7 吨，主要是良种率低、饲养条件差及饲草料种植改良力度不大等造成的。

全区现有乳品加工企业 80 多家，年销售各类乳制品 62 万吨，年产值超过 1 亿元的企业有 11 家。2018 年全区牛奶产量 194.9 万吨，占全国牛奶总产量的 6.3%，排名第 6 位，较 2015 年增长 25%，人均占有量 78.3 千克，较全国平均水平 22 千克高出 56.3 千克。全区乳制品年均外销量 10 万吨以上，2019 年牛奶制品外销量约 13 万吨，同比增长 30% 左右。在养殖效益提升方面，区内规模养殖场荷斯坦奶牛平均单产 5.5 吨，较全国平均水平 7.4 吨低近 2 吨，养殖效益提升空间较大。据农业农村部研究，全国奶源年均缺口达 1 700 万吨以上。新疆是全国十大奶业主产区之一，具备发展奶业的基础条件和优势，全区计划新增牛奶产能 80 万吨，积极参与国内乳品行业市场竞争，进一步面向国内市场，逐步扩大外销优势。

新疆奶业复杂发展存在的问题主要是：

1. 乳制品产品单一，市场秩序混乱

突出表现在乳制品企业同质化竞争严重，投入到研发领域的资金少，技术研发滞后，产品创新意识不强，奶产品主要集中于技术含量较低的液态奶生产加工销售上，附加值高的固态奶市场基本属于空白，尤其是在销售环节各乳品生产企业进行压价销售，造成市场无序，销售秩序混乱。

2. 规模化养殖程度低，品牌带动作用不强

全疆现有 1 700 多个养殖小区，其中 100～200 头（只）的养殖小区约占全区 58%，2 000 头（只）以上的养殖小区仅占 2.8%，由于缺乏较大规模的奶源供应龙头企业，阻碍了牛奶业的健康发展。全疆现有乳品加工企业 80 多家，日加工鲜奶能力在 100 吨以上的仅有 10 多家，其余均为小型加工企业，奶制品品质极不稳定。由于缺少与国内一线企业比拼高质量的优质产品，很难形成品牌效应，与周边国家相比，虽有明显优势，但对中西亚市场开拓不大。总之，新疆奶牛产业总体承载带动力不强，导致产业的总体发展迟缓，无法实现真正意义上的对内联合和对外扩张。

3. 销售渠道单一，市场拓展能力不足

新建乳制品生产企业产品销售以线下铺货及销售为主，销售渠道和手段单一。而且 75％ 的产品在疆内市场销售，内地市场占有率低，仅占销售份额的 25％，拓展内地市场的空间大。

4. 产业链各环节利益分配失衡，抑制奶业健康发展

我国奶业发展的扩张速度快，从饲草料种植、奶牛养殖、生产加工、销售服务多个环节已经形成了一条完整的产业链，但在产业价值链的各个环节配套结构仍不协调，发展比例不同步，利益分配不公平，致使奶业产业链运转不畅。

（二）肉牛产业发展现状与存在的问题

新疆是全国五大牧区之一。2018 年，全区肉类总产量 155 万吨，人均肉食占有量 62.5 千克，基本与全国平均 61 千克的水平相当。全区 2018 年牛肉产量 41.97 万吨，人均占有量 16.9 千克，较全国平均水平高出 12.3 千克。近年来，活牛及牛肉调运出疆数量逐年增加，据 2019 年统计，全区调运出活牛 42.08 万头，调入活牛 1.11 万头，净调出活牛 40.97 万头，按每头活牛产肉 180 千克计算，折牛肉产量 7.37 万吨。

国内牛肉市场消费需求不断增长，近年来牛肉进口规模逐年加大。2018 年全区进口牛肉 103 万余吨，占全国牛肉产量 6 441 万吨的 16％，市场缺口仍然较大，肉牛产业发展具有广阔空间，新疆牛肉在满足区内居民和来疆旅游人口消费需求的基础上，应积极开拓国内牛肉产品的中高端市场。

新疆肉牛产业存在的问题主要是：

1. 肉牛良种率低

一方面肉牛选育改良缺乏科学规划和统一部署，个体贡献率不高；另一方面，基础母牛群缺乏保护措施，下滑幅度明显。目前，支撑我国肉牛业生产的主导品种仍然是肉用性能欠佳的地方黄牛品种，改良肉牛的覆盖率仅为 18％，来自奶牛的牛肉尚不足 3％。分户饲养、集中育肥仍然是我国肉牛生产的主要方式，新疆牧区传统的放牧繁育饲养方式还十分普遍，农区畜牧业发展空间大。

2. 养殖周期长

由于新疆地方品种牛养殖比例大，杂交牛品种少，特别是小牛早期生长缓慢，成年牛养殖时间长，普遍需要 1 年半至 2 年时间，导致牛的养殖成本过大，养殖效益不高，造成肉牛养殖严重不足、架子牛资源稀缺，导致市场肉价高企。与此同时，受到进口牛肉的冲击，我国牛肉市场份额及销量均在不断缩减。目前新疆肉牛仍然采取较为粗放的放牧繁育和舍饲育肥的常规养殖方式，缺乏高科技手段。尤其是牛的繁育科技投入不足，导致肉牛产业化养殖程度和科技含量低。

3. 产业化组织体系不健全

主要表现在肉牛生产的整体水平和效益偏低；牛肉的消费水平有待提高，牛肉品质、分级标准、追溯体系等需要加强，优质优价的市场基础尚未形成；肉牛企业普遍起点不高，产业与金融资本缺乏结合点，市场拉动作用还没有上升为产业发展的主导力量。

4. 高档牛肉比例低

新疆肉牛缺乏强大优势肉牛品种，且规模化、集约化、标准化生产水平不高，牛肉供应总量不足，人均占有量不及世界平均水平的一半，且中低档牛肉产品居多、高档牛肉所占比重不足5%，高档牛肉在牛肉生产中所占比例是衡量一个国家或地区肉牛生产水平的重要指标，生产高档牛肉也是增加肉牛养殖效益的重要途径，加大高档牛肉科研生产仍是重要任务。

5. 市场开拓能力不足

缺乏在国内有影响的领军龙头企业，产业带动能力有限，规模化养殖水平不高（低于40%，与全国平均水平相差20多个百分点），季节性出栏不均匀，难以形成稳定的畜产品市场供应量，高产品深加工比例低（牛肉精深加工比例为1%左右），依靠卖原料，加工增值率低，特别是产品质量安全追溯体系和产品标准体系不健全、品牌培育不足，还严重制约了新疆特色、有机畜产品的健康发展。

新疆作为我国五大牧区之一，畜牧产业历经快速起步、巩固调整、波动徘徊、恢复发展、持续推进、稳步提高六个阶段的发展，畜牧业"六大体系"和"五化"建设顺利推进。2017年新疆畜牧业总产值达686.95亿元，2019年畜牧业产值同比增长4.9%，畜牧业已经成为新疆农牧区经济的主导产业之一。尽管如此，但与山东、内蒙古等现代畜牧业发展的强省（区）相比，新疆畜牧产业在畜牧业龙头企业及品牌培育、优势产业扶持发展、畜牧业技术推广、推动畜禽规模养殖等方面存在较大差距。

二、呼图壁种牛场发展优势

（一）有机全产业链优势

呼图壁种牛场在经过几十年的发展，形成了以农业为基础，畜牧业为中心，胚胎移植为先导，乳品、肉食品、饲料加工为龙头的种养加一体化全产业链综合性农牧企业。具体如图 3-2 所示。

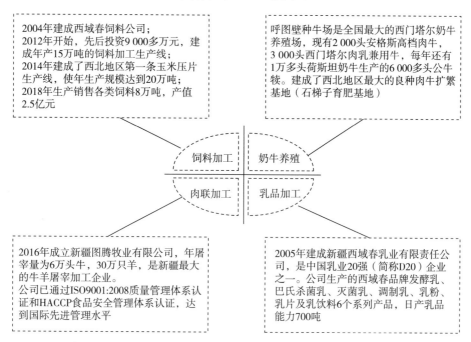

2004年建成西域春饲料公司；
2012年开始，先后投资9 000多万元，建成年产15万吨的饲料加工生产线；
2014年建成了西北地区第一条玉米压片生产线，使年生产规模达到20万吨；
2018年生产销售各类饲料8万吨，产值2.5亿元

呼图壁种牛场是全国最大的西门塔尔奶牛养殖场，现有2 000头安格斯高档肉牛，3 000头西门塔尔肉乳兼用牛，每年还有1万多头荷斯坦奶牛生产的6 000多头公牛犊。建成了西北地区最大的良种肉牛扩繁基地（石梯子育肥基地）

饲料加工　奶牛养殖

肉联加工　乳品加工

2016年成立新疆图腾牧业有限公司，年屠宰量为6万头牛，30万只羊，是新疆最大的牛羊屠宰加工企业。
公司已通过ISO9001:2008质量管理体系认证和HACCP食品安全管理体系认证，达到国际先进管理水平

2005年建成新疆西域春乳业有限责任公司，是中国乳业20强（简称D20）企业之一。公司生产的西域春品牌发酵乳、巴氏杀菌乳、灭菌乳、调制乳、乳粉、乳片及乳饮料6个系列产品，日产乳品能力700吨

图 3-2　呼图壁种养加一体化全产业链示意图

新疆呼图壁种牛场是新疆规模最大、设施最先进的现代化高产奶牛示范养殖场和新疆大型乳制品生产供应基地。

（二）科研技术优势

新疆呼图壁种牛场自成立以来，经过 60 多年发展，在奶牛繁育、养殖，乳制品研发和生产方面拥有先进管理技术和管理理念，储备了丰富的技术骨干人才。成立了高产奶牛胚胎移植研究推广中心，是我国最早从事胚胎移植技术研究、生产、推广的企业之一，该中心承担的胚胎移植项目，先后获国家科技进步二等奖，农业部科技进步一等奖。

（三）区域品牌优势

新疆西域春乳业有限责任公司作为国营呼图壁种牛场有限公司的全资子公司，成立于 2005 年 6 月，注册资本 10 000 万元，经过几十年的不断发展，已形成集饲草种植、集约化养殖、乳制品加工为一体的集团化企

业，目前是新疆大型的乳制品专业生产企业，是新疆农业产业化龙头企业、中国学生饮用奶定点生产企业，西域春乳业已发展成为新疆的著名乳业品牌，公司被评为"全国乳业 20 强企业"。

（四）自然资源优势

新疆呼图壁种牛场水、土资源丰富，有合理的灌溉网络，2010 年有耕地 7 453 公顷，荒漠草场 7 000 公顷，林地面积 300 公顷，养殖水面 266 公顷，农业生产用地合计 8 566 公顷，占土地总面积的 28.12％。

（五）基础设施优势

自 2004 年以来，呼图壁种牛场加大了基础设施建设，改善了职工生活条件，场容场貌发生了巨大的变化。实施了土地整理项目，新增耕地 3 000 多亩，进行了两座水库除险加固项目及农田水渠防渗设施建设。呼图壁县电信局在场内设有 10 000 门光缆传输程控电话设备，现已安装 6 000 门电话机，电话随时通往国内外，呼图壁县移动、联通公司在场内均建有发射台，通讯完全现代化。场内建有 110 千伏高压变电站一座、50 千伏变电站一座，向外连接自治区大电网，向内有 10 千伏电力线路通往各奶牛分场、农业生产队，电力供应充足，为发展现代畜牧业打下了基础。

三、呼图壁种牛场发展劣势

（一）产品开发层次低，产品同质化与市场消费多样化矛盾突出

UHT 常温奶是呼图壁种牛场自主加工的核心产品，有少部分的巴氏奶、木糖醇酸奶、搅拌型酸奶、凝固型果味奶。产品结构相对单一，与伊利、蒙牛等乳企丰富的产品结构相比相形见绌，缺乏高附加值产品。产品技术含量低，容易被人效仿，与其他乳企产品之间在质量、种类、口感和包装上都相差不大，同质化严重，对于消费者来说没有明显的差别。

（二）营销体系建设落后，营销人才缺乏

呼图壁种牛场借助历史久远、实力雄厚等因素一直采取较为被动的销售模式，尚未建立起一套完整、系统的营销体系，售前、售后服务比较被

动，没有设立市场维护的专业队伍，市场信息反馈相对滞后，销售渠道搭建不完整。相比于在国内市场占据份额较大的蒙牛、伊利，几乎没有看到西域春品牌在做广告，而广告作为一种让消费者了解企业的渠道，在广告宣传上下工夫是必不可少的。

（三）地理位置相对偏远，远离全国中心市场

呼图壁种牛场地处新疆中北部，距离全国中心市场的地理位置较远，产品推向内地的运费成本较高，导致进入内地市场后的价格优势减弱。由于长距离、长时间的信息传播造成信息失真和损漏，使企业对市场信息的反应灵敏度降低，使消费者对企业产品的熟悉和认识程度都有所降低。

（四）缺乏现代企业管理意识，制度创新、机制创新动力不足

由于呼图壁种牛场借助历史久远、实力雄厚，在国家有关政策、有关部门的支持下取得较大成绩，相比疆内同类企业，小日子过得还不错，进一步改革的压力不大，制度创新、机制创新动力的不足，未能建立起与时代发展相适应的现代企业管理制度和方法。

第三节　呼图壁种牛场改制动因

一、改制的必要性

按照党中央、国务院《关于进一步推进农垦改革发展的意见》的决策部署，农垦企业应以推进垦区集团化、农牧场企业化改革为主线，依靠创新驱动，加快转变发展方式，推进资源资产整合、产业优化升级，建设现代农业的大基地、大企业、大产业，全面增强农垦内生动力、发展活力、整体实力，切实发挥农垦企业在现代农业建设中的骨干引领作用。呼图壁种牛场要以改制为契机，加快推进新疆奶业做大做强，积极融入和服务国家奶业振兴战略大局，把新疆建成全国奶业生产大区、强区。

成立于1996年的新疆畜牧业集团，经过二十几年的发展，下属全资子公司产业覆盖了养殖、饲料加工、乳品加工及销售等业务板块，具备打造全产业链、推动一二三产业融合发展的条件，尤其是旗下的呼图壁种牛场、西域春乳业公司，拥有国际一流的硬件生产设备和信息化系统，加上新疆给予的优厚的扶持政策，具备非常好的发展基础。但是，鉴于国内乳

业、牧业的竞争格局已经进入白热化状态，第一梯队如伊利、蒙牛已经与第二梯队的光明、新希望乳业、三元等拉开了巨大的差距，要把新疆畜牧业集团打造成新疆地区最大的乳业公司，在全国乳企排名进入前十行列，需要不断夯实基础，提升核心竞争力，同时也迫切需要重新审视集团的发展战略、完善治理结构和内部管理体系等。

二、改制的紧迫性

近年来，国际国内乳制品行业竞争日益加剧，呼图壁种牛场现有的经营管理模式已不适应新时代企业发展的要求，急需通过混合所有制改革建立现代企业制度，完善法人治理结构，切实解决呼图壁种牛场体制机制及发展问题。紧抓国家振兴奶业和农垦企业改革的战略机遇，通过混合所有制改制，进一步扩大经营规模，提高企业竞争力，培育新的经济增长点。在中国经济快速发展的 30 年间，各行各业涌现了许多优秀的企业，即使在非常激烈的竞争环境中也能够脱颖而出，呈现非常稳健的发展态势。究其原因，可以看到，这些企业都经历了一系列的战略调整、股权结构完善、优化等过程，并通过资本运作让企业走上了一个更大的平台，这些资本运作为企业带来更高的知名度，获得更多优质的资源，并吸引更多优秀的人才加入企业，通过设计合理的员工激励机制来不断提升企业的创新能力和凝聚力，从而提升企业的核心竞争力。

三、改制的可行性

呼图壁种牛场改制时机与条件已经成熟，其可行性主要体现在以下几方面：

(一)自身发展需要

发展出题目，改革做文章，是我国四十多年改革开放历程的生动写照。呼图壁种牛场自 1955 年成立以来，经过多年发展形成了以农业为基础、畜牧业为中心，胚胎移植为先导，乳品、肉食品、饲料加工为龙头的种养加一体化全产业链综合性农牧企业。但与一流奶业企业相比，还存在巨大差距，例如：品种研发能力弱，销售渠道、营销网络单一滞后、高端营销人才匮乏，品牌地域属性较强、溢价能力弱，产品主要在疆内市场销售，内地市场占有率低，尤其作为龙头企业对新疆奶业的带动能力不强，相互支撑、协同发展不够，使新疆奶业的影响力与其地位极不相称。

（二）并购"窗口期"

以数量发展为特征的中国奶业跑马圈地、瓜分市场的第一阶段已经结束，奶业重要企业结构布局已经形成，第一梯队的伊利、蒙牛，与第二梯队的光明、新希望乳业、三元等逐步拉开了差距。以争夺优质奶源基地的竞争已经进入白热化状态，并将中国奶业带入追求乳品质量的新阶段，与以往以量取胜发展模式有很大不同。得奶源者，得天下。谁占领了中国奶源高地，谁就占领了中国奶业高地；谁控制了奶业产业链的上游优质奶源，谁就控制了整个奶业产业链，在未来奶业发展中就拥有了话语权。基于此，新疆奶业发展处于难得的并购"窗口期"。

（三）吸引战略投资

众人拾柴火焰高。种养加一体化有机全产业链，较强的基础科研优势，区域性的知名乳品品牌，丰富的发展奶业的自然条件、基础条件，悠久的企业文化，管理经验，背靠新疆难以想象的发展空间以及后发优势等，呼图壁种牛场具有能做大做强的优秀潜在品质，吸引了众多战略投资人参与。自启动呼图壁种牛场改制以来，分别有新疆特变电工集团、中泰化学、麦趣尔集团、天山生物、蒙牛集团、中粮农业产业基金、新希望集团等疆内外企业提出了拟参与呼图壁种牛场改制的意愿。其中，蒙牛集团提出了收购呼图壁种牛场旗下西域春乳业，把西域春作为蒙牛集团的生产基地，改善生产线并贴牌生产的合作方案；中粮农业产业基金表达了联合麦趣尔集团组建联合体，共同收购呼图壁种牛场 66％股权的意愿；新希望集团提出了在呼图壁种牛场增资扩股中，拟投资不少于 10 亿元以认购其新增注册资本成为第一大股东的合作方案，并提出了未来三至五年的发展规划和目标。

（四）政策文件支持

自党的十八大以来，中央政府不断创造良好的环境和条件支持国有企业改革。为进一步深化国有企业改革工作，解决制约国有企业发展的突出矛盾和深层次问题，不断出台支持国有企业改革的政策措施。新疆有关政府部门也积极响应国家号召出台了《关于自治区国有企业发展混合所有制经济的实施意见》《关于规范自治区国资委监管企业改制工作的实施意见》《自治区国资委监管企业功能界定与分类方案》等相关文件来鼓励和规范自治区企业进行混合所有制改革。政府部门从改制的形式、改制的方案、股权的设置到资产的核算、职工的安置等方面做出了具体的指导，切实帮助自治区企业顺利实现混改。

因此，新疆畜牧业高质量发展亟待龙头企业的带动和引领，假如华凌集团参与呼图壁种牛场的混改，可以有效实现优势资源整合与互补，形成新疆最具竞争力的现代化畜牧龙头企业，增强新疆畜牧业的竞争力，实现新疆由畜牧大区向畜牧强区的转变。

第二章 新疆呼图壁种牛场改制方案

第一节 公司改制的原则与基本思路

一、改制目的

(一) 完善现代企业制度

以市场为导向，从实际出发，通过改制，严格按照《公司法》《证券法》等有关法律法规，明晰产权关系，健全呼图壁种牛场法人治理结构，构建股权结构多元化、股东行为规范、内部约束有效、运行高效灵活的经营机制。

(二) 做大做强国有企业

按照市场化、国际化要求，以增强国有经济活力、放大国有资本功能、实现国有资产保值增值为主要目标，以提高经济效益和创新商业模式为导向，通过增资扩股的方式引进新疆华凌集团，以实现股权多元化，未来充分运用整体上市等方式，确保实现国有资产保值增值，确保职工合法权益，打造农业全产业链，推动一二三产业融合发展，做大做强做优呼图壁种牛场。

(三) 全面振兴现代畜牧业

通过改制，引进国内大企业大集团，依托战略投资人营销网络和营销经验，积极开拓国际国内市场，使呼图壁种牛场成长为全国性乳制品龙头企业，为振兴现代畜牧业做出贡献。

二、政策依据

(1) 中共中央、国务院《关于深化国有企业改革的指导意见》(中发

〔2015〕22 号）。

（2）中共中央、国务院《关于进一步推进农垦改革发展的意见》（中发〔2015〕33 号）。

（3）国土资源部等八部门《关于扩大国有土地有偿使用范围的意见》（国土资规〔2016〕20 号）。

（4）《企业国有资产交易监督管理办法》（国资委财政部令 2016 第 32 号）。

（5）自治区党委、自治区人民政府《关于深化国有企业改革的实施意见》（新党发〔2017〕23 号）。

（6）自治区人民政府《关于自治区国有企业发展混合所有制经济的实施意见》。

（7）自治区国资委《关于规范自治区国资委监管企业改制工作的实施意见》（新国资改革〔2005〕10 号）等国家和自治区相关政策法规和配套文件。

三、遵循原则

（一）政策性原则

在中共中央国务院、国土资源部、国资委、自治区党委、自治区人民政府、自治区国资委政策支持的基础上，坚持以下五大原则：

（1）聚焦总目标原则。在充分保障职工的知情权和参与权前提下，积极稳妥推进改制工作，确保改制过程中社会大局稳定。

（2）三个有利于原则。有利于实现国有资产保值增值，有利于保障广大职工合法权益，有利于企业做大做强。

（3）坚持合法性原则。严格依据现行法律法规规定，依法依规制定企业改制中涉及的土地、资产、债权债务处置等方案。

（4）产权明晰原则。通过法律手段，依照有关程序，明确各项资产的产权关系，以确保进入股份公司的资产产权明晰。

（二）经济性原则

（1）遵循市场规律原则。从实际出发，以市场为导向，建立现代企业制度，完善法人治理结构，统筹考虑推动改革创新，处理好国有股东、战略投资人、债权人、经营者及职工的关系。

（2）遵循因地制宜、循序渐进原则。根据奶业产业链各环节的发展水平、基础和市场规律，明确每个环节、每个步骤改制目标、思路和任务，先易后难，循序渐进，重点突破，避免脱离实际，切实保障改制后公司各项业务健康有序发展。

（3）需求导向、融合发展。围绕农业转型升级、农民增收致富、城乡协调发展的实际需求，结合农业供给侧结构性改革的目标任务，以市场需求为导向，以科技支撑为手段，以商业模式顶层设计为前提，运用跨界、融合、创新、共享的互联网思维，促进产业资源在全产业链各领域、各环节的有效配置，形成"产业共生、资源共享、融合共赢"的区域生态发展模式。

（4）效益性原则。确保变更后的公司以优良资产进行运营和参与市场竞争，为公司进行资本运营打下良好的基础。

（5）优势互补、协同发展。整合双方在肉牛、奶牛养殖生产、乳品加工、牛羊肉屠宰加工与国内外大市场的融合发展，实现企业优势互补及资源的合理利用，促进呼图壁种牛场和华凌集团股东权益的增值，实现各股东方互利共赢，将公司打造成为国内外知名的畜产品集团。

（三）社会性原则

统筹规划、示范带动。做好前期谋划和顶层设计，在园区建设、模式打造、种养推进、科技应用、教育培训、一二三产业融合发展等重点领域开展试点示范，总结成功经验，优化发展模式，强化推广应用，夯实产业发展根基。

四、基本思路

从提升保障国家优质安全奶源和乳制品供给能力以及提升呼图壁种牛场综合竞争力、影响力的战略需要出发，充分发挥市场在资源配置中的决定性作用，依托政策的支撑作用，以奶源安全为契机，通过饲养品种多元、集成技术应用、品牌营销提升发展呼图壁种牛场以奶源供给为主、乳制品加工并进的多元化业务，提高呼图壁种牛场牛奶的品牌认可度和市场占有率，按照"一条主线、多元发展"的战略思路，将呼图壁种牛场努力打造成集奶牛养殖和牛奶加工为一体的全产业链经营企业，争取更多的市场话语权和行业影响力。通过混合所有制改革优化资本的混合、股权结构，完善健全的企业治理机制和运营机制，使企业成为真正的市场主体，在市场竞争中不断释放企业活力，增强竞争力。

新疆呼图壁种牛场此次改制的目标是通过引入战略投资人，优化股权结构，加强企业内部治理能力，增强市场竞争力。改制的基本思路如图 3-3 所示。

（1）引入战略投资人，实现股权多元化，解决国有企业"一股独大""内部人控制""政策负担大""地方政府干预强"等问题。

（2）完善公司法人治理结构，优化决策权配置，实现管理机制创新，调动职工积极性，激活管理层创业、创新热情。

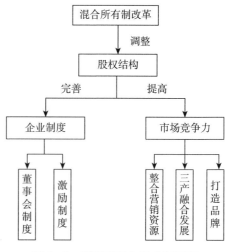

图 3-3 呼图壁种牛场改制思路

（3）依托战略投资人的战略视野、领导力、职业理念、管理能力，补公司发展短板；发挥公司在资源、区位、价值链、品牌等方面的优势，提升资源配置效率和市场竞争力。

（4）以改制后公司为载体，谋求适当的时候上市，为公司做大做强、公司价值最大化和国有资产保值增值奠定基础。

五、发展愿景

内蒙古和新疆是全国畜牧业资源最为丰富的省区。内蒙古聚集了全国奶业第一梯队仅有的两家即伊利和蒙牛，并逐步与第二梯队的光明、新希望乳业、三元等拉开了差距。实现新疆人与其资源相称的乳业梦，就是公司改制的发展愿景，具体体现在以下方面：

（1）公司改制后经过 3~5 年发展，将"西域春"打造成新疆第一个全国乳业领导品牌。5 年内改制后销售额突破 140 亿元，奶粉及奶酪等奶业业务进入全国第一梯队。

（2）逐步推动将新疆建设成为"中国新乳都"。借鉴和推广种牛场合作模式，在新疆进行乳业资源整合与投资合作，联合赋能更多的当地乳企，将新疆乳业全产业链做大做强，使新疆成为高附加值乳制品的"新乳都"。

（3）充分利用新疆发展奶业资源禀赋和基础优势，全面提升新乳制品产业科技含量与附加值，推进中国乳制品行业的进口替代。

第二节　改制基本方案设计

一、改制的方式

呼图壁种牛场通过采取增资扩股的方式，公开招募战略投资人。战略投资人通过现金认购新增注册资本成为股东，新疆畜牧业集团通过资产入股的方式注册成为股东（净资产包括建筑物、机器设备、运输设备、电子设备、生物资产等实物资；不包括商标、专利等无形资产）。改制后为切实保障国有股东权益，新疆畜牧业集团作为国有法人股，按照《公司法》规定，在相关重大事项上享有"一票否决权"。以选定基准日，经双方同意聘请的第三方审计机构进行审计、评估，剥离扣除职工安置费用，按照呼图壁种牛场净资产余额为增资扩股的基数，由战略投资人进行增量投入。增资后呼图壁种牛场股权结构为：战略投资人持股 66%、新疆畜牧业集团持股 34%。

二、改制程序

（1）编制改制方案。聘请专业机构，编制实施方案及职工安置方案。

（2）开展资产清理工作。呼图壁种牛场改制以审计报告和资产评估报告为基础，完成资产清理相关工作，包括：股权清理、清产核资、债权债务处置、剥离企业办社会事务等。

（3）完成审计评估工作。在完成清产核资及资产重组后，经主管部门已确定的审计评估基准日，由审计评估机构出具审计报告、评估报告。

（4）审议改制方案。根据自治区国资委、人社厅等相关单位审核批准的清产核资、产权界定、财务审计、资产评估和职工经济补偿金费用测算等有关事宜，完善改制实施方案。召开职工代表大会，审议改制实施方案及职工安置方案，经职工代表大会审议通过后，报上级主管部门审批。

（5）产权交易机构公开挂牌。坚持公开、公平、公正的原则，依法依规制定增资扩股方案，保护战略投资人及各方合法权益。通过增资扩股引进战略投资人有关事宜将通过产权交易机构网站对外披露信息，主管部门结合意向投资方的条件和报价等因素审议选定投资方。

（6）新公司注册登记。呼图壁种牛场完成改制，新公司进行治理结构建设，验资机构出具验资报告，新公司注册登记。

三、改制的基本方案

依据改制目的、改制原则、改制依据和改制思路等，设计改制方案如下：

方案1：组建战略投资人联合体模式

呼图壁种牛场，持股占比34%。

战略投资人，持股占比56%，其中为管理层代持5%，以用于后期激励。战略投资人不一定从事奶业，但可以将奶业作为战略投资人未来核心战略之一。战略投资人持股占比10%，可以是认同公司战略的优秀奶业企业，或行业背景的优秀经理人、产业组成基金。

组建战略投资人联合体模式，是由认同本公司发展战略及目标、有资金的同行业或非同行业企业作为第一股东与有行业背景知名企业、产业基金作为第三、第四股东组成。这种组合符合自治区通过的《框架方案》中引进的战略投资人需具备的基本条件。

方案2：一股独大的二股东模式

呼图壁种牛场，持股占比34%。

唯一战略投资人，持股占比66%，为行业内有影响力的领袖型企业。

一股独大的二股东模式，是由目前认同本公司发展战略及目标、有资金的同行业知名企业作为唯一战略投资人。

方案3：同等分量的三股东模式

呼图壁种牛场，持股占比34%。

战略投资人之一，持股占比33%，为行业内有影响力的企业。

战略投资人之二，持股占比33%，为行业内或非行业有影响力的企业。同等分量的三股东模式，是由认同本公司发展战略及目标、有资金的同行业或非同行业企业作为第二、第三股东组成战略投资人联合体模式。

方案4：股权分散的多股东模式

呼图壁种牛场，持股占比34%。

战略投资人3～5家，持股占比66%。

战略投资人可以是行业内有一定影响力的企业，也可以是有行业背景的优秀经理人、产业基金组成，或个人独立投资人等。

以上四种方案的优缺点比较，如表3-4所示。

表 3-4 方案比较

方案	优点	风险
方案1	(1) 非行业龙头企业作为第一大股东，可以将"西域春"品牌和新疆奶业发展作为其未来核心战略之一，将改制后的公司作为集团核心之一，可以持久地、心无旁骛地实现公司战略与愿景。 (2) 可以利用第三、第四股东的行业眼光、国际化视野、战略、市场开拓能力和产业并购整合能力等。 (3) 可以最大限度保留现有管理层，发挥现有管理层的积极性。 (4) 可以最大限度保留现有职工利益，发挥现有职工的积极性。 (5) 后期改制后并购整合阻力、风险较小。 (6) 呼图壁种牛场虽失去决策权。但拥有一票否决权，由于第一大股东为非同行业企业，在公司核心利益上可能更依赖于第二股东呼图壁种牛场。 (7) 有利于社会稳定。 (8) 若第一大股东为疆内本地企业，并以此为背书。改制后公司会更加注重就业安置、带动当地产业发展，仅将呼图壁种牛场或新疆奶业作为原料基地，加工车间的风险较小	(1) 若第一大股东属非同行业企业，对奶业理解是否深刻，取决于第一大股东对奶业发展的视野与理念。 (2) 组建战略投资人联合体第一大股东与行业第二、第三股东磨合有风险。 (3) 呼图壁种牛场失去决策权。未来改制后公司是否将"西域春"品牌和新疆奶业发展作为其核心战略去发展，存在风险
方案2	(1) 近期可以借助战略投资人的行业地位，增加开拓市场、产品开发能力，前期并购整合进展可能较为顺利。 (2) 若战略投资人能将改制后公司作为集团核心战略之一，可以借助集团行业眼光、国际化视野、战略、市场开拓能力等优势，发展改制公司新业务。 (3) 在全国、全球产品设计、市场营销等方面统筹协调能力强	(1) 唯一战略投资人往往是集团公司，也可能多元化公司，未来极有可能会将改制后的公司作为集团公司业务的一部分，很难成为集团公司的核心战略。新希望旗下新乳业在全国并购整合了13家乳业企业就是这一情况。 (2) "西域春"品牌很可能会成为集团公司前缀的核心品牌之一，很难在全国范围形成以"西域春"品牌为中心，打造全国性"西域春"品牌系列产品。呼图壁种牛场或新疆奶业有可能沦为战略投资人，振兴新疆奶业，将"西域春"品牌打造成新疆"新名片"的战略愿景有风险。 (3) 对现有管理层调整较大。后期并购整合存在较大阻力和风险。 (4) 改制后企业文化融入整合风险较大。 (5) 呼图壁种牛场失去决策权，若没有疆内企业为背书，在奶业环境成为威胁时，集团公司存在抽资风险

（续）

方案	优点	风险
方案3	（1）呼图壁种牛场持股占比34%，第一大股东虽失去决策权，但拥有一票否决权，联合任何一方就可以决策。但另外两个股东之一、股东之二即使联合，若没有呼图壁种牛场配合也不能拥有决策权。 （2）可以利用第二、第三股东的行业眼光、国际化视野、战略、市场开拓能力。 （3）比较容易形成有效的竞争与激励	（1）同等分量的三股东模式股权设计，容易产生矛盾，形成内耗、扯皮和较难协调等问题。 （2）这种股权结构，由于没有决策权，较难吸引到同行业的知名企业。 （3）公司发展可能依然继续受制于呼图壁种牛场管理层的行业眼界和管理能力。 （4）用于后期激励的为管理层代持的股份较难解决
方案4	股权分散的多股东模式，由于股权分散，呼图壁种牛场持股占比34%，改制后还在起重要关键作用，若处理不好，与改制前差距不大，所以不推荐	

以上股权持股结构模式设计是方向性的，除呼图壁种牛场持股占比34%是由自治区制定的《框架方案》规定外，其他股东的占比比例都可以变化，由呼图壁种牛场与战略投资人协商并与挂牌交易情况综合确定。

专家组推荐引入战略投资人模式顺序为：

第一，方案1：组建战略投资人联合体模式；

第二，方案2：一股独大的二股东模式。

不推荐方案3：同等分量的三股东模式和方案4：股权分散的多股东模式。

第三节　改制中相关问题的处理

一、资产清算

（一）清产核资

根据国有资产监督管理的相关规定，聘请审计、评估机构对呼图壁种牛场进行清产核资、审计评估工作（审计、评估机构需由自治区国资委确认）；呼图壁种牛场以审计报告和资产评估报告为基础，完成资产重组的相关工作，即股权调整、清产核资土地处置、剥离非经营资产、债权债务处置等。

（二）财务审计

自治区国资委采取招标方式，确定审计中介机构对改制企业进行全面的财务审计。改制企业前三个完整会计年度的财务会计报告未经审计的，应一并进行审计。改制企业须按有关规定向审计中介机构提供有关财务会计资料和文件，不得妨碍其办理业务。任何人不得授意、指使、强令改制企业会计机构、会计人员提供虚假资料文件或违法办理会计事项。

（三）资产估值

在清产核资和财务审计的基础上，依照《国有资产评估管理办法》（国务院令第 91 号）和自治区的有关规定，自治区国资委通过招标方式确定中介机构，对改制企业的资产（包括企业的专利权、非专利技术、商标商誉等无形资产）和土地使用权进行整体评估。受聘中介机构应对各类资产选择适当的评估方法，按照独立、客观、公正的原则出具资产评估报告。资产评估结果，报自治区国资委核准或备案。

改制企业土地使用由具备土地评估资质的中介机构进行评估。土地估价结果的报告备案、土地资产处置的审批按照有关规定备案（核准）或报批。

改制企业的资产、土地评估报告应合并以后报自治区国资委办理相关手续。

二、产权转让

呼图壁种牛场增资扩股产权交易原则上应进入经自治区国资委指定的产权交易机构交易。坚持公开、公平、公正的原则，依法依规制定增资方案，保护战略投资人及各方合法权益。通过增资扩股引进战略投资人有关事宜将通过产权交易机构网站对外披露信息。产权转让公告发布后，转让方不得随意变动或无故取消所发布的信息。

三、职工安置

国务院办公厅《关于进一步规范国有企业改制工作的实施意见》规定："改制方案必须提交企业职工代表大会或职工大会审议，并按照有关规定和程序及时向广大职工群众公布。应当向广大职工群众讲清楚国家关于国有企业改革的方针政策和改制的规定，讲清楚改制的必要性、紧迫性以及企业的发展思路。在改制方案制订过程中要充分听取职工群众意见，深入细致地做好思想工作，争取广大职工群众对改制的理解和支持。""国有企业实施改制前，原企业应当与投资者就职工安置费用、劳动关系接续等问题明确相关责任，并制订职工安置方案。职工安置方案必须经职工代表大会或职工大会审议通过，企业方可实施改制。职工安置方案必须及时向广大职工群众公布，其主要内容包括：企业的人员状况及分流安置意见；职工劳动合同的变更、解除及重新签订办法；解除劳动合同职工的经济补偿金支付办法；社会保险关系接续；拖欠职工的工资等债务和企业欠缴的社会保险费处理办法等。""改制为国有控股企业的，改制后企业继续履行改制前企业与留用的职工签订的劳动合同；留用的职工在改制前企业的工作年限应合并计算为在改制后企业的工作年限；原企业不得向继续留用的职工支付经济补偿金。改制为非国有企业的，要严格按照有关法律法规和政策处理好改制企业与职工的劳动关系。对企业改制时解除劳动合同且不再继续留用的职工，要支付经济补偿金。企业国有产权持有单位不得强迫职工将经济补偿金等费用用于对改制后企业的投资或借给改制后企业（包括改制企业的投资者）使用。"

鉴于呼图壁种牛场为国有独资企业，因此，呼图壁种牛场改制适用以上实施意见。

呼图壁种牛场分别于 2017 年和 2019 年先后 2 次召开职工代表大会，审议呼图壁种牛场改制事宜。全场绝大多数职工同意对呼图壁种牛场实施改制。待自治区人民政府审定改制的原则意见后，将制定企业正式改制方案和职工安置方案提交职工代表大会审议，依法依规落实职工的知情权、参与权和监督权。

根据国务院办公厅《关于进一步规范国有企业改制工作的实施意见》和自治区国资委《关于规范自治区国资委监管企业改制工作的实施意见》的相关规定，编制《呼图壁种牛场职工安置方案》。若改制后国有资本不再控股，呼图壁种牛场将与在职职工解除劳动关系，并依法支付经济补偿金；改制后的企业须在职工自愿的基础上，对全员安置录用原企业职工给予必要承诺。经初步测算，呼图壁种牛场在职职工和离退休职工所需的安置费用预计近 3 亿元左右（最终以自治区人社厅审核批准职工安置费用为准），从呼图壁种牛场净资产中预留，并设立专户管理，确保改革平稳顺利进行。

四、土地资产处置

根据土地确权登记结果，呼图壁种牛场现有农用地 23.2 万亩、建设用地 0.47 万亩、未利用地 3.2 万亩，合计 26.9 万亩，均为划拨土地；工业和商业用地面积为 206 亩（其中，划拨 41 亩、出让 165 亩）；畜牧养殖用地面积为 391 亩（全部为出让）。按照中共中央、国务院《关于进一步推进农垦改革发展的意见》（中发〔2015〕22 号）、国土资源部等八部委《关于扩大国有土地有偿使用范围的意见》（国土资〔2016 年〕20 号）规定，为积极稳妥推进土地资源资产化、资本化提出如下处理意见：

（1）提请自治区人民政府批准，将呼图壁种牛场改制中涉及的国有划拨农用地授权新疆畜牧业集团经营管理。

（2）呼图壁种牛场出让用地经评估后纳入企业资产总额，并视改制后企业的发展需要，在股东增资扩股时，将畜牧业集团授权管理的呼图壁种牛场农用地按比例作价出资（入股）的方式处置，确保 34% 的国有股权不被稀释。

（3）水库、灌渠、水井、道路、林带等公益性划拨用地依法依规，继续划拨给改制后的企业使用，相关手续可直接在当地自然资源主管部门办理。

第三章 新疆呼图壁种牛场战略投资人选择与激励

第一节 战略投资人比较

根据自治区《框架方案》中对引入战略投资人的基本条件描述，初步选择了六位战略投资人，参与改制的具体优势和风险如表 3-5 所示。

表 3-5 六位战略投资人参与改制比较

战略投资人	参与改制的优势	参与改制的风险
新希望集团	(1) 保障双方"乳业"战略合作关系。(2) 战略定位，新希望乳业在西北区域有核心总部。(3) 国企混改经验丰富，可实现多方利益共赢。(4) 双方产业链优势高度互补，协同发展。(5) 优秀的企业经营管理模式，有助于做大做强新疆乳业品牌	(1) 有品牌优势不足风险。(2) 有抗风险能力差的风险。新希望乳业存在资产负债率较高的风险。(3) 改制后公司发展可能有受制于呼图壁种牛场愿景风险。新乳业对参与新疆呼图壁种牛场混合所有制改革的项目愿景与呼图壁种牛场愿景高度相似，可能会受制于目前所属愿景风险，未来眼界和发展受影响
新疆华凌集团	(1) 华凌集团资本实力雄厚。(2) 畜牧产业发展潜力巨大。(3) 以打造新疆知名畜牧企业和品牌为战略定位。(4) 投资并购整合经验丰富	(1) 产业众多，有核心资源倾斜风险。(2) 华凌集团有收益不固定的风险。(3) 易受外部环境影响。(4) 从事农业产业时间不长，主要从事的肉牛产业经营业绩不是特别突出，更没有此类产品开发、营销渠道。无从事奶业经验是参加改制的短板
新疆特变电工	(1) 集团综合实力雄厚。(2) 企业抗风险能力强。(3) 技术研发实力强。(4) 有新疆本地企业的背书和曾经参与改制经验，呼图壁种牛场有良好的口碑，改制后的整合阻力较小	(1) 主营产品的关联度不高，产品协同作用不明显风险。(2) 没有从事奶业，甚至农牧业的经历

（续）

战略投资人	参与改制的优势	参与改制的风险
新疆麦趣尔集团	（1）乳业产品组合关联程度高。（2）借助品牌优势，助力新疆第一乳业。（3）有完整的生产链及一定销售渠道优势	（1）过往的失败案例，影响麦趣尔集团参与改制。（2）麦趣尔注重"前期并购，而忽视或忽略后期整合"的模式，不是本次改制所需要的。（3）具有让麦趣尔集团这个"小牛"拉发展呼图壁种牛场奶业和做大做强新疆奶业这个"大车"而拉不起的风险
蒙牛乳业集团	（1）乳制品行业属于第一梯队，领袖型企业，与改制公司发展高度契合。（2）从以往发展经历看，乳业集团战略投资、企业并购整合经验丰富，具有较强参与公司改制的能力与经验。（3）具有较强的产品开发和市场营销、品牌营销优势	（1）有成长空间不大的风险。（2）管理中容易犯移植、复制"经验论"的风险。（3）蒙牛品牌已是国内有影响力的知名品牌，参与改制后公司有将"西域春"品牌发展成为基于蒙牛前缀的核心品牌之一，很难将"西域春"品牌打造成新疆区域属地的全国性领导品牌。（4）改制后种牛场失去决策权、控制权，蒙牛集团能否将其做大、做强，把新疆建设成为"中国新乳都"，实现新疆人的乳业梦；或只将新疆变为实现自己做大、做强的原料基地、加工车间存在风险。（5）蒙牛实力较强，改制后的公司增资扩股，若呼图壁种牛场无力增加投入资金，使股权进一步稀释，失去决策权、控制权，将会失去先天设计的"一票否决权"
中泰集团	（1）公司实力强，规模大。（2）有较为丰富的农业企业并购经历与经验。（3）有国外贸易经验与统筹大物流经验。（4）有优秀的运营管理团队优势。（5）产权股份交易简单	（1）缺乏畜牧业及乳业产业管理经验。（2）有过度多元化之嫌。（3）由国有资产完全控股，企业独立运行受限，改制需要的制度创新、机制改革空间不大，借助市场机制、激励管理层和员工的空间也不大，以改制后公司为龙头，延长产业链、打通供应链、提升价值链、带动整个新疆奶业、畜牧业发展，振兴新疆奶业、畜牧业的改制目的有风险

第二节　战略投资人选择

邀请 10 多位专家对如何评估与选择战略投资人进行了调查，结论是应从公司实力、行业契合度、协同效应、并购整合能力和改制定位五个方面对参与改制的战略投资人进行考量，其评价指标含义及评价等级如表 3-6 所示。

表 3-6　评价指标含义及其评价等级

指标名称	各指标含义	评价等级
公司实力	战略投资人公司资产规模、资金规模、技术产品开发能力、营销能力、管理能力、影响力等	强，较强，一般，较弱，弱
行业契合度	战略投资人现有业务、投资等与种牛场业务的行业契合程度	高，较高，一般，较低，低
协同效应	战略投资人与种牛场之间的互补性及其技术、产品、管理、战略、品牌营销等方面所形成的 1+1≥2 的效应	大，较大，一般，较小，小
并购整合能力	并购整合是未来改制后公司发展的重要形式，对这次并购和后续发展都比较重要	强，较强，一般，较弱，弱
改制定位	战略投资人对种牛场及改制后的企业，在自己原来体系中的地位和作用，是否作为发展重点等的综合评价	有利，较有利，一般，较不利，不利

表 3-6 中对每个指标评价都分 5 等级，第一等级评分 10 分，第二等级评分 8 分，以此类推，第五等级评价 2 分。10 多位专家同时对六个参与战略人进行了评级，结果如表 3-7 所示。

表 3-7　战略投资人评估与选择等级

战略投资人	公司实力	行业契合度	协同效应	并购整合能力	改制定位
新希望	强	高	较大	较强	较有利
华凌集团	较强	低	小	较弱	有利
特变电工	强	低	较小	较强	有利
麦趣尔集团	一般	一般	一般	较弱	有利
蒙牛乳业	强	高	大	较强	一般
中泰集团	强	较低	较小	一般	有利

依据表 3-7 中每个战略投资人的评级情况和每个等级的评分标准，得出每个战略投资人的评分，如表 3-8 所示。

表3-8　战略投资人评估与选择评分

战略投资人	公司实力	行业契合度	协同效应	并购整合能力	改制定位
新希望	10	10	8	8	8
华凌集团	8	2	2	4	10
特变电工	10	2	4	8	10
麦趣尔集团	6	6	6	4	10
蒙牛乳业	10	10	10	8	6
中泰集团	10	4	4	6	10

专家给出公司实力、行业契合度、协同效应、并购整合能力和改制定位五项指标的权重 a_{ij} 分别是：0.15、0.15、0.25、0.25、0.20。综合以上五个指标及其每个指标权重，战略投资人评价与选择综合评分依据下式计算：

$$W_i = \sum a_{ij}b_{ij} \qquad (3-1)$$

式中，W_i 代表第 i 个方案综合评分，a_{ij} 代表第 i 方案第 j 个指标权重；b_{ij} 代表第 i 方案第 j 个指标评分。

第一种情况：是基于战略投资人华凌集团、特变电工、中泰集团自己独立参与改制，而不组建具有行业背景的战略联合体。

依据公式（3-1）计算过程及各可能战略投资人综合评分及选择排序，具体如表3-7所示。

表3-9　可能战略投资人评价与选择综合评分排序

战略投资人	计算过程	综合评价得分	综合排序
新希望	$W1=0.15\times10+0.15\times10+0.25\times8+0.25\times8+0.20\times8=8.60$	8.60	2
华凌集团	$W1=0.15\times8+0.15\times2+0.25\times2+0.25\times4+0.20\times10=5.00$	5.00	6
特变电工	$W1=0.15\times10+0.15\times2+0.25\times4+0.25\times8+0.20\times10=6.80$	6.80	4
麦趣尔集团	$W1=0.15\times6+0.15\times6+0.25\times6+0.25\times4+0.20\times10=6.30$	7.00	3
蒙牛乳业	$W1=0.15\times10+0.15\times10+0.25\times10+0.25\times8+0.20\times6=8.70$	8.70	1
中泰集团	$W1=0.15\times10+0.15\times4+0.25\times4+0.25\times6+0.20\times10=6.60$	6.60	5

第二种情况：是基于战略投资人华凌集团、特变电工、中泰集团组建具有行业背景的战略联合体而参与改制。

五个战略投资人的评分等级如表 3-10 所示。

表 3-10　战略投资人评价与选择等级

战略投资人	公司实力	行业契合度	协同效应	并购整合能力	改制定位
新希望	强	高	较大	较强	较有利
华凌集团	较强	较高	一般	一般	有利
特变电工	强	较高	较小	较强	有利
麦趣尔集团	一般	一般	一般	较弱	有利
蒙牛乳业	强	高	大	较强	一般
中泰集团	强	较高	较大	较强	有利

注：华凌集团、特变电工、中泰集团评价等级是基于各自组建具有行业背景的战略联合体。

依据表 3-10 中每个战略投资人的评级情况和每个等级的评分标准，得出各战略投资人的评分，如表 3-11 所示。根据式（3-1）计算各可能投资人综合评分及选择排序，如表 3-12 所示。

表 3-11　战略投资人评估与选择评分

战略投资人	公司实力	行业契合度	协同效应	并购整合能力	改制定位
新希望	10	10	8	8	8
华凌集团	8	8	6	6	10
特变电工	10	8	8	8	10
麦趣尔集团	6	6	8	4	10
蒙牛乳业	10	10	10	8	6
中泰集团	10	8	8	8	10

注：华凌集团、特变电工、中泰集团评价等级是基于各自组建具有行业背景的战略联合体。

表 3-12　可能战略投资人评价与选择综合评分排序

战略投资人	计算过程	综合评价得分	综合排序
新希望	$W1 = 0.15 \times 10 + 0.15 \times 10 + 0.25 \times 8 + 0.25 \times 8 + 0.20 \times 8 = 8.60$	8.60	4
华凌集团	$W1 = 0.15 \times 8 + 0.15 \times 8 + 0.25 \times 6 + 0.25 \times 6 + 0.20 \times 10 = 7.40$	7.40	5
特变电工	$W1 = 0.15 \times 10 + 0.15 \times 8 + 0.25 \times 8 + 0.25 \times 8 + 0.20 \times 10 = 8.70$	8.70	1
麦趣尔集团	$W1 = 0.15 \times 6 + 0.15 \times 6 + 0.25 \times 8 + 0.25 \times 4 + 0.20 \times 10 = 6.80$	6.80	6
蒙牛乳业	$W1 = 0.15 \times 10 + 0.15 \times 10 + 0.25 \times 10 + 0.25 \times 8 + 0.20 \times 6 = 8.70$	8.70	1
中泰集团	$W1 = 0.15 \times 10 + 0.15 \times 8 + 0.25 \times 8 + 0.25 \times 8 + 0.20 \times 10 = 8.70$	8.70	1

注：华凌集团、特变电工、中泰集团评价等级是基于各自组建具有行业背景的战略联合体。

对参与新疆呼图壁种牛场改制的战略投资人判断与选择，是一个极其复杂的系统工程。判断与选择的决策实际上就是新疆呼图壁种牛场实现改制后获取的收益与承担风险的比较。这里的收益是综合的，既有微观的经济收益，也有宏观效果包括税收、就业和对新疆奶业的带动等；承担风险是所有付出的综合。这里的对收益、风险的评价，有些是客观的，有些是主观的；有些是可以量化的，有些是无法量化的；有些是当下的，有些是未来的。所以，新疆呼图壁种牛场在选择战略投资人时，更多的是要与战略投资人在谈判过程中进行了解，大多数也可能会根据环境、决策而发生变化。

由上面分析可以看出，在第一种情况基于战略投资人华凌集团、特变电工、中泰集团自己独立参与改制，而不组建具有行业背景的战略联合体，可能战略投资人的测评顺序依次为：蒙牛乳业、新希望集团、麦趣尔集团、特变电工集团、中泰集团和华凌集团。明显地分为两个梯队，蒙牛乳业和新希望集团是第一梯队，得分远远高于第二梯队的四家疆内企业。第一梯队的蒙牛乳业和新希望集团得分不相上下，并购整合后的协同效应得分蒙牛乳业高于新希望集团，反应重视程度的改制定位指标新希望集团高于蒙牛乳业。疆内四家企业由于麦趣尔集团现在涉及奶制品行业，尽管实力等一般，但综合排名在四家疆内企业中靠前。另外特变电工集团、中泰集团和华凌集团未从事过乳制品行业，在行业契合度、协同效应等方面，处于劣势地位，所以得分较低、排名靠后，这三家企业若单独参加改制，也达不到自治区提出的"战略投资人应当为在国内乳制品行业拥有稳定的生产基地和市场营销渠道"的基本条件。

第二种情况是基于战略投资人华凌集团、特变电工、中泰集团组建具有行业背景的战略联合体而参与改制。综合得分与排序发生很大变化，特变电工集团、中泰集团和华凌集团得分都提高不少，甚至特变电工集团、中泰集团进入了蒙牛乳业、新希望集团组成的第一梯队，华凌集团也超过了原来总体排名第三、疆内排名第一的麦趣尔集团，并达到自治区提出的"战略投资人应当为在国内乳制品行业拥有稳定的生产基地和市场营销渠道"的基本条件。这些排名的变化来自于特变电工、中泰集团、华凌集团与国内优秀乳业企业和具有行业背景专业基金组建战略人联合体。能否到达预期效果，取决于参与者的素质及其前期嫁接与后期磨合。

这是一个强者通吃的时代。蒙牛乳业、新希望集团相对疆内参与的战略投资人，是这次参加改制的强者，它们这次参与最大疑惑弱项，由于自身太强，呼图壁种牛场也失去决策权、控制权，更没有新疆属地背书，改制后能否以公司为龙头，继续通过并购整合做大做强新疆奶业，将新疆建设成为"中国新乳都"，而不是以这次改制为契机，将改制公司、新疆奶业作为战略投资人企业集团的原料基地和加工车间，评估专家之间存在争议，在体现这类评分的改制定位指标上得到不高的分数。还需要我们特别考虑的是，几家参与者对改制公司 66.0％股权的挂牌招标出价和职工安置、引进技术、无形资产和企业盈利能力等综合因素的确定。专家组较为倾向推荐设计方案中的第一种模式，组建战略投资人联合体参与呼图壁种牛场改制工作。

第三节　管理层激励

一、政策依据

国资委成立以来，根据党中央、国务院确立的生产要素按贡献参与分配的原则，从适应资本市场发展和企业改制上市的需要出发，按照履行出资人职责的要求，积极探索国有控股上市公司实施股权激励的有效机制，在实践中不断完善办法，据《中华人民共和国公司法》《中华人民共和国企业国有资产法》《关于修改〈上市公司股权激励管理办法〉的决定》（证监会令第 148 号）和国有控股上市公司实施股权激励的有关政策规定，结合呼图壁种牛场公司实际制定管理层激励方案。

二、遵循原则

（1）坚持依法规范，公开透明，遵循法律法规和公司章程规定，完善现代企业制度，健全公司治理机制。

（2）坚持维护股东利益、公司利益和激励对象利益，促进公司持续发展，促进国有资本保值增值。

（3）坚持激励与约束相结合，风险与收益相匹配，强化股权激励水平与业绩考核双对标，充分调动公司核心骨干人才的积极性。

（4）坚持分类分级管理，从企业改革发展和资本市场实际出发，充分发挥市场机制，规范起步，循序渐进，积极探索，不断完善。

三、激励方案

呼图壁种牛场按照证监会和国资委有关规定规范实施股权激励，建立健全长效激励约束机制，充分调动核心骨干人才创新创业的积极性。股权激励的对象聚焦核心骨干人才队伍，结合企业高质量发展需要、行业竞争特点、关键岗位职责、绩效考核评价等因素综合确定。股权激励方式一般包括股票期权、股票增值权、限制性股票等方式。股权激励对象实际获得的收益不设置调控上限。同时对于管理层的激励，呼图壁种牛场公司也应重视持久深远的精神激励。精神激励带来的成就感和荣誉感，能使管理层认同企业文化，增强其归属感，愿意与企业同甘共苦，把企业当作施展才华的舞台。

>>> 第四章 新疆呼图壁种牛场 改制风险控制

第一节 改制风险诊断识别

要想减少甚至消除各种风险的破坏性，呼图壁种牛场需要在全面、准确识别种业整合风险的基础上，积极采取措施，驱动整合战略实施。乳业改制整合有四个阶段：制定改制整合策略、选择战略投资人、进行并购谈判、实施整合计划。乳业并购整合风险可能在这四个阶段的任意阶段产生，因此在乳业并购整合风险识别的过程中要对这四个阶段进行有步骤的全面的分析，如图3－4所示。

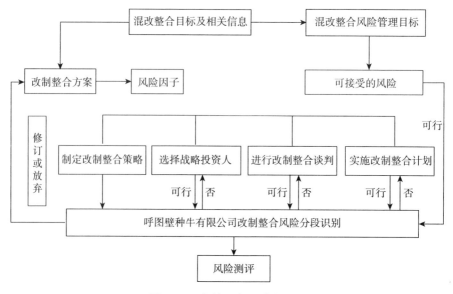

图3－4 改制风险识别流程图

第二节　改制风险分类

一、国资难以保值增值风险

改制有因资产评估不准、后期整合不当，导致国有资本难以保值增值的风险。新疆畜牧业集团通过资产入股的方式注册成为股东（净资产包括建筑物、机器设备、运输设备、电子设备、生物资产等实物资），如果不能够对改制公司进行有效的前期市场调查，准确地了解战略定位以及行业特点，不能选择与公司相适应的评估方法对资产进行有效的评估，那么势必会造成国有资本损失。若选择战略投资人不当，后期整合、发展决策失误，使改制后公司得不到发展，国有资本也得不到增值。

二、无法实现改制目的风险

国有股东失去控制权，有无法实现全面振兴新疆奶业改制目的的风险。通过改制，引进国内大企业大集团，健全呼图壁种牛场法人治理结构，激发企业活力，依托战略投资人营销网络和营销经验，积极开拓国际国内市场，使呼图壁种牛场成长为全国性乳制品龙头企业，为全面振兴新疆奶业做出贡献。34％、66％的股权比例设置，使国有大股东失去决策权、控制权，无法制约战略投资人大股东，较难防范战略投资人大股东将公司、新疆奶业变为集团公司原料基地、加工车间，产生无法实现全面振兴新疆奶业改制目的的风险。

三、国有股权被稀释风险

呼图壁种牛场完成改制后，公司可以依据发展需要，进行增资扩股，若国有股东不能及时按比例以资产或资金入股，34％的国有股权有不断被稀释的风险，长此以往，新疆就会失去发展奶业、发展畜牧业的高地和主动性。

四、无法独立上市的风险

战略投资人控股乳制品行业上市公司或本身就是乳制品行业上市公司，改制后公司有无法独立上市的风险。如果战略投资人是乳制品上市公司，再参与呼图壁种牛场改制，就涉嫌同业竞争。同业竞争是指上市公司的控股股东所从事的业务同该上市公司业务构成相同或能构成直接或间接的竞争关系。上市公司的控股股东与上市公司存在同业竞争，是证券法所不允许的。新希望集团、蒙牛集团参与呼图壁种牛场改制就是同业竞争，它们可将改制后呼图壁种牛场整合或装入到现在的上市公司，但无法使改制后呼图壁种牛场独立上市，其国有资产保值增值空间就没有独立上市公司保值增值空间大。

五、失去战略投资人风险

未涉及乳制品业务的战略投资人，达不到自治区引进战略投资人需具备的基本条件，失去参与改制的机会。《框架方案》引进战略投资人需具备的基本条件有三条，其中规定战略投资人应当在国内乳制品行业拥有稳定的生产基地和市场营销渠道。同时，具备持续稳定的经营管理能力、投融资能力和盈利能力。华凌集团、特变电工集团、麦趣尔集团均属于这种情况战略投资人（未涉及乳制品行业业务），就达不到自治区引进战略投资人需具备的基本条件，战略投资人若不进行联合，便失去参与改制的机会。

六、公司变原料基地风险

没有新疆地域背书，有自己著名品牌的战略投资人，存在将改制公司、新疆奶业作为原料基地、加工车间的风险。在与一线管理层和职工的交谈中，持"没有新疆地域背书，又有自己著名品牌的战略投资人，存在将改制公司、新疆奶业作为原料基地、加工车间的风险"这种顾虑的人不在少数。从短期看，由于新希望集团、中泰集团两家企业是行业领袖，有利于公司改制，在国内乳制品行业拥有稳定的生产基地和市场营销渠道，有利于公司发展。从长期看，它们对改制定位可能是将自己做大做强，存在将改制公司、新疆奶业作为原料基地、加工车间的风险，而不是将"西域春"品牌打造成新疆"新名片"、将新疆建设成为"中国新乳都"。

七、并购整合能力不足风险

没有乳制品品牌的战略投资人存在没有行业经验，存在改制并购整合能力不足的风险。华凌集团、特变电工集团没有行业经历、更没有乳制品品牌，在国内没有乳制品行业拥有稳定的生产基地和市场营销渠道，单独参加呼图壁种牛场改制，短期内可能存在一些困难，长期也存在改制并购整合能力不足的风险。

第三节　改制风险防范措施

针对目前国有企业混合所有制改革过程中面临的一系列风险，应该采取有效的应对办法。具体而言，应该做到以下几个方面：

一、选择合适的评估机构

对第一种"改制有因资产评估不准、后期整合不当，导致国有资本难以保值增值的风险"，应选择合适的评估机构，采取科学评价方法。改制后公司应参考本方案建议，或聘请有关中介机构参与后期的整合工作。

二、慎重选择战略投资人

对第二种"国有股东失去控制权，有无法实现全面振兴新疆奶业改制目的的风险"，应慎重选择战略投资人，也可以是一个战略投资人联合体。不仅要考察战略投资人或战略投资人联合体的现在业务，要考察以往经历，或以往做过的类似案例，更要考察公司对这次改制的战略定位。若有可能可以与战略投资人签订全面振兴新疆奶业的约束性协议等。

对于第三种"战略投资人控股乳制品行业上市公司或本身就是乳制品行业上市公司，改制后公司有无法独立上市风险"，目前还没有较为有效方法回避风险。能做的就是慎重选择战略投资人新希望集团、蒙牛集团参与呼图壁种牛场改制，或对于它们两家的呼图壁种牛场改制提高股权资产招标价格。

对于第四种"没有新疆地域背书，有自己著名品牌的战略投资人，存在将改制公司、新疆奶业作为原料基地、加工车间的风险"，目前还没有较为有效方法回避风险。新希望集团、蒙牛集团参加改制这类企业，在考核新希望集团、蒙牛集团时，不仅要考虑现在的经营情况，还要考虑过往的改制案例，更要看它们对这次改制的定位。慎重选择战略投资人，或与战略投资人签订全面振兴新疆奶业的约束性协议，或提高股权资产招标价格，是应对这类风险的基本思路。

三、预备土地等优质资产

对于第五种"国有股权有不断被稀释的风险"，呼图壁种牛场出让用地经评估后纳入公司资产总额，并视改制后公司的发展需要，在股东增资扩股时，将畜牧业集团授权管理的呼图壁种牛场农用地按比例作价出资（入股）的方式处置，或以畜牧业集团管理的其他优质资产评估入股，以确保34％的国有股权不被稀释。

四、组建战略联合体参与

对于第六种"未涉及乳制品业务的战略投资人，达不到自治区引进战略投资人需具备的基本条件，失去参与改制的机会风险"，可以通过华凌集团、特变电工集团与中地乳业、花花牛基金等组合组建战略联合体，使其达到自治区引进战略投资人需具备的基本条件，参与呼图壁种牛场改制工作。

对于第七种"没有乳制品品牌的战略投资人，存在没有行业经验，存在改制并购整合能力不足风险"，较为有效方法是联合有经验的同行业公司或优秀行业投资人组合组建战略联合体，补足自己没有国内乳制品行业拥有稳定的生产基地和市场营销渠道的短板，取得协同效应。只要这类企业参与改制，最大优势是心无旁骛，才能将呼图壁种牛场改制后的公司持久、永续地做下去。

> > > # 第五章　新疆呼图壁种牛场 混改后的发展战略

为了充分发挥参与混改战略投资人在农牧产业链并购整合、市场营销和新零售平台管理的能力，利用新疆发展畜牧业的资源禀赋和基础优势，以"西域春"品牌为载体，将混改后的新疆呼图壁种牛场有限公司打造成具有国际影响力的乳制品企业，将"西域春"品牌打造成新疆第一个全国性乳制品领导品牌。

通过对混改后新疆呼图壁种牛场现有产业、资源的全方位分析和研究，在全面剖析行业和市场环境的视角下，对新疆呼图壁种牛场经营格局进行诊断，识别并把握外部发展机遇，从中长期战略发展目标的角度，明确提出混改后新疆呼图壁种牛场未来发展的最佳战略选择、保障体系和实施计划方案，形成清晰的发展战略，将新疆呼图壁种牛场的各种资源得以最优配置，力求构筑混改后新疆呼图壁种牛场核心竞争优势与持续增长能力。

第一节　内外部环境分析

一、外部环境分析

混改后的呼图壁种牛场是一个开放系统，外部对其产生影响的各种因素和力量统称为外部环境。改制后的呼图壁种牛场要想能动地适应外部环境变化，就必须研究外部环境，依据外部环境及其变化，制定公司发展战略。

（一）PEST 分析

政治法律、经济、社会文化和技术，这些因素往往间接或直接作用于企业，同时这些因素之间又相互影响。混改后的呼图壁种牛场 PEST 分析，如图 3-5 所示。

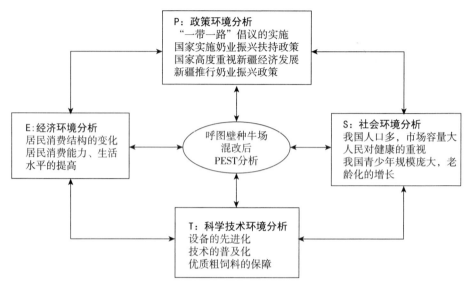

图 3-5　混改后呼图壁种牛场 PEST 分析

1. 政治环境分析

（1）"一带一路"倡议的实施。新疆自古以来就是与中亚及欧洲经贸往来的重要通道，是西部大开发的中心区和建设"丝绸之路经济带"的核心区，国家"一带一路"战略布局，为新疆畜牧业发展带来前所未有的发展机遇。

（2）国家高度重视新疆经济发展。始终把新疆经济摆在特殊重要的战略地位，中央对新疆的特殊发展出台许多优惠政策。

（3）国家实施奶业振兴扶持政策。随着中国经济的持续增长，中国的乳制品面临世界乳业的挑战，我国政府出台了鼓励国内牛奶健康发展的相关政策，实施奶业振兴行动。

（4）新疆推行奶业振兴政策。新疆维吾尔自治区党委、人民政府贯彻落实习近平总书记提出的"延伸产业链、提升价值链、打造供应链"的发展思路，以"投资一个产业、带动一方经济、造福一方百姓"的理念，推动新疆畜牧业的高质量发展，助力新疆畜牧业产业化建设及产业结构调整，加大种养结合支持力度，着力推进标准化规模养殖。

2. 经济环境分析

随着经济的发展，居民的消费结构发生变化，由粮食消费为主向高营养价值的果蔬、禽蛋、奶类消费转变。乳制品作为半必需、消费升级产品，其人均消费量的变化整体跟随经济景气度，受益于结构性复苏机会和某些品类需求爆发，总体呈现出一种螺旋上升的曲线。随着我国经济的持续增长，居民消费能力和生活水平的提高，整个乳品市场的潜力依旧巨大，为乳业市场的发展提供了契机。

3. 社会环境分析

人口是构成市场的第一位因素，而市场就是由那些有购买想法且有资金购买的人群组成。就国内而言，中国作为世界上人口最多的国家，众多的人口为乳制品提供了庞大的市场容量。随着人民生活水平的不断提高，人们对健康越来越看重，更有意愿和能力去购买奶制品。对于液态奶，主要客户是青少年和老年人。青少年规模庞大，老人的比重也日益攀升。

4. 科学技术环境分析

科技强，乳业才能强；科技兴，乳业才能兴；科技发展了，乳业才能实现高质量发展。乳业发展的核心在于科学技术。

（1）设备的先进化。国内约有 100 家乳品企业的 2.3 万个牧场小区、合作社均实施 100％机械化挤奶，鱼骨式、转盘式等挤奶设备比较常见。全混合日粮（TMR）已被高度认可并积极推广应用。

（2）技术的普及化。大型牧场均应用了智能管理系统，开展了奶牛生产性能测定，提高了牧场管理水平。除此之外，一些信息化技术也走进奶牛养殖场，自动监测、生产 GPS 定位等正被逐步应用。

（3）优质粗饲料的保障。青贮玉米和苜蓿都是公认的奶牛优质粗饲料，近年来，各地都加大了种植，利用玉米、苜蓿制作饲料较为普遍。

（二）波特五力模型分析

企业的发展要受产业发展环境，尤其是行业组织环境的制约。因此，改制后的呼图壁种牛场必须清醒地认识到这些制约，并采取相应的正确定位，才能获得发展。图 3-6 为波特五力竞争模型。

1. 同行业内现有竞争者的竞争能力

（1）全国乳品企业。主要有上海光明乳业股份有限公司、内蒙古伊利实业集团股份有限公司、内蒙古蒙牛乳业股份有限公司、北京三元食品有限公司等，其中"光明""伊利""蒙牛"三个品牌销量最大，已形成三巨头争霸的格局，竞争能力强。

（2）疆内乳品企业。新疆有乳品加工企业 80 多家，其中较知名品牌

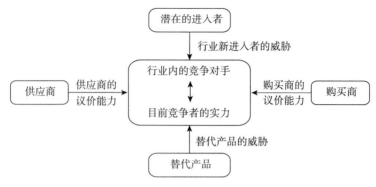

图 3-6 波特五力竞争模型

如"麦趣尔""西域春""天山雪"等已经为全疆人民所熟悉，但其品牌知名度及营收等都不及蒙牛和伊利集团。

（3）国际乳制品市场。近年来，国际乳业巨头纷纷进入中国，许多跨国公司选择借助国内企业推广自己品牌的合作方式，通过合资收购等资本经营活动间接控制当地奶源，以控制中国的乳品市场。

2. 潜在竞争者进入的能力

（1）进入壁垒低。乳品产业对企业规模、技术、劳动力素质的要求都不高，产业的进入壁垒低，新疆不少企业产品档次不高，一些企业存在机械设备先进，但管理不专业、不规范、产品质量不稳定等现象。

（2）品牌壁垒高。按照资金实力和市场规模等划分，中国乳制品市场各个级别的企业实力相差悬殊。乳品产业市场的品牌壁垒较高。

（3）技术壁垒高。随着乳制品营养知识的宣传及媒体的消费引导，消费者的食品安全意识逐渐加强，对卫生质量、包装档次的要求日益提高。

（4）成本壁垒高。奶牛养殖生产周期较长，而且乳业企业的原料、饲料、人工、生产、销售等各种成本都有不同程度上涨，成本壁垒高。

（5）退出壁垒高。乳制品行业的设备资产专用性很强，一旦退出，很难作为他用，会产生巨额的沉没成本，相对其他行业退出壁垒高。

3. 替代品的替代能力

虽然牛乳具有丰富的营养价值及保健功能，但是由于其成本较高，相当一部分消费者并不具备长期消费乳制品的经济能力，因此随着牛初乳及周边产品的开发和利用，在销往疆外各省市都取得了较好的经济、社会效益；且新疆也对马乳、驴乳、驼乳及豆制品等进行开发研制新产品，奶酪、干酪等产品已推向市场，对液态牛乳的销售量有较大影响，对牛乳的替代性较强。

4. 供应商的讨价还价能力

近年来我国乳业发展迅速，但是原料乳产量增长的速度一直滞后于加工乳品企业需求的增长速度。由于我国原料乳生产仍处在发展阶段，散户养殖所占比重大，效率较低的原料乳生产成为引发我国乳制品质量安全和制约乳业发展的重要原因。乳制品市场竞争激烈，行业寡头利用价格联盟来占领一定的市场份额，使得乳品企业的利润大幅度缩小，供应商的议价能力较弱。

5. 购买者的讨价还价能力

（1）疆内消费者需求分析。新疆奶业发展有着天然优势，疆内本地大小乳企众多，可供选择多，疆内购买者的讨价还价能力强。

（2）疆外消费者需求分析。随着我国经济的增长以及农民收入的增加，潜在的牛奶消费市场依然很大，全国性知名乳企也有十几种，疆外消费者的讨价还价能力中等。

（3）国际消费者需求分析。新疆与周边多个国家接壤，16 个对外开放的一类口岸是我国向西开放的桥头堡。乳制品的出口条件优越，发展外向型乳业前景广阔。但国外知名乳企较多，所以国际消费者的讨价还价能力强。

二、内部环境分析

（一）新疆呼图壁种牛场资源及特点

（1）全产业链优势突出。呼图壁种牛场是乳品、肉品、饲料加工为龙头的种养加一体化全产业链综合性农牧企业。目前是新疆规模最大、设施最先进的现代化高产奶牛示范养殖场和新疆大型乳制品生产供应基地。呼图壁种牛场价值链如图 3-7 所示。

（2）实物资源雄厚。新疆呼图壁种牛场水资源和土地资源丰富，拥有 12 万亩人工饲养草料基地，20 万亩绿色天然草场，新建了 8 座 3 000 头的现代化高产奶牛示范养殖场和一座占地 2 000 亩的肉牛育肥基地，新建了 80 多栋现代化牛舍。

（3）技术人才资源充足。新疆呼图壁种牛场在奶牛繁育、养殖，乳制品研发和生产方面拥有先进管理技术和管理理念，储备了丰富的技术骨干人才。

（4）良好的声誉资源。新疆西域春乳业有限责任公司作为国营呼图壁种牛场有限公司的全资公司，已发展成为新疆著名乳业品牌。此外，呼图

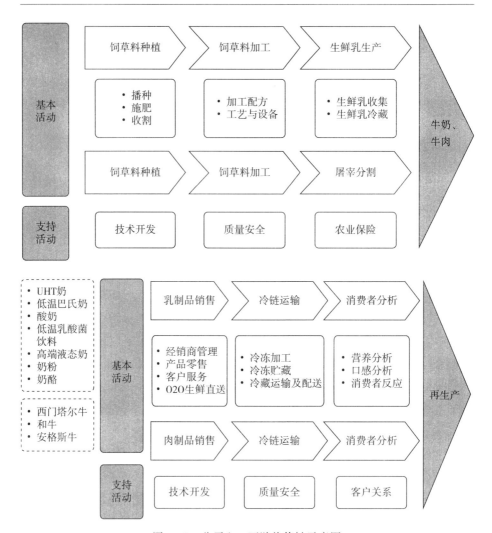

图 3-7 公司上、下游价值链示意图

壁种牛场先后被农业农村部授予：国家级重点种畜场、国家奶牛技术体系综合试验站、全国百家良种企业、全国奶牛标准化示范场、全国畜牧行业优秀企业等。

（5）产品研发能力不足。呼图壁种牛场技术研发在整个奶业产业链中起基础作用，能保证奶业产业平稳运行，但它的研发成果离市场较远，对市场消费者需求变化不敏感。

（6）市场营销能力不足。呼图壁种牛场与国际尚未建立起一套完整、系统的营销体系，售前、售后服务比较被动，没有设立市场营销的专业队伍，市场信息反馈相对滞后，销售渠道搭建不完整。

（二）华凌集团资源及特点

（1）雄厚的资金优势。华凌集团作为新疆知名的大型民营企业集团，对外直接或间接投资的企业达到49家。经过32年的发展，华凌集团积累了雄厚的人力优势和资本优势。

（2）巨大的市场影响力。目前，华凌集团已成西北最大的集肉牛繁育、养殖、肉奶产品加工及销售于一体，有成熟的销售渠道及先进的营销管理手段，营销网络遍布国内及中亚市场的大型集团化企业，带领诸多商户成功走出国门拓展海外市场。

（3）没有乳业行业经验。华凌集团并未涉入到乳制品加工这一行业，毫无乳业经营经验，有涉及少许肉牛养殖，可是管理水平一般，再者肉牛与奶牛不同，牛肉加工与乳制品的加工也存在很大的差异，所以华凌在乳业行业还是欠缺经验的。

（三）华润资本资源及特点

（1）涉及领域广。作为华润的产业基金管理平台，华润资本前身为汉威资本，主要投资于大健康、城市综合开发及运营、大消费、能源综合建设运营、科技创新及节能环保等多个领域。

（2）有强大的后盾支撑。华润资本作为华润集团旗下的综合基金管理平台，依托华润集团的产业优势，推动产业发展。华润资本依靠华润集团强大的产业能力和客户资源网络，进一步向并购基金、夹层基金、公开市场基金等品类延伸，华润资本基本上已经逐步成为综合性的资产管理公司。

（3）管理经验丰富。自2006年成立以来，华润资本拥有13年的私募股权管理经验。2018年公司管理资产规模超过1 200亿港币，投资回报领先于同行业，提供"融、投、管、退"各环节的一站式服务。

（4）有并购整合经验。华润资本重点关注国内外产业整合并购机会。相对于国内市场的整合并购机会，华润资本更热衷于海外市场。

（5）优秀的精英团队。华润资本有着优秀的管理团队、私募股权团队、科技创新团队、城市开发与运营团队、综合类团队、中后台团队，其市场、品牌、财务、快消品销售等管理经验丰富。

（6）缺乏乳业行业经验。华润旗下的华润五丰有限公司专营供港食品68年，华润资本可以依托华润的产业优势，但是生猪和奶牛、肉牛养殖不同，其屠宰加工也不同，可见其乳业行业经验是缺乏的。

（7）基层管理经验不足。华润资本主要站在战略高度进行投资，对基金投资运营进行顶层设计，其基层管理不是很好，有的决策在实际中存在偏差，最终很难执行。

三、综合分析

SWOT 分析是一种战略分析方法，通过分析企业的优势、劣势、机会和威胁，通过内部资源和外部资源的结合，明确优势和缺陷，了解企业面临的机遇和挑战，并在战略水平上进行调整，确保混改后呼图壁种牛场的健康发展。呼图壁种牛场 SWOT 分析如表 3-13 所示。

表 3-13　呼图壁种牛场 SWOT 分析矩阵

战略　内因 外因	优势 S S1 战略投资人联盟优势 S2 科研技术优势 S3 品牌优势 S4 产品质量优势 S5 条件优越 S6 奶牛生产管理水平优势	劣势 W W1 现代化企业管理水平较弱，创新力不足 W2 战略型人才缺乏 W3 营销体系落后 W4 产品同质化严重
机会 O O1 国家对乳品行业的大力支持 O2 "一带一路"倡议推动乳业发展 O3 乳制品需求增大 O4 人口增长与社会老龄化促进乳品消费 O5 市场潜力大	**SO 战略（增长型战略）** 密集型增长战略：利用自身资源优势和较强的品牌优势，深度洞察和分析消费者需求，抓住机会，协调分配产业链各个环节，增强企业竞争力	**WO 战略（扭转型战略）** 系列化战略：引进世界先进的管理机制和战略型人才，加大广告投入，厘清产品结构，加大对新产品的研发力度，以满足细分市场消费者的需求
威胁 T T1 消费者对奶业市场的信任度有所降低 T2 消费者食品安全意识提高 T3 行业监管标准严格 T4 国内乳业行业竞争激烈，国际品牌进入加剧市场竞争	**ST 战略（多种经营型战略）** 多元化经营战略：大力发展主导业务的同时，开发替代品，同时提升产品质量，以在激烈的竞争中获得持久的竞争优势和更多市场话语权	**WT 战略（防御型战略）** 战略联盟：与企业适当合作，发挥各自优势，弥补自身在资金、营销方面的不足，并抵制外来企业进入国内乳品市场，避免市场竞争更加激烈

通过对呼图壁种牛场 SWOT 矩阵的分析，可见呼图壁种牛场与同行业竞争者相比，其竞争优势在于战略投资人联盟优势、一定的品牌优势、雄厚的自然资源和实物资源优势，以及基础科研技术优势。首先，呼图壁种牛场要保持现有优势并且继续扩大；其次，应紧抓国家政策的大好时机，进一步稳固自己的品牌价值；再次，面对着众多的竞争对手和市场压力，呼图壁种牛场要与它们适当合作，弥补自身在资金、营销和现代化管理上的不足，共同获取利润；最后，公司应注重培养产品创新意识和市场意识，巩固自身地位。因此，呼图壁种牛场要根据形势的不断变化来调整和完善战略，这样才能稳步、快速地发展，建立持续的竞争优势。

第二节　改制后的发展战略

一、战略定位

与战略定位关系最为密切的是企业愿景。高科技、高质量，服务于人类健康事业；延长奶业产业链、提升奶业价值链，带动新疆奶业发展；打造新疆"新名片"，建设"中国新乳都"等都应是改制后呼图壁种牛场的核心理念、核心价值观和核心目的。

（1）以乳制品产业链上游优质饲草为基础，以产业链各个环节技术创新为先导，全面提升乳制品价值链附加值，将产品定位于中高端品质。

（2）产品销售以新疆为中心，逐步扩散到疆外其他省市区、中亚，再延伸到全球市场；在销售过程中，充分利用线上、线下，外包营销、团队营销和新营销等模式以及"一带一路"倡议等优势。

（3）通过增资扩股及银行融资等方式募集资金投资拉动，在做大做强以"西域春"品牌为代表的乳制品行业的基础上，大力实施"乳肉双驱"战略和"一渠两用、双核驱动"策略。

（4）充分利用和发挥华凌集团与战略投资人联盟优势，借助原有呼图壁种牛场科研实力雄厚、"西域春"品牌影响力大和乳制品行业长期耕耘经验，完善现代企业制度，建立激励机制，实现优势互补，取得"1+1>2"的协同效应。依托战略投资人的战略视野、领导力、职业理念、管理能力，补公司发展短板；发挥公司在资源、区位、价值链、品牌等方面优势，提升资源配置效率和市场竞争力。

二、战略目标

（1）公司改制后 3～5 年内，主要通过并购整合疆内相关乳业企业，销售额突破 150 亿元，将"西域春"品牌打造成新疆第一个全国性乳制品行业领袖品牌，部分业务进入国家第一梯队。

（2）公司改制后 5～10 年内，继续通过并购整合国内外相关乳业企业，销售额突破 500 亿元，大部分业务进入国家第一梯队。公司成为国内有影响力的乳制品行业领袖企业。

（3）充分利用新疆发展奶业资源禀赋和基础优势，以"西域春"品牌为载体，全面提升乳制品科技含量与附加值，推进中国乳制品行业的进口替代，将"西域春"品牌打造成新疆"新名片"。

（4）到 2035 年，公司销售额突破 1 000 亿元，整体进入全国第一梯队，将公司打造成"全球最具竞争力的乳制品企业"之一，逐步将新疆建设成为"中国新乳都"。

三、战略思路

（1）改制后的呼图壁种牛场必须向高附加值精深加工产业化延伸发展。整合后的龙头企业要大力研制开发科技含量高、质量过硬、适销对路、有竞争力的乳肉精细化制品、深加工产品，积极创建自己的品牌。

（2）加大产品研发力度，建立战略质控体系。通过与产业战略方的全面合作，运用互联网技术，制定统一的与国际标准接轨的生产、加工、运输规范及监控体系，对产品质量和安全进行检测、分析和追踪，以建立全方位、系统化的全球化质量管理体系。

（3）建立创新供应链金融模式。利用农村信用社、中国农业发展银行给予华凌集团的高额授信，探索以"核心企业承担实质性风险责任"为特色的产融结合模式，针对肉牛、奶牛企业的实际发展需求，成立供应链金融中心，推出多款融资产品，重点解决养殖企业扩大再生产、降低养殖成本、升级技术设备、优质饲草饲料配置等方面的资金需求。

（4）谋求独立尽早首次公开募股（IPO）。以改制后公司为载体，谋求适当的时机上市，为公司募集资金、做大做强、公司价值最大化和国有资产保值增值奠定基础。

（5）发挥改制后企业的龙头带动作用，全面振兴新疆奶业。

第三节 改制后的战略选择

一、相关多元化战略

呼图壁种牛场业务主要是奶制品的加工与销售，根据多元化的层次和各个业务之间的关联程度的划分，属于低层次多元化战略，改制后应逐步向中高层次多元化战略发展；研发高层次奶制品，开拓新市场；借助第一大股东华凌集团原有肉牛产业，进行多元化肉牛产业发展。

（一）战略内容

（1）发展高层次奶品。在现有奶产品的基础上，不断丰富种类，提升产品结构，满足产品品质好、产品多样化的需求。

（2）发展饲料草及加工。首先能有效促进种植业和养殖业的发展，还可以促进农作物的加工转化增值，其次在减少因焚烧秸秆造成环境污染的同时，提高企业的养殖积极性。

（3）发展良种繁育、奶牛养殖产业。实施呼图壁种牛场奶牛群体遗传改良计划，选育高产奶牛核心群，乳肉联动，探索形成具有产业化发展前景的乳肉兼用牛生产体系。

（4）发展肉牛养殖、屠宰加工产业。进一步形成以图腾牧业肉牛屠宰加工为龙头，集有机饲料加工、高档肉牛繁育、牛羊肉加工一体化的产业链，从而使得呼图壁种牛场实现多元化发展。

（5）开拓新市场。基于呼图壁种牛场乳业产品分布，加大市场推广力度的同时大力开发特色产品，实行新零售商业模式，不断推行供应链金融服务产业和物联网大数据服务产业。

（二）波士顿矩阵

呼图壁种牛场改制后其各项业务的波士顿矩阵（BCG）如图 3-8 所示。

对于呼图壁种牛场来说，总体经营组合十分理想，其中 4 个规模较大的金牛业务为 2 个明星业务提供资金，有 1 个较为有希望的问题业务靠近明星业务，2 个瘦狗业务需要及时控制。

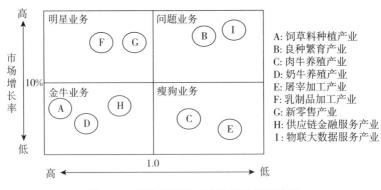

图 3-8　呼图壁种牛场业务波士顿矩阵图

（三）优劣势分析

（1）优势。首先，将呼图壁种牛场的房屋建筑物、机器设备、运输设备、电子设备等资产进行共享，可以实现范围经济；其次，相关多元化可以分散经营风险，使呼图壁种牛场的投资灵活地转向回报率更高的市场，而不是"将所有的鸡蛋都放在一个篮子里"；同时，呼图壁种牛场可以通过制定相关多元化战略，实施多点竞争来增强企业的竞争力。

（2）风险。首先，由于改制后企业资源是有限的，实施相关多元化战略必然要分散企业资源，其次，改制后公司在奶业、肉牛业两种业务领域经营，因而企业的管理、协调工作难度增大，同时，运作费用也会随着两种业务的同时投入而大大增加；呼图壁种牛场进行多元化发展，会增加企业在新领域发展的人才投入。

（3）要点。首先应注意战略的匹配；其次要注意战略实施的节奏和风险；最后要避免过度多元化。呼图壁种牛场之所以选择相关多元化战略是因为非相关多元化战略会导致企业在多元化扩张过程中进入太多的产业领域，但是大多数甚至所有的产业领域都没有达到一定的规模经济，在整体上只能取得较少的经营业绩。

二、并购整合战略

（一）战略内容

第一步，以改制后呼图壁种牛场为核心，并购整合克拉玛依绿成、新疆瑞源和喀什南达。

第二步，以并购整合后克拉玛依绿成、新疆瑞源和喀什南达为新基点，联合母公司呼图壁种牛场，对各自范围内的乳业企业进行并购整合。

第三步，以呼图壁种牛场集团为核心，在疆内、疆外、国外进行同类奶业企业的并购整合。

在上述并购中，第一步、第二步以横向并购整合为主；第三步可以横向并购整合，也可以是纵向并购整合和混合并购整合。

（二）优劣势分析

（1）优势。首先，经过企业并购可以得到相应的技术支撑从而扩建低温乳品产业链，低温奶产能逐渐增加，从而使得产品结构更为合理；其次，呼图壁种牛场若积极地进行企业并购，对资源进行有效的整合，将会提高企业的市场占有率，提高其品牌知名度。通过并购，呼图壁种牛场能够在拓宽产品结构的过程中运用这些先进的技术和生产线，节约大量的开发采购成本。

（2）风险。首先政府行为和企业行为边界模糊，政策法规不健全，所以呼图壁种牛场需要积极地发展与国家政府之间的良好关系，以公共利益为基点，组成共同的利益集团，在政府宏观政策的范围之内创造更大的经济效益。其次呼图壁种牛场未形成有效、健全的并购评价体系，并购整合困难，同时并购整合过程中易存在"不协同"风险。

三、双核互动战略

（一）产品研发核

改制后的呼图壁种牛场可以采取混合型产品研发战略。首先，建立国家级研发平台中心，以确保每个产品都有其特定的需求人群，形成独特的品牌竞争意识。其次，改进现有产品和生产技术，UHT 常温奶是呼图壁种牛场自主加工的核心产品，保质期较长，方便运输，便于设计礼品包装，改制后的企业仍以 UHT 奶及液态奶产品为主。再次，重点关注第一梯队乳业企业的产品，逐步扩大产品布局向乳粉类、炼乳类等乳制品发展。采用混合型战略的主要目的是在获利的基础上减少风险。因为虽然采取革新型战略建立国家级研发平台中心有助于获得巨额利润和较高市场占有率，但前期投入较高，失败的概率很大。相反，改进现有产品的保护型战略和模仿竞争对手的追赶型战略虽获利不大，但风险小。所以，改制后的企业应当综合采用这三种战略，寻求一种合理的平衡。

（二）市场开发核

改制后企业的市场开发战略以新疆为中心，逐步扩散到疆外、中亚，再延伸到全球市场。在销售过程中，充分利用线上、线下，外包营销、团队营销和新营销等模式以及"一带一路"倡议等优势，积极拓展国内外市场。

（三）微笑曲线

根据微笑曲线（图3-9）不难发现：附加值更多体现在价值链两端即研发和销售，处于中间环节的制造附加值最低。只有不断地将重点放在附加值高的两端区块，企业才能持续发展与永续经营。乳业价值链的上游和下游，即为乳制品生产做准备的研发设计、以牛奶为原料的加工、销售等环节的附加值高，利润空间大。处于中游的饲草种植、奶牛养殖等环节的附加值低，利润空间小。所以，乳业企业想要走出微笑曲线的低端区域，就必须坚持自主创新，加大技术的引进、吸收、再创新，扩大技术开发的规模，推进技术成果转化。同时，加大市场开发，培养具有较高知名度与美誉度的自主品牌，从而使产业向"微笑曲线"两端逐步升级，获取更多的利润和附加值，才能为地方经济发展提供强大持久的动力。

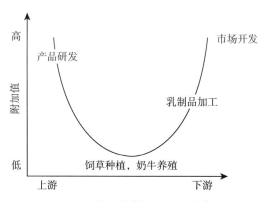

图3-9　乳业价值链中的微笑曲线

乳业企业产品研发与市场开发的目标在本质上是具有一致性的，它们的最终目标都是为了向市场推出完美的乳制品商品，并且可以得到市场的认可，"产品研发"与"市场开发"二者犹如一架飞机的双引擎，对彼此的依赖程度很高，彼此之间的影响也很大。

（四）收益与风险

（1）收益。首先，"产品研发"与"市场开发"双核互动战略都是以市场为导向、以需定产，避免了产品研发和营销的盲目性，为企业实施差异化战略提供了契机；其次，可以在更高的水平上实现消费者在乳制品消费过程中的安全性、经济性、便利性和满足感，有助于企业进入新的区域市场或抢占新的细分市场，从而快速增加销售收入。

（2）风险。无论是"产品研发"战略还是"市场开发"战略都需要大量的资金投入，存在财务风险；再者，呼图壁种牛场新产品的研发必须考虑有一定的技术先进性，这样才能使产品具有竞争优势，但由于新技术本身可能存在若干缺陷而使产品开发面临失败的风险。

四、奶业价值链融资

改制后的呼图壁种牛场，依据发展愿景、战略目标及其采取的多元化、并购整合、"产品研发"与"市场开发"双核互动战略等，都需要巨大、持续的资源供给。

（一）融资战略模式

第一，采用龙头企业牵头，创新产融结合。如伊利集团牵头，针对产业链上游的养殖企业和农户的需求推出了"牧场保""牧民保""青贮保"等金融产品，有效解决了奶农的融资需求。第二，政府与金融机构共同建立试点，解决生物资产抵押盘活难的问题。第三，银行等金融机构主动推出适用于奶牛养殖企业的金融产品。第四，政府牵线建立银企合作平台，缓解奶牛养殖企业融资难的问题。

（二）收益与风险

（1）收益。提高融资主体的信用水平，解决奶牛养殖场资金难题；同时，奶牛产业链内各方的利益能够得到保障。

（2）风险。首先，新型的奶牛产业价值链融资模式发展的时间较短，在发展过程中难免会遇到许多新的法律问题。其次，奶牛产业价值链在遭遇自然灾害风险、市场风险和技术风险时，不能保持良性、有效的运转。

五、多模式保障战略

(一)战略内容

为实现呼图壁种牛场改制后的战略目标,通过并购整合相关乳业企业,推广组建养殖合作社,养殖小区建设,逐步完善养殖基地,保障奶源等原材料供应的稳定性。

发展模式1:养殖合作社+养殖小区+养殖基地。对天然草场牧区,以散养为主、圈养为辅的发展模式大力发展本土新疆褐牛。

发展模式2:牧民+牧场+养殖基地。对农牧结合区,要兼顾农牧业发展,实现草饲互补。

发展模式3:合作社+奶农+养殖小区+养殖基地。对既拥有天然草场又拥有农区的地方实行适度集中养殖,以西门塔尔牛为主,大力发展奶酪类系列产品。

(二)收益与风险

(1)收益。实施奶源等原料多模式供给保障战略,有利于农业资源的充分利用,促进农业内部的良性循环;有利于提高奶牛的数量和质量,保证原材料供给的稳定;有利于降低奶源等原材料交易成本。

(2)风险。当牛奶等原材料市场价格较高时,可能出现牧民违约的风险;同时,企业在收购奶源等原材料时由于资金不到位而陷入困境,产生信用危机。

第四节　深化企业内部改革

一、公司治理结构改革

(一)公司股权结构

新疆华凌集团联合华润资本等产业基金共同组成战略投资人联合体,参与新疆呼图壁种牛场的混合所有制改革。其改制后公司股权结构为:

新疆呼图壁种牛场,持股占比34%。

战略投资人新疆华凌集团,持股占比46%,其中为管理层代持5%,以用于后期激励。战略投资人华润资本等产业基金持股占比20%。组建战略投资人联合体模式,是由认同本公司发展战略及目标、有资金的同行

业或非同行业企业作为第一股东与有行业背景的知名企业、产业基金作为
第三、第四股东组成的。这种组合符合自治区通过的《框架方案》中关于
引进战略投资人需具备的基本条件。改制后的呼图壁种牛场股权结构如
表 3-14 所示。

表 3-14　改制后的呼图壁种牛场股权结构

股东名称	股数（万股）	所占比例	入股资产
新疆畜牧集团	3 400	34%	资产
新疆华凌集团	4 600	46%	现金
华润资本	2 000	20%	现金
合计	10 000	100%	

（二）组织结构

公司治理结构指包括公司控制权和剩余索取权的公司所有权问题，即
企业组织形式、控制机制和利益分配的所有法律、机构、制度和文化的安
排。公司的股权结构为：新疆华凌集团联合华润资本等产业基金等共同组
成战略投资人联合体，参与呼图壁种牛场混改。公司组织结构分为股东
（大）会、董事会、经理层和监事会四个层次，其中公司经理层下设若干
职能部门，包括总经理办公室、业务综合管理部、技术研究中心、产品研
发与市场营销部、财务部、人力资源管理部共 6 个部门，如图 3-10
所示。

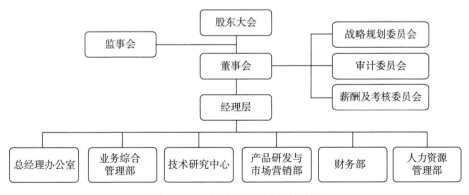

图 3-10　改制后公司治理结构图

根据《公司法》规定，结合混改后公司实际情况，新疆呼图壁种牛场

董事会暂由 7 人构成，其中：自治区畜牧厅委派董事 2 名，华凌集团委派 2 名，华润资本委派 1 名，独立董事 2 名。

公司经营涉及的董、监、高可根据经营及市场规则进行聘用；公司监事会由 3 人组成，其中：自治区畜牧厅委派监事 1 名，华凌集团委派 2 名（含职工监事 1 名）；公司经理层设总经理 1 名，副总经理若干，财务总监、董事会秘书各 1 名。

二、管理制度与管理机制改革

（一）管理制度改革

新疆呼图壁种牛场应注重内部管理制度的创新，深化三项制度改革。

（1）建立市场化选人用人机制，实现管理人员能上能下。推动企业在更大范围实行经理层成员任期制和契约化管理，引入职业经理人制度，探索建立与市场接轨的经理层激励制度。树立正确的选人用人导向，建立健全内部管理人员考核评价机制。

（2）建立健全以合同管理为核心、以岗位管理为基础的市场化用工制度，拓宽人才引进渠道，严格招聘管理，严把人员入口，不断提升引进人员质量。

（3）落实中央企业工资总额管理制度改革要求，建立健全与劳动力市场基本适应、与企业经济效益和劳动生产率挂钩的工资决定和正常增长机制，完善市场化薪酬分配制度。

（二）管理机制改革

综合运用国有控股混合所有制企业员工持股、国有控股上市公司股权激励等中长期激励政策，构建多元化、系统化激励约束机制。

（1）混合所有制企业员工持股。员工持股应按照《关于印发〈关于国有控股混合所有制企业开展员工持股试点的意见〉的通知》（国资发改革〔2016〕133 号）稳慎开展。坚持依法合规、公开透明，增量引入、利益绑定，以岗定股、动态调整，严控范围、强化监督等原则。员工持股总量原则上不高于公司总股本的 30%，单一员工持股比例原则上不高于公司总股本的 1%，上市公司员工持股不超过总股本的 10%。

（2）国有控股上市公司股权激励。国有控股上市公司应按照证监会和国资委有关规定规范实施股权激励，建立健全长效激励约束机制，充分调动核心骨干人才创新创业的积极性。

第五节　战略实施

呼图壁种牛场混改后，战略管理的根本任务绝不是制定或选择最佳战略方案，而是将战略方案转化为企业的经济效益。公司战略实施的核心是领导、组织和资源分配。

一、战略实施的要点

（一）加强统一领导

呼图壁种牛场改制后，公司是由呼图壁种牛场、华凌集团与华润资本组成，多家公司合作治理公司首当其冲就是要统一公司的发展战略。首先应加强改制后企业管理层的统一领导，将资源合理分配、调整组织机构、建设企业文化、加强信息的沟通及控制、激励制度的建立等各方面相互协调、平衡，才能使企业为实现战略目标而卓有成效地运行。

在呼图壁种牛场战略实施过程中，董事会、高级管理层一定要将思想、理念统一到如图 3-11 所示的战略实施的 7S 模型所示的关系中，既要考虑企业的战略、结构和体制三个硬因素，又要考虑作风、人员、技能和共同的价值观四个软因素，只有在这 7 个要素有效沟通和协调下，企业战略才能获得成功。

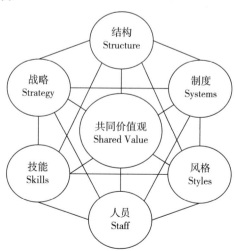

图 3-11　呼图壁种牛场战略实施 7S 模型

（二）细化职能战略

公司的基本战略已经形成，主要是以推动新疆畜牧产业高质量发展为视角，把握消费升级、产业转型、"互联网＋"、"一带一路"、深化国企改革等发展机遇，坚持"区域化布局、基地化生产、生态化种养、智能化控制、产业化经营、品牌化培育"的发展理念，以服务国民健康为己任。通过增资扩股及银行融资等方式募集资金投资拉动，大力实施"乳肉双驱"战略和"一渠两用、双核驱动"策略。致力成为新疆最具竞争力的现代化畜牧龙头企业、全国知名畜牧企业集团及国内著名品牌。公司基本战略细化为职能层面的战略，包括生产战略、市场营销战略、财务融资战略、研发战略、人力资源战略。以生产战略为主，呼图壁种牛场战略细化如图 3-12 所示。

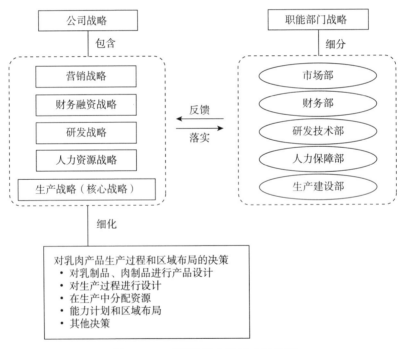

图 3-12　呼图壁种牛场战略细化图

（1）生产战略。呼图壁种牛场在改制后，将以生产战略为核心，主要包括：生产四大整合（饲料、饲草基地整合，饲料、饲草加工布局、产能整合，养殖场整合和乳制品加工生产线整合）；实行基地化生产、生态化种养战略，在乳制品加工和肉牛养殖上双管齐下，实施"乳肉双驱"战略。

（2）财务融资战略。融资方面，利用农村信用社、中国农业发展银行给予华凌集团的高额授信，探索以"核心企业承担实质性风险责任"为特色的产融结合模式，针对肉牛、奶牛企业的实际发展需求，成立供应链金融中心，不断推出多款融资产品，重点解决养殖企业扩大再生产、降低养殖成本、升级技术设备、优质饲草饲料配置等方面的资金需求。

（3）市场营销战略。一是采用直销和经销相结合的销售模式；二是借助资源整合，积极拓展国内外市场；三是实施品牌化战略，大力推进精细化生产；四是以市场为导向，开发新疆特色乳制品。

（4）研发战略。改制后的呼图壁种牛场拟建立国家级研发平台中心，以确保每个产品都有其特定的需求人群，形成独特的品牌竞争意识。通过与产业战略方的全面合作，运用互联网技术，制定统一的与国际标准接轨的生产、加工、运输规范及监控体系，对产品质量和安全进行检测、分析和追踪，以建立全方位、系统化的全球化质量管理体系，为消费者生产100％安全、100％健康的高品质产品。

（5）人力资源战略。呼图壁种牛场改制后企业的人力资源配置重点是，详细考虑某特定战略对人力资源的需求，包括所要求的人数、人员所应拥有的技能和水平等。具体配置时需要从人力资源的构成、招聘、培训这三方面考虑。在招聘和选聘时，是与组织的战略方向和所经历的变革强度结合起来的。

（三）调整组织结构

呼图壁种牛场在混改后，其外部环境和内部资源发生了巨大的变化，必须及时做出组织结构的调整来保证战略目标的实现。组织结构模式是为完成企业战略目标而建立的，企业在改制后阶段性目标发生变化，其结构模式也必然发生变化。

呼图壁种牛场在改制后主要进行四点组织的变化：第一，组织结构的整体变动，改变原来的层次和部门，增加或减少部门或层次，如现代企业中发展规划部的设立，其主要职能是从事企业的长远规划。第二，调整和改变各部门、各层次的责任和权利。第三，改变管理信息的流通路线。第四，改变和调整各部门、各层次管理人员的比例。

二、呼图壁种牛场改制后战略实施路线

新疆呼图壁种牛场改制后，加入的华凌集团、华润资本须严格按照战略实施的流程进行战略管理，主要包括：确定战略目标、选择领导模式、调整组织结构、进行战略评价、进行战略控制、做出战略反馈、调整战略目标。图 3-13 是呼图壁种牛场改制后公司的战略实施流程图。

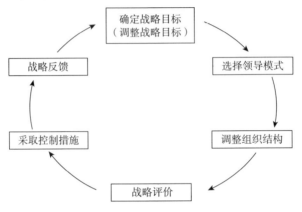

图 3-13　改制后战略实施流程图

(一) 设定战略目标

呼图壁种牛场在改制后需要进行战略资源的调整，尽可能将呼图壁种牛场、华凌集团与华润资本的优势资源集中起来，在牛场、乳制品加工、市场营销、区域布局等方面发挥优势资源力量，实现"区域化布局、基地化生产、生态化种养、智能化控制、产业化经营、品牌化培育"的战略目标。

(二) 选择领导模式

新疆呼图壁种牛场的管理人员在实施企业战略的实践中，有五种基本模式：指挥型、变革型、合作型、文化型和增长型。

在指挥型模式里，企业管理人员运用严密的逻辑分析方法重点考虑战略的制定问题。一般都采用份额增长矩阵和行业与竞争分析手段。

变革型模式十分重视运用组织结构、激励手段和控制系统来促进战略的实施。在变革型模式中，企业高层的管理人员重点研究如何在企业内实施战略。

在合作型模式里，负责制定战略的高层管理人员启发其他的管理人员，运用头脑风暴法去考虑战略制订与实施问题。各层的管理人员可以发表自己的意见，提出各种不同的方案。

文化型模式扩大了合作型合作的范围，将企业基层的职工也包括进来。高层管理人员的角色就是指引总的方向的领路人，而在战略执行上则放手让每个人做出自己的决策。

在增长型模式里，企业高层管理人员鼓励中、下层管理人员制定并实施自己的战略。企业自下而上地产生战略，而这种战略集中了来自实践第一线的管理人员的经验与智慧。

（三）调整组织结构

呼图壁种牛场在调整组织结构模式变动时，首先要保证决策的有效性和经营的效率，其次要促使各部门、各层次都能充分发挥积极性和创造性。

（四）评估战略实施

呼图壁种牛场改制后由呼图壁种牛场、华凌集团与华润资本共同管理经营，其战略实施和控制需要进行统一的管理，同时战略实施和控制也要贯彻于牛场、乳制品加工、销售等环节中。因此，呼图壁种牛场首先应对企业所处内外部环境进行评估及事前控制；其次，进行战略实施过程评估，在战略执行过程中，对战略执行情况与战略目标的差异及时获取、及时处理和事中控制；最后，进行战略绩效评估，在战略实施期末阶段，进行综合评估，对战略目标完成情况进行分析、评价、预测和事后控制。

（五）反馈实施结果

呼图壁种牛场通过比对战略目标实施的效果与战略目标设定的指标，审核战略目标设定的指标是否完成。然后根据目标完成的状况，认真分析，寻找原因，并采取切实可行的措施弥补偏差，并为下一轮战略的制定提供方向性的指导。绩效面谈一般包括面谈准备、面谈过程以及确定绩效考核结果，提出改进计划。

（六）调整战略目标

在新疆呼图壁种牛场发展过程中，根据企业的发展情况和战略评价结果，对所制定的战略及时进行调整，以保证战略有效指导企业经营管理活动。通过综合考虑企业战略实施的结果、战略目标以及战略反馈，结合企业的实际情况做出新的适合企业的发展战略。

呼图壁种牛场企业改制的关键在于改制后的战略实施能否成功，要加强企业的战略管理，在领导、组织、资源配置、制度建设、机制创新和要素整合等多方面进行企业的战略控制，确保战略目标的顺利实施。

第六节 战略实施的风险控制

一、公司战略实施风险

新疆呼图壁种牛场战略实施风险分析是风险管理的第一步，是风险防范的前提和基础。

（一）并购后的整合风险

并购后的整合风险指公司在并购整合过程中或结束后，不能达到预先设定的整合目标的可能性以及因此而产生的对公司正常经营活动、经营结果和经营管理所带来的影响程度。首先，公司购买的业务是否符合自身发展战略目标，是否与自身战略相匹配，业务是否有互补性，并购能否产生协同效应。否则，并购后若产生了内耗，公司的价值将会随之衰竭。其次，因信息不对称问题可能存在对目标企业或其他标的物了解不够，导致对并购标的物支付额外的财务费用，加大企业并购资金负担。再次，由于管理团队缺乏并购整合经验，加之忽视政策、沟通和企业文化等因素，可能导致并购整合过程中发生碰撞、摩擦和争议。最后，由于并购整合技术方案设计不完善造成并购后的战略整合、业务整合、市场整合、组织整合、财务整合、企业文化整合等出现问题，使其难以实现整合战略目标。

（二）资源配置与管理风险

企业实施多元化战略的过程中会面临资源配置与管理风险。资源配置与管理风险是指企业对各职能部门或事业部所分配的资源与职能部门或事业部实际需求不匹配，而导致资源浪费或者即使没有浪费但也没有创造与资源投入相对应的价值。企业拥有奶牛场、饲草种植、饲料加工、奶制品和肉制品生产加工等部门，产品相对较为单一，采取多元化战略难度加大，加之企业资源相对较分散，资源的整合、配置及管理方面都面临挑战。

（三）研发与市场营销风险

产品研发风险是指企业新产品研发与市场对接能力不足，产品结构相对单一，缺乏高附加值产品等所带来的风险。UHT 常温奶是呼图壁种牛场自主加工的核心产品，有少部分巴氏奶、木糖醇酸奶、搅拌型酸奶、凝固型果味奶。产品结构较单一，与伊利、蒙牛等乳企丰富的产品结构存在一定差距，缺乏高附加值产品。产品技术含量低，易被其他乳企效仿，导致同质化现象。

市场营销风险主要包括市场定位风险、物流风险、营销体系建设风险等。市场定位风险是指企业对于产品品牌的打造所面临的困难和问题。确定目标市场后，企业需要明确核心产品的营销方式、售后服务等，形成区别于竞争者的品牌形象。物流风险是指企业产品受地理位置、地区经济发展水平、道路运输和储藏成本等影响而导致销路受限。营销体系建设风险是指公司尚未建立起一套完整、系统的营销体系，售前、售后服务较为被动，缺少市场维护的专业队伍，市场信息反馈相对滞后，销售渠道搭建不完整。

（四）战略实施融资风险

公司并购整合融资风险一般分为借入型融资风险和自有型融资风险。对于借入型融资，因为有明确规定的还款日期和还款金额，当公司由于种种原因无法按期偿还本金和利息时，就会增加财务风险，有时甚至会导致财务危机。对于自有型融资，无严格的规定，无须支付利息，可以无限期使用，其融资风险主要是由于资金使用不当而导致收益无法达到预期目标。

（五）基地建设管理风险

新疆呼图壁种牛场养殖基地建设与管理风险是指公司并购整合过程中或结束后，建立规模化奶牛养殖基地存在的资源整合、投入成本等方面的风险。首先，具备养殖条件的农牧民较为分散且缺乏专业化的养殖技术。其次，用于奶牛品种改良、规范化饲养和机械化挤奶等方面的资金投入较大。最后，饲草饲料基地建设尚需不断加强，从而为畜牧养殖提供营养丰富、质量达标的优质饲草料。

（六）公司内部管理风险

首先，新疆呼图壁种牛场组织结构不合理就无法满足企业战略实施的要求，无法实现企业战略目标，还会阻碍企业各层级部门间的沟通、协作，加大企业运营管理成本，甚至可能出现管理混乱的局面。其次，企业高层管理人员知识水平、管理技能等存在差异，对于企业战略实施所持的意见、态度可能不同，内部沟通存在分歧，从而增加决策的时间成本。再次，随着企业员工规模的扩大，建立完善的选人用人机制、人员流动机制、薪酬分配机制难度加大，与之配套的激励和约束制度实施难度也随之加大。最后，在并购整合期间和后续发展过程中，公司各项管理制度将面临改革的挑战。

（七）外部环境变化风险

第一，国家经济有关政策如税收政策、行业政策、环境保护政策等的调整变化会对呼图壁种牛场战略的实施产生影响。第二，技术的变革与发展会使企业面临自身技术被替代的风险。第三，同行竞争者可能通过价格调节、新产品开发、服务质量提高以及销售促进等方式抢占消费市场。第四，因获取的市场信息不完整、不准确导致价格制定不合理。

二、公司战略实施风险控制

（一）完善公司并购整合方案

公司并购后的整合分为四个阶段：制定整合策略、选择整合对象、进行整合谈判、实施整合计划。首先，公司管理层应根据公司发展战略制定并购整合方案，以实现公司并购整合的协同效应。其次，利用信息技术对并购标的物的资产、债务、盈利等情况进行全面、系统的调查和评估，分析不同并购标的物的优势和劣势，选择最佳并购整合对象。再次，对公司并购整合风险进行诊断识别和基础控制。风险诊断识别是指根据乳业公司特点、整合的性质、特征、风险来源等不同方面对整合过程中所遇到的风险采取的识别技术。基础控制是指公司在进行并购整合时应聘请有经验的专业团队，对可能出现的并购整合风险进行评估、分析，根据风险程度的大小优化并购整合方案，采取基础性的风险控制策略。此外，应结合公司种养加一体化的经营模式、创新性强、产品易同质化、资金需求量大等特点不断优化公司并购整合方案。

（二）优化资源配置促进产业多元化

首先，建立企业资源评估和监测机制，加强对各职能部门年度预算的审查，合理配置各职能部门或事业部的财务、人力、物力资源。其次，逐步建立企业战略目标管理体系，逐级分解战略目标，明确各职能部门战略分目标，加大对战略实施过程和结果的考核，强化管理人员责任制。最后，通过构建产业发展格局优化产业结构与资源配置，促进产品的多元化发展。探索构建"1＋X"的产业发展格局，即资源整合后形成1个首位产业，即乳业；同时发展X个特色主导产业，包括饲草料种植产业、良种繁育产业、奶牛养殖产业、屠宰加工产业、乳品加工产业、新零售产业、供应链金融服务产业和物联网大数据服务产业等。

（三）优化产品研发和市场营销体系

对于产品研发风险，首先，应加强企业产品研发骨干队伍建设，防止人才流失。其次，改善乳制品加工技术和工艺配方水平，开发具有特色的新型乳制品，以提升乳产品附加值，提高产品竞争力。最后，加大产品研发投入，加快研发高技术、高质量产品，结合营销策略突出产品的专业化特点，树立绿色有机的健康产品形象，增加产品品牌势能。

对于市场营销风险，企业应加快建立完备的市场营销体系。第一，制定营销策略应明确企业目标市场，然后确定主要产品的营销模式、售后服务等内容；加强品牌建设，推进农牧结合，发展饲料、饲草、玉米等作物种植，提高奶牛科学饲养、繁育、集中养殖、乳品加工等产业的标准化程度，扩大品牌的市场影响力。第二，采用直销和经销相结合的销售模式，探索利用电商和其他网络信息平台推动线上线下销售渠道的一体化融合；利用"一带一路"倡议，引进新西兰、欧盟著名奶企入股本企业，通过收购、入股等形式参与著名奶企的经营发展，拓展国内外市场。第三，引入专业咨询机构和营销团队，将资本、技术、人才与市场有机结合；加强网络、加工、包装、物流、冷链、仓储、支付等基础设施建设，完善电子商务发展基础环境。

（四）完善公司信贷管理体制

完善新疆呼图壁种牛场信贷管理体制，通过中国农业银行、农村信用社的金融支持和服务政策申请贷款，为奶牛养殖户和企业自身发展拓宽融资渠道。此外，加快优化公司成本管理、风险控制和财务管理流程，通过财务整合力求使改制后的公司在经营活动上统一管理，在投资、融资活动上统一规划，最大限度地实现财务整合和协同效应，提高资金周转率，实现预期效益。

（五）科学化建设养殖基地

一是强化奶源基地建设，培育农牧民收入增长点，让规模化养殖成为生鲜乳供应的主体。新疆有广阔的平原和丰富的作物秸秆资源，易于形成奶源基地，推广规模化、规范化、标准化饲养，可提高牛奶产量和质量；发展农牧民奶牛养殖小区，建立奶牛生产合作社，推广科学饲养技术提高生产水平，促进农牧民增收及奶业发展。

二是加大研发投入，加强奶牛遗传繁育和品种改良工作，加快奶牛更新，推行规范化饲养和机械化挤奶，采取专业化生产和适度规模经营。

三是加强饲草饲料基地建设，提升畜牧养殖的品质基础。充分利用天然草场及复播耕种优势，提供质量达标、营养丰富的饲粮，提高饲草料利用效率；建立饲草饲料原料收购与贮运、市场分析与预测的综合监测体系，为畜牧养殖提供优质饲草料。

（六）完善公司内部管理系统

首先，应着重建立新疆呼图壁种牛场高层领导人员的内部管理、沟通体系，通过召开董事会、经理层会议、职能部门会议等加强人员的内部沟通，减少因沟通不畅导致的意见分歧，提高决策和管理效率。其次，不断完善企业组织结构，重新划分部门，撤销不适合的部门，重组新的部门，合并或分解部分部门；改进原有管理方式和方法，合理调整各层级、各部门的领导幅度和人员规模，促进企业战略实施的协调性、灵活性、高效性。最后，在新的组织结构下，建立并完善公司各项管理制度以及各层级、部门的激励和约束机制，如探索员工持股计划与绩效考核挂钩，增加利益联结，提高员工忠诚度和工作效率，逐步建立一套有效的目标管理体系。

（七）加强外部环境监测与管理

针对新疆呼图壁种牛场所面临的政策法规、技术、市场、价格等外部环境变化风险，公司首先应强化外部环境风险防范意识，建立健全外部环境风险预警机制，加强对国家政治、经济有关政策与法律法规的监测与管理。其次，推动奶牛产业科技创新和实用先进技术推广。产学研紧密结合，加大对奶牛扩繁、饲料加工调制、人工种草、草场改良利用、全自动挤奶、质量监测与溯源等标准化技术的应用与推广；强化技术支撑单位的科技创新和技术服务意识，将相关技术组装成套，不断提高奶牛产业的科技水平，充分发挥综合效益。最后，加快建立完善的市场营销体系，基于公司战略目标制定营销战略，推动产品多元化，提高产品附加值，强化品牌建设，进而提高市场占有率。

>>> 第六章　新疆呼图壁种牛场
改制案例评述

　　以数量发展为特征的中国奶业跑马圈地、瓜分市场的第一阶段已经结束，奶业重要企业结构布局已经形成。以争夺优质奶源基地的竞争已经进入白热化状态，并将中国奶业带入追求乳品质量的新阶段。与以往以量取胜发展有很大不同，由此奶业发展将处于难得的并购"窗口期"。随着国际国内乳制品行业竞争日益加剧，呼图壁种牛场现有的经营管理模式已不适应新时代企业发展的要求，急需通过混合所有制改革建立现代企业制度，完善法人治理结构，切实解决呼图壁种牛场体制机制及发展问题。自党的十八大以来，中央政府不断创造良好的环境支持国有企业改革，解决制约国有企业发展的突出矛盾和深层次问题，不断出台支持国有企业改革的政策措施。

一、整体评述

　　从整体上来看，新疆呼图壁种牛场的改制是响应国家奶业发展战略、贯彻落实国家和自治区混合所有制经济精神，依据自身实际而做出的一项重大的战略决策，是做大做强新疆奶业的发展需要，是提升企业创新能力和核心竞争能力的必要举措。

二、方案评述

　　从改制方案的内容上来说，依据自治区《新疆呼图壁种牛场有限公司改制框架方案》等政策文件来编制《新疆呼图壁种牛场有限公司改制实施方案》具有一定的理论基础，同时本案例针对改制后的公司如何进行发展，也做出了具体的分析和方案设计，对新疆其他企业的改制有一定的借鉴意义和实践意义。

三、案例分析

本篇从 3 个大的方面入手，分别是改制前公司的发展、改制方案的设计、改制后的发展。具体为：

第一部分是改制前公司的发展。首先分析了公司的发展情况、新疆畜牧业的发展情况以及存在的问题，深入分析了公司的优势和劣势，最后针对该企业为什么要进行改制，进一步分析企业改制的必要性、紧迫性以及可行性。

第二部分主要是进行了公司改制方案的设计。依据改制的目的、原则和基本思路，明确了企业改制的方式，并且进行了改制基本方案的设计，其中也包括资产清算方案、职工安置方案、土地资产处置方案，管理层激励方案等的设计，并通过运用一定的方法，为此次企业改制推荐了合适的战略投资人选择方案。

第三部分主要介绍了公司改制后的发展战略。在全面剖析行业和市场环境的视角下，对新疆呼图壁种牛场经营格局进行了诊断，识别并把握外部发展机遇，从中长期战略发展目标的角度，明确提出混改后新疆呼图壁种牛场未来发展的最佳战略选择、保障体系、内部治理结构、管理制度和实施计划方案。

四、研究方法

从研究的方法上来说，依据国企改制的基本原则，对于此次改制进行了 4 种基本方案的设计，通过比较研究法，在引入战略投资人时提出 2 种最优模式进行推荐；其次在对改制方案中战略投资人的选择评估上使用了专家调查法和权重分析方法，通过定性与定量相结合的分析法，使得战略投资人的选择更加科学，其计算结果也具有一定的参考意义。此外，运用 PEST 分析、SWOT 分析和波特五力分析模型等分析方法对混改后企业所处的环境进行了分析，为后期更加准确地制定战略决策做出了一定的前期准备工作。

五、案例总结

综上，针对我国畜牧业混合所有制改革的研究才刚刚起步，长期以来，我国聚焦于乳制品行业的发展，政府相关部门也不断出台政策从而鼓励乳制品企业改制和增加奶源建设，以改善我国民众的营养健康状况。在这样一个环境下，加快对我国乳业企业改制行为的分析，研究如何运用管理学的理念和方法提高国内乳业企业改制的成功率，对增强企业抗风险、抗冲击能力具有重要的现实意义。本篇将核心研究内容聚焦于企业改制方案的设计上，基于新疆畜牧业发展现状，结合新疆呼图壁种牛场改制案例，为企业改制起到了一定的借鉴作用，同时将管理学研究方法和数学研究方法引入到国有企业混合所有制改革活动中，对推动管理学在企业改制中的应用具有重要的现实意义，为更好地提升我国国有企业混改的效率和保障混改的成功提供了参考。

主要参考文献

[1] 蔡贵龙，郑国坚，马新啸，等.国有企业的政府放权意愿与混合所有制改革 [J].经济研究，2018，53（09）：99 - 115.

[2] 常纪锋，杨颖，张小笛.深化国有企业混合所有制改革的路径研究 [J].商业经济，2019（02）：132 - 134.

[3] 陈伯君.当前国企改革及产权制度建设的紧迫性与风险 [J].社会科学研究，2004（05）：44 - 48.

[4] 古丽帕夏·吐尔逊，梁春明.新疆奶业发展现状及建议 [J].草食家畜，2020（02）：9 - 13.

[5] 侯军岐，白莹.企业战略管理 [M].北京：中国农业出版社，2016.

[6] 黄速建，刘美玉，张启望.竞争性国有企业混合所有制改革模式选择及影响因素 [J].山东大学学报（哲学社会科学版），2020（03）：94 - 109.

[7] 刘启亮，李祎，彭璐瑶.国有企业混合所有制改革的现状与思考 [J/OL].财会月刊：1 - 5 [2021 - 05 - 12].http：//kns.cnki.net/kcms/detail/42.1290.F.20201201.1048.024.html.

[8] 李刚磊，邵云飞.混合所有制改革如何影响企业创新？研究述评及未来展望 [J].技术经济，2021，40（09）：122 - 136.

[9] 李姣姣，杨子墨.国企混改背景下引入战略投资者还是财务投资者的思考 [J].商业会计，2018（17）：32 - 33.

[10] 李煜萍.国企改革若干问题研究 [M].北京：中国经济出版社，2017.

[11] 刘健.新时期国有企业混合所有制改革的模式梳理与路径分析 [J].新疆社会科学，2020（01）：43 - 51.

[12] 舒辉，张必风，朱力.企业战略管理 [M].北京：人民邮电出版社，2016（08）：293.

[13] 孙丽红.国有企业改制过程中职工安置问题的研究和探讨 [J].中国商界（下半月），2010（09）：308.

[14] 谭亮．基于企业核心竞争力理论视角的企业战略管理研究［M］．成都：四川大学出版社，2017：271.

[15] 汤瑞丰，锁箭．混合所有制改革国际比较研究［J］．技术经济与管理研究，2020（11）：50 - 55.

[16] 汤颖梅，佘亚云．国有企业混合所有制改革与企业风险承担［J］．会计之友，2020（05）：149 - 155.

[17] 张继德，刘素含．从中国联通混合所有制改革看战略投资者的选择［J］．会计研究，2018（07）：28 - 34.

[18] 周丽莎，肖雪，王国义．混合所有制改革实操路径研究［J］．国有资产管理，2020（02）：15 - 21.

[19] 周丽莎．混合所有制改革实操与案例研究［M］．北京：中国经济出版社，2020：1 - 261.

[20] 王莉．新常态下国企混改的问题分析与对策研究［J］．全国流通经济，2021（22）：98 - 100.

[21] 王婷，李政．党的十八届三中全会以来国有企业混合所有制改革研究进展与述评［J］．政治经济学评论，2020，11（06）：116 - 145.

[22] 徐叶清．国有企业改制的战略投资者选择研究［D］．武汉：华中科技大学，2006.

[23] Bruno Biais, Enrico Perotti. Machiavellian Privatization［J］. The American Economic Review，2002，92（01）.

[24] Estrin Saul，Pelletier Adeline. Privatization in Developing Countries：What Are the Lessons of Recent Experience?［J］. The World Bank Research Observer，2018，33（01）.

[25] Ravi Ramamurti. Why Are Developing Countries Privatizing?［J］. Journal of International Business Studies，1992，23（02）.

[26] Sumit K. Majumdar. Assessing Comparative Efficiency of the State-Owned Mixed and Private Sectors in Indian Industry［J］. Public Choice，1998，96（1/2）.

图书在版编目（CIP）数据

涉农企业并购与改制案例研究 / 侯军岐等著. 一北京：中国农业出版社，2022.10
ISBN 978-7-109-30285-3

Ⅰ.①涉… Ⅱ.①侯… Ⅲ.①农业企业－企业兼并－案例－中国 Ⅳ.①F324

中国版本图书馆 CIP 数据核字（2022）第 228318 号

中国农业出版社出版
地址：北京市朝阳区麦子店街 18 号楼
邮编：100125
责任编辑：赵　刚
版式设计：杜　然　责任校对：吴丽婷
印刷：北京中兴印刷有限公司
版次：2022 年 10 月第 1 版
印次：2022 年 10 月北京第 1 次印刷
发行：新华书店北京发行所
开本：700mm×1000mm　1/16
印张：15.25
字数：270 千字
定价：78.00 元
